JN087140

法律学者の貨幣論

デジタル通貨・CBDCの未来

久保田 隆［著］

中央経済社

はしがき―法的視点の重要性

◆導入間近な国家のデジタル通貨＝ＣＢＤＣ

ＡＩやインターネットに関する技術の発展に伴い、お金（貨幣）のデジタル化が急速に進み、民間のデジタル通貨が拡大しています。また、国家が提供する現金（紙幣・貨幣）のデジタル化である**中央銀行デジタル通貨（ＣＢＤＣ）**も導入間近といわれています。ＣＢＤＣは、中央銀行の債務として法定通貨建てでデジタル化して発行され、世界のＧＤＰの９割以上を占める１００か国以上が検討中で、中国ではほぼ実用段階（パイロット実験中）で、日本を含む主要国でも数年以内の実用化を見込んで実証実験中です。実際、現金取扱いを減らせば取引コストが削減できる上、コロナ禍を経験して現金受渡しに伴う感染対策の面でもデジタル決済にメリットがあります。このため、海外では買い物や切符購入の際に現金払を一切受け付けずクレジットカードやスマホの電子決済しか扱わない箇所が増えており、その潮流が現金払を多用してきた日本にも徐々に広がってきました。

デジタル化が進む中国等の国々と比較して日本はデジタル化が遅れていると問題視する政府も、経済産業省が電子マネー（SUICA・楽天Edy・PayPay・クレジットカード連携決済等）を推進したり、日本銀行が中央銀行デジタル通貨（ＣＢＤＣ）の実証実験を重ねるなど、急速な改革を進めています。ＣＢＤＣについては、日本銀行の黒田東彦総裁（当時）が２０２３年３月28日に個人的な見解とした上で「今後実現していかなければならない」と語ったほか、日本銀行が実証実験を進める「**デジタル円**」をめぐり、財務省が発行の可能性を議論する有識者会議を4月から定期開催しており、これから数年以内に主要国のＣＢＤＣと並んで、デジタル円すなわち日本円ＣＢＤＣの導入が実現しそうな気配です。

◆デジタル通貨に関する金融リテラシーの重要性

しかし、一般国民に多大な影響を及ぼし得る改革の意思決定に際し、主権者＝国民の参加余地はあまりないのが実情です。それでいながら、国民の多くはデジタル通貨に関する必要な知識（**金融リテラシー**）を欠き、そのメリットとデメリットをきちんと理解していません。それでも、日々の決済にどの決済手段を用いるかを決めるのは国家や企業ではなく国民、すなわちユーザーたる人々です。英国Global Policy InstituteのMichael Lloyd上級リサーチフェローは、ＣＢＤＣの提供は貨幣の将来における重要な進展であり、社会のあらゆるレベルにおける広範な議論を経て、**主権者＝国民の同意を得る必要**があると主張します（M. Lloyd, "The Future of Money: Central Bank Digital Currencies," Atl Econ J（2022）50:pp.85–98）が誠にその通りでしょう（後述参照）。

◆デジタル通貨のメリット

さて、デジタル通貨には、従来の現金（紙幣・硬貨）に比べて確かに幾つかのメリット（**現金保管・流通コストの削減**、取引履歴を残せる場合に**資金洗浄・脱税対策や犯罪捜査に有効**、銀行口座を持てない貧困層が金融サービスを利用可能〈**金融包摂（financial inclusion）**〉など）があります。特に新興国の場合、国民の80～90％がスマートフォンを利用しており、スマートフォン経由のＣＢＤＣを導入しやすい反面、銀行口座を持たない人が相当な割合で存在することが主な導入理由となっています。先進国の場合はそうした事情がないため、コスト削減による効率性拡大メリットを重視する専門家とユースケースの少なさからそれを疑問視する専門家に分かれています。

◆デジタル通貨の課題

しかし、その一方で、ハッキング等により金銭や個人情報等を盗取される**セキュリティやプライバシーの問題**をはじめ多くの課題（**導入コスト、技術障害、銀行経営や金融政策への影響**、デジタル化についていけない高齢者等が金融サービスから排除される**金融排除〈financial exclusion〉**など）があります。実際、民間のデジタル通貨であるPayPay等の電子マネーが決済端末の通信障害やプロトコルの相違で使えず、むしろ現金払の方が便利だった経験をお持ちの読者もおられるでしょう。２０２２年初には東カリブのＣＢＤＣであるDCashで技術障害から2か月間オフラインが続きました。また、背後に中国・ロシア・北朝鮮の支援を受けたハッカーが暗号資産交換所（例：コインチェック）や金融機関（例：バングラデシュ中央銀行）に盛んにハッキングを仕掛けてきましたし、プライバシー侵害や個人情報の不正流出、暗号資産を用いた資金洗浄・脱税等への悪用も様々に報じられてきました。

◆小口取引ＣＢＤＣには課題が大きい

そして、数年以内に日本銀行が正式導入するとみられるＣＢＤＣも実は課題が残ります。ＣＢＤＣには銀行間決済のように金額の大きい**大口取引**と、消費者の日々の現金支払のように金額の小さい**小口取引**があり、すでに電子化されてきた大口取引へのＣＢＤＣ導入には課題がセキュリティ等に限定される反面、現金をデジタル化する小口取引へのＣＢＤＣ導入はメリットに比してプライバシー保護や銀行経営への影響等の課題が大きいため、懸念を抱く者も多い状況です。たとえば、豪州連邦準備銀行Lowe総裁は２０２３年3月、ＣＢＤＣの導入に際しては、すでに民間のデジタル決済が高度に発展している消費者向けの小口取引よりも大口取引の方が決済の効率性改善が見込めると発言し、暗に小口取引ＣＢＤＣの導入に後向きの発言をしました。これに対し、豪州国内では、対中懸念（後述）から**通貨主権**を確保するためには小口取引用のデジタル豪ドルの導入を5年以内に議会に打診すべきとしたり、小口取引でもＣＢＤＣ導入による効率性改善の余地があるとの専門家意見もあって割れています（Australian Financial Review, 09/03/2023）。

◆国家の過剰管理への懸念

仮に小口取引のＣＢＤＣを正式導入すると、やろうと思えば中央銀行は国民の個人情報を隅々まで管理（**国家の過剰管理**）できてしまいますので、これは中国のような権威主義的な一党独裁国家ならばともかく、国民主権を定めた**西側民主主義の根幹に関わる**重大事です。また、**大口取引ＣＢＤＣのみに導入したとしても一旦導入すれば小口取引との峻別がうやむやになる**とする専門家意見（S.Alexander, "CBDC in the USA: Not Now, Not Ever, CE Think Tank Newswire; Miami," Dec 13, 2022）もあります。このため、米国のTom Emmer議員は、ＣＢＤＣは市民のプライバシーを国家が監視する強力な手段になり得ると危険視し、２０２３年2月に米国の中央銀行である連邦準備銀行（ＦＲＢ）がデジタル・ドルを発行することを阻止する法案（CBDC Anti-Surveillance Act）を提出したくらいです（ただし、ＦＲＢに過剰管理の意思は現状ありません）。また、最近流行の対話型ＡＩであるChat-GPTにＣＢＤＣ導入の課題を尋ねたところ、上記セキュリティとプライバシーの問題に加え、金融安定性への影響、銀行ビジネスモデルへの影響、導入コストの多さを挙げた上で「政府や中央銀行、金融機関、技術企業、消費者などの関係者が協力して、課題を解決するための策を模索する必要があります」と答えました。「消費者など」、すなわち一般国民を除く関係者との検討は日本でも（諸外国でも）盛んに行われてきましたが、主権者である国民への教育や意見聴取（ただし、英米やニュージーランドでは実施）をあまりしないまま、日本銀行を含む主要国の中央銀行は膨大な予算を使ってＣＢＤＣ開発に向けた実験を重ねてきました。

◆置き去りにされた主権者＝国民

なぜ主権者＝国民が忘れ去られてきたのでしょうか？　この理由は特に悪意があったのではなく、扱う事項が専門的すぎることや「中央銀行の独立性」に基づく専権事項と思われがちなこと（後述）に加えて、①地政学的懸念に基づく中国に先を越されることへの焦りや機微への配慮と②金融論や貨幣論の従来の学問分類上の弊害によると考えられます。①の議論は政治的に大変面白く、米国ではミズーリ州選出Blaine Luetkemeyer議員が米国の金融機関に中国のデジタル人民元の取扱いを禁じる法案（the Chinese CBDC Prohibition Act）を２０２３年2月に提出したくらいですが、あまり学問的分析に馴染みにくい面があります。このため、本書の内容はむしろ②に力点を置いて説明し、新たな学問的課題を呈示することに力点を置きますが、①は政策決定の背景認識として重要なので簡単に触れましょう。

◆国際金融の地政学的な構造変化

まず、中国が**デジタル人民元（e-CNY）**と呼ばれるＣＢＤＣを逸早く開発したため、それが広がると従来の西側陣営（特に米国）が握ってきた通貨覇権を奪われるという危機感から、主権者＝国民への十分な説明にまで余力を割けなかったものと考えられます。もともと日本を含む西側諸国は中国よりも前からＣＢＤＣにつながる研究は進めていましたが、実用化は視野に入れてはいませんでした。しかし、地政学的な中国への対抗上、ＣＢＤＣの開発競争に本腰を入れるのにリソースを割かれ、ＣＢＤＣに関する詳細が固まらないうちに前広に国民に情報を伝えてしまうと「現金が消滅する」とか「銀行が潰れる」といった誤解が蔓延してパニックになることを恐れたのでしょう。なお、西側民主主義とは異なり、権威主義国家である中国では国家が国民を監視するのは当たり前で、プライバシー保護や民主政治は問題になりません。

さて、地政学というと、マスコミの煽り記事を思い浮かべる方が多いですが、当局者によっても真剣に議論されています。たとえば、ハンガリー中央銀行職員の論文（E.Boros, M Holváth, "Central Bank Digital Currency: the Next Money Revolution?: Central Bank Digital Currencies in the Dimension of Geopolitics," Public Finance Quarterly, April, 2022, pp. 506-521）は、コルレス銀行やＳＷＩＦＴを中心に構築された既存の国際決済（**第4章3参照**）を将来的にＣＢＤＣが置き換えると予測し、米中対立の中で、世界の金融システムが東西に分かれる未来を予言します。本論文によれば、貨幣の技術革新と地政学は歴史上密接なつながりを持ち、①古代の東洋と地中海で文字・記録や商品貨幣・鋳造貨幣が出現した結果、古代文明や都市国家が栄え、②13世紀頃からアラビア数字や複式簿記が発明された結果、銀行や為替手形、銀行券が普及し、欧州の勃興と大航海時代を迎えたように、③米国に一歩先んじてＣＢＤＣを開発した中国がコルレス銀行を通じた国際決済における米ドル覇権を脅かし得ると主張します。実際、従来のコルレス決済は非効率のままで、G20は2021年に安価・迅速・安全なシステムに代替して取引コストを5％削減する目標を立てました。筆者はその代替システムに国際的なCBDCが該当し、同分野で世界をリードする中国を東の極とする決済秩序が出現し、将来的には国際金融システムが東西に分断されると予想します。なお、前出Michael Lloyd氏は米・中・EUの3極化を予想しています。仮にそうなれば、**第10章**で検討する米国の金融制裁が機能しにくくなり、地政学的な構造の大変化をもたらすでしょう。

◆学問分類上の弊害

次の理由が既存の**学問分類上の弊害**です。CBDCやデジタル決済の問題は学問上、経済学の金融論の中の高度に専門的な出来事として分類されてしまい、その中で民主政治や基本的人権といった憲法学的発想や国際法・民法等の様々な法的分析が捨象されやすいのです。一方、法学の金融法は細かな条文解釈を偏重しがちで、貨幣の本質論に踏む込む研究（**法的貨幣論**）がそれほど発達してきませんでした。この結果、数年前までは貨幣論についても金融システム内の技術的事項だけで完結し、現行法体系の中核をなす民主主義的な政治プロセスの役割を相対的に軽視し「中央銀行の独立性」の下に十分な説明を欠く議論の方が主流となってきました。こうした中、**貨幣論研究の最先端を行く英米圏諸国では、最近、民主主義的な政治プロセスの役割を再認識する揺り戻しが生じています**。また、ある国でいかなる規制や法的保護を導入したとしても、別の国でそうでない場合、規制逃れ（例：タックスヘイブンへの租税回避）や国際取引への悪影響（例：暗号資産の所有権が英国では認められるが日本では認められない）が横行するため、ソフトローを通じた各国国内法の法統一（例：OECDのCARF制定、UNIDROIT原則の策定）が必要です。すると、各国の憲法や取引法はもちろん、国際法やソフトローなど、様々な法律を総動員して解決に当たる必要があり、場合によっては経済メカニズムや暗号技術にも通じる必要があります。私はこうした最近の多角的な動きを逸早く研究し、特定分野に偏らない**総合的な法学分析の必要性**を強く感じてきました。他方で、法律の細かな条文解釈等に拘れば、幅広い読者に法律の考え方を伝えることができません。そこで本書は、決済や法学の専門家ではない読者にも、貨幣を考える上で必要な基礎知識や法学的な考え方を伝える目的で執筆しました。

◆簡単な著者紹介

さて、本書の筆者である私は、日本銀行で、産業調査や景気分析といったエコノミストの仕事だけでなく、**決済**（経済活動に伴う債権債務を解消すること。元は経済用語であったが、最近になって法律にも取り込まれた。**第４章参照**）や貨幣に関する法律の仕事に10年弱従事し、留学等で岩原紳作・東京大学名誉教授やハル・スコット・ハーバード大学名誉教授らのご指導を受けた後、名古屋大学と早稲田大学で25年以上、大学教授として国際取引法や国際金融法を教え、決済や貨幣に関する研究・教育を専門としてきました。野村美明・大阪大学名誉教授にご指導頂いた博士論文も「お金」のデジタル決済について書きました（拙著『資金決済システムの法的課題』国際書院・２００３年）。

主たる活動の場は、日本からは神田秀樹・東京大学名誉教授と２人で参加している「国際法協会（ＩＬＡ：１８７３年創設）の最古の委員会である通貨法委員会（**ＭＯＣＯＭＩＬＡ**：モコミラ）」です。そこでは**国際決済銀行**（**ＢＩＳ**：Bank for International Settlements：国際決済銀行）を事務局として、世界主要国の金融当局者（米国連邦準備銀行（ＦＲＢ）や英国イングランド銀行（ＢＯＥ）、欧州中央銀行（ＥＣＢ）など）や専門の学者・弁護士が集まり、経済学に疎い法学者が多い日本ではあまり馴染みのない「法的貨幣論」、すなわち法的な政策論を研究してきました。また、日本でも様々な学会や研究会（自律分散型社会フォーラム等）でも数多くの示唆を得、その成果を公刊してきました（主要参考文献リスト参照）。最近のデジタル通貨、とりわけＣＢＤＣをめぐる動きをみると、この法的貨幣論に携わる中で得た知見やアプローチが大いに役立つように思います。ちょうど私の在外研究期間と重なり、オークランド大学でAlex Sims准教授、オーストラリア国立大学でWill Bateman准教授、ロンドン大学クイーンメリーでRosa Lastra教授のご指導を受け、暗号学者（元産業技術総合研究所（産総研）・寶木和夫先生）とのセコム財団助成の共同研究の成果もたまり、執筆時間も取れました。そこで、「**法律学者の貨幣論**：デジタル通貨・ＣＢＤＣの未来」として、日本初となる法的貨幣論序説の本書を書くに至りました。この本をお手に取っていただいた読者の皆様のお役に立つことを心より願っております。もっとも、本書の内容は筆者の私見や独自の見解を含んでおり、日本銀行やＢＩＳ等の公式見解とは一切関係ありません。

末筆となりましたが、貨幣や決済に関する30年以上の研究人生でお世話になった大変多くの方々に厚くお礼申し上げます。執筆が遅れがちの私を常に励ましてくださった中央経済社の露本敦編集長には心よりお礼申し上げます。なお、本書は、ＪＳＰＳ科学研究費基盤研究Ｃ（17K03392）およびセコム科学技術財団研究助成「仮想通貨のセキュリティ法制構築」による研究助成金に基づく研究成果の一部です。

２０２３年７月

久保田　隆

目次

第2章 経済学的な貨幣論と法的な貨幣論—51

第6章 法的貨幣論序説──通貨主権・通貨──

第9章 デジタル通貨と国際法 209

第10章 貨幣と金融制裁 227

序章　お金のデジタル化の課題と3つの疑問

はしがきで述べましたように、私は日本では馴染みの薄い「法的貨幣論」を研究してきましたが、最近の**デジタル通貨**（紙幣や硬貨とは異なり、デジタルデータに変換され、通貨として利用可能であったり価値をデジタルデータで表現したものを一般に指し、明確な定義は不在だが、暗号資産（仮想通貨）やＣＢＤＣ、電子マネーを指す場合が多い）、とりわけＣＢＤＣをめぐる動きをみると、この法的貨幣論のアプローチが大いに役立つように思います。しかし、これを理解するにはデジタル決済や法律に関する基本事項を知っておく必要があります。そこで以下、簡単に本書の問題意識等をご説明しながら、基本事項に解説を加えたいと思います。

1　デジタル決済をめぐる基本事項

(1)　ビットコインをご存知ですか？

最近、暗号資産ビットコインや日本銀行が導入を検討している中央銀行デジタル通貨（ＣＢＤＣ）といったデジタル通貨が話題になっています。**暗号資産**とは、インターネット上でやりとりできる財産的価値を指し、不特定の者への代金支払等に使用でき、かつ、法定通貨（日本円や米国ドル等）と相互に交換でき、電子的に記録され移転でき、法定通貨または法定通貨建ての資産（プリペイドカード等）ではないものを指します（資金決済法）。代表例にビットコイン（最大手）やイーサリアムな

デジタル通貨の具体例
暗号資産の例：ビットコイン、イーサリアムなど
ステーブルコインの例：テザー（ＵＳＤＴ）など
ＣＢＤＣの例：デジタル人民元、デジタル円など
電子マネーの例：PayPay、Suicaなど

どがあり、以前は仮想通貨と呼ばれましたが、価格が乱高下するので決済には使いづらく投資に多用されるため、幾つかの国際組織と日本の法令用語では「通貨」を止めて暗号資産と呼び変えました（ただし、資金洗浄対策に関する国際組織であるＦＡＴＦは未だ仮想通貨という用語を用いています）。

では、皆さんはビットコインに関する以下の初歩的記述のうち、どの程度ご存知でしょうか？

- 最大手の暗号資産（仮想通貨）であるビットコインは、「**ブロックチェーン**」（詳細は第１章参照）と呼ばれる新しい技術を採用し、**ＰｏＷ（Proof of Work）**と呼ばれる取引認証方法によって、直前10分間の取引をブロックに格納して暗号化して利用者に送信し、多数決で承認すれば既存のブロックチェーンに正式につないでいく仕組みを採用しています。
- 実際には膨大な演算パズルを競争で解かせ（**マイニング**）、その参加者（**マイナー**）のうち最初に解いた者が新たなブロックを追加する権利と報酬としてのビットコインを取得し、答えが分かれた場合は多数決で決めます。このため、51％以上のシェアを持つマイナーがいれば全体を騙して不正が可能（**51％攻撃**）です。過去には51％以上のシェアを持つ単一マイナーが存在し、現在もマイナー数社が結託すれば攻撃できますが、計算時間が10分間しかないので現時点では実際には困難と言われています。
- 国際送金手数料が十数円程度と銀行（数千円）よりもかなり安く、リアルタイムに24時間３６５日送金が可能で、銀行等の仲介者を介さずに相手の財布に直接届きます。ビットコインは、交換所や販売所、ＡＴＭ（米国等ではビットコインのＡＴＭがスーパーに設置されています）で購入でき、匿名による取引が可能で（このため違法取引や資金洗浄等に使われることも多いです）、

ブロックチェーンの２大取引認証方法
Proof of Work (PoW)：マイニングという作業をさせ、最初に計算を完成させた人がブロックを生成する仕組みで、電気消費量が多い。ビットコインが採用。
Proof of Stake (PoS)：コインの保有割合や、保有コイン数と保有年数による独自係数を元にブロックを生成する仕組みで、ＰｏＷよりも処理速度が速く、電気消費量が少なく、51％攻撃のリスクが減る。イーサリアムの改良版が採用。

パスワードや**秘密鍵**（現在主流の暗号方式である公開鍵暗号方式における一対の鍵のうち公開鍵の対になって保有者に秘密に保持されるもの。公開鍵で暗号化されたデータは秘密鍵でしか解読できない）を自分で管理する必要があって、紛失すると通貨も喪失するので注意が必要です。

- ブロックチェーンの活用により、中央管理者なしに安価で高いセキュリティが実現可能な反面、誤送金の場合は取消しができず、法整備も十分ではありません。他方、価格変動が大きく、決済目的（受取と支払の両方を行うユーザーは2％）よりは投資目的の利用が多いです。

おそらく社会人でよく勉強されている方（この本を読むような方？）や投資家など**金融リテラシー**（金融や経済に関する知識や判断力）の高い方を除けば、あまりご存知ないと思います。しかし、社会のデジタル化が進むと、我々に身近なお金がビットコインやＣＢＤＣに代わっていく可能性があるため、こうした知識は、学校の学習指導要領に最近組み入れられた「**金融教育**（お金に関する教育のこと。最近、小中高の学校教育で必修化された）」の中で、一般国民にしっかり伝授されるべきものです。なぜならば、我々には等しく**教育を受ける権利**があるからです（憲法26条1項）。金融という法と経済の一専門分野のように扱われてきましたが、海外の最新研究では基本的人権に関わる重要な憲法上の問題と位置付ける動きが広がっており（第1章参照）、民主主義の観点から主権者＝国民は適切な教育を得て意思決定に必要な知識を備える必要があります。ところが、暗号資産（仮想通貨）については、高校生向けの教材の中で「金融トラブルの具体例」として言葉だけが登場します。中身については、各自、社会に出てから自分で勉強せよ、ということでしょうが、それにしては意外と中身

教育を受ける権利
憲法26条1項
すべて国民は、法律の定めるところにより、その能力に応じて、ひとしく教育を受ける権利を有する。

が複雑だと思いませんか？（詳しくは第1章をご参照）

(2) 法学者の貨幣論の必要性

他方、デジタル通貨や「お金」の本質論（**貨幣論**）については、これまでは経済学が中心に分析してきました。優れた分析が多いのですが、暗号資産業界等が後押しする政策論の中には、「消費者保護を一部犠牲にして、産業育成を図れ」といった、法律に定められた保護法益の順番（消費者保護が産業育成に優先）を軽視した、法的側面からは不可能な議論も皆無ではありません。しかし、民主主義に基づく法治国家である以上、経済学などと並んで、法学的な視点は不可欠です（詳しくは第3章参照）。実際、デジタル決済の規制（**金融規制、資金洗浄**対策など）や取引ルール、消費者保護、個人情報保護などは細かな法律分析が多数なされてきました。しかし、細かい分野の専門家が、専門家以外には解読できないような細かい分析を書き連ねるのが普通です。主権者＝国民の政策判断に役立つように書かれていません。法学以外の一般の方にとって必ずしもわかりやすい分析とはいえず、法学的な示唆を一般に伝えるには物足りなさを感じてきました。

そこで本書は、こうした従来の伝統的で精緻な分析を離れ、「法律学者の貨幣論：デジタル通貨・ＣＢＤＣの未来」と題して「法的貨幣論序説」という意味合いで、お金（貨幣）をめぐる様々な局面について大胆に幅広く分析する試みを目指しました。法学的な「貨幣論」の全体像をわかりやすく初歩から示すことで、法学専門ではない一般の方でも、実務や経済学や歴史学等の「貨幣論」とすり合わせ、立体的な見方ができるように努めています。なぜならば、**お金（貨幣）は国民の基本的人権と**

法的貨幣論の代表作
ドイツ系英国人学者のF. A. Mann (1907-1991)が、膨大な判例を整理して１９３８年に初版

も密接に関わるため、専門家の判断に完全に任せるのではなく、一般の方がCBDC等のデジタル決済について検討する材料を呈示することが学者の社会的使命だと考えたからです。

(3) 章立てへのこだわり

その際、章立てにも配慮しました。通常は通貨や**通貨主権**（外国に支配されずに国家が自国通貨を自律的に統治する権能。ただし、法的な要件・効果等が明確でない）に関する詳しい議論（**第6章**）や法学以外の貨幣論との関係（**第7章**）を冒頭に持ってくるのですが、それでは本書が対象とする**Web3.0（ウェブスリー**：従来の中央集権的なインターネットに代わる新たな仕組みとして提唱された概念。詳しくは**第3章**参照）や決済、暗号資産・CBDC・**ステーブルコイン**（価格変動が大きいのが暗号資産の特徴だが、法定通貨などの裏付け資産（価値を担保する資産）を備えることで、価格変動を抑えたデジタル通貨の総称）に関する理解がないままに記述が進むので、大半の読者が置き去りにされてしまいます。しかも、通貨の定義等は、通常の日本の法律教科書には全く載っておらず、厳密な議論をするには、分厚い洋書の細かな部分から拾ってくる必要があり、難解です。他方、民主主義や国民主権、金融教育や顧客保護といった誰でも理解しやすい法概念は先に持ってきても問題ないと考えました。そこで、通貨や通貨主権の定義は、必要かつ明瞭な範囲で**第2章**に置いたものの、決済等の解説を敢えて冒頭に配置し（**序章～第4章**）、**量子コンピュータ**（quantum computer：物質の量子力学的な性質を利用して動作するコンピュータで、各国が開発競争に凌ぎを削っている。複数の計算を同時に実行でき、スーパーコンピューターの数億倍の高速計算が可能とされるが、同時に

を出したThe Legal Aspect of Moneyが最も有名。著者没後、第6版からはProctor弁護士が受け継ぎ、現在の最新版はCharles Proctor, Mann on the Legal Aspect of Money, 8th Edition, Oxford University Press (OUP), 2022。

貨幣をめぐる難しさ

1 通貨、通貨主権など基礎概念が不明確
2 デジタル化の進展で仕組みが複雑化
3 様々な角度から総合的に理解する必要

従来の暗号が破られるリスクもある）の問題（第5章）を解説した上で、詳しい法分析に移っていきます（第8～10章）。この分析は、なるべくわかりやすく書きましたが、法学の学問上も最先端の内容です。

具体的には、法的視点の重要性を述べた（はしがき参照）上で、新しい「お金」のデジタル化の動きを中心に、法学の基本原理から順番に検討していきます。まずは、①国民主権の観点から憲法、金融教育やＣＢＤＣ政策への国民参加を検討したり（序章、第1章参照）、②経済学と対比した法学の物の見方を浮き彫りにして（第2章、3章、7章）、③貨幣に関して国内法から国際法に至る幅広い分析を試み（第6章、8章、9章、10章）、④デジタル決済の理解に必要な最新の決済実務や暗号学の知識を紹介しつつ分析を試みています（第4章、5章）。完成された「法的貨幣論」には、前述のＭＯＣＯＭＩＬＡを創設された故Ｆ・Ａ・マン教授のThe Legal Aspect of Money, OUP（オックスフォード大学出版局）（１９３８年に初版刊行。没後もプロクター弁護士が改訂版を継続）など、専門家向けの洋書が幾つか存在しますが、法学の全分野をカバーしておらず、専門家以外の一般人向けに法学全分野にわたって書かれた「法的貨幣論序説」の本は国内外にほとんどないため、かなり意欲的な内容だと自負しております。皆さんのお役に立てれば幸いです。

2 「お金」のデジタル化の課題

本論に入る前に、幾つかのポイントを簡単にご説明しましょう。

皆さんが長年慣れ親しんできた現金、すなわち**法定通貨**（legal tender：日本円や米ドル等の硬貨・

法定通貨とそれ以外
法定通貨：日本円の現金（硬貨・紙幣）
外国の法定通貨：米ドル等の現金
法定通貨以外：日本円の銀行預金や小切手、電子マネー等紙幣のように法律によって強制通用力〈租税公課や金銭債務を最終的に決済する手段として認められる効力〉を持つ通貨）は、もともと硬貨や紙幣にみられるように紙や金属でできた**有体物**（tangibles：人間以外で空間の一部を占める有形的存在である物。対概念は無体物〈intangibles〉）でしたね。また、現金を**裏付け資産**（価値の担保とされる資産。たとえば、電子マネーSUICAに1000円分チャージする際、現金1000円を自動販売機に投入するが、この現金1000円はSUICA1000円分の裏付け資産）として発行される広い意味での「お金」、すなわち銀行預金や電子マネー、クレジットカードなどの決済手段は有体物ではありませんが、現代ではこちらの方が現金よりも広く使われており、法的にも認められてきました。

(1) 法的扱いが難しい新しい「お金」

しかし、最近になって登場した、新しい「お金」は法的に論議を呼んでいます。

① 暗号資産・ステーブルコイン

すなわち、現金を裏付け資産としない暗号資産（仮想通貨）であるビットコインが登場し成長した結果、決済の効率化に対する期待や、そこで採用されたブロックチェーン技術の将来性に期待する議論（Web3.0振興論など）がある一方、法定通貨の存在を脅かす可能性があるほか、詐欺や**ダークウェブ**（dark web：匿名性の高いネットの深層に構築されたWebサイト。2011～13年に暗躍したシルクロード（Silk Road）が有名で、接続経路を匿名化するソフトTor〈トーア〉を使っ

暗号資産の問題点

1 匿名なので犯罪目的にも多用される。

2 規制や法整備が追いついていない。

3 価格変動が激しく、決済に不向き。

て利用でき、マリファナ等の禁止薬物やハッキング技術、盗んだクレジットカード情報、殺人依頼等を違法に売買し、ビットコインで決済していた。２０１３年10月に米国ＦＢＩが主犯を逮捕し、閉鎖された。関連映画に２０１５年のDeep Web、２０２１年のSilk Roadがある）での違法取引、資金洗浄、脱税などの犯罪目的に多用されている実態もあって、規制を強めるか弱めるかをめぐって賛否両論の中、法的扱いがなかなか定まりません。

たとえば、①取引法（例：民法）の世界では、暗号資産は所有権の対象か否かが国によって異なり（英米法や一部の大陸法諸国では柔軟に所有権を認めてきたのに対し、ドイツ法由来の大陸法国である日本では裁判所は**民法85条**（「この法律において「物」とは、有体物をいう。」）により所有権の対象にならないと解してきました。詳しくは**第8章参照**）、②規制法（例：**資金決済法**（資金決済に関する法律：２００９年に成立し、もとは前払式支払手段（電子マネー等）や資金移動（銀行以外の送金業者）等を規制する業法であったが、デジタル通貨の発展に合わせて頻繁に法改正され、暗号資産等も対象に加えた））の世界では、(i)国家の通貨主権確保の見地から暗号資産を禁止する国（例：中国）と(ii)多少の規制は課すものの暗号資産を育成しようとする国（例：欧米や日本。ただし、２０２２年11月の米国を中心に展開する暗号資産交換所大手**ＦＴＸ**の破綻以降、世界的に規制強化の傾向）に分かれています。

また、自国の通貨が弱い途上国の中には、暗号資産の最大手であるビットコインを法定通貨にする動きが出る（例：２０２１年９月のエルサルバドル、２０２２年４月の中央アフリカ共和国）一方、**国際通貨基金**（**ＩＭＦ**）は金融不安のリスクを高めるとして批判しています。また、複数の法定通貨を裏付け資産とするフェイスブックの**リブラ構想**（世界最大のＳＮＳ運営会社Facebookが作るデジタル通貨

発展学習
日本銀行は、２０２３年６月に「デジタルマネーの私法上の性質を巡る法律問題研究会」報告書を、２０１９年９月に「中央銀行デジタル通貨に関する法律問題研究会」報告書を各々刊行している（日本銀行ＨＰから入手可能）。
２０２１年10月フェイスブックは社名を「メタ」に改めた。

で２０１９年に第一案を公表。米ドルや日本円などの法定通貨を裏付け資産にスイス法人「リブラ協会」が発行するバスケット通貨で貨幣単位はLibra。ビットコインとは異なり価格が安定）が登場した際は、仮に実現すれば全世界で29億人の顧客基盤を持つデジタル決済が無規制のまま急速に拡大することを当局が懸念し、国家の通貨主権を脅かし金融不安定化をもたらすとして規制強化しました（この結果、Diemと改称後、２０２２年初に頓挫）。また、仕組みは**第１章**で簡単に述べますが、法定通貨や暗号資産、アルゴリズムを裏付け資産として、暗号資産よりも価格変動を抑えた**ステーブルコイン**の規制も２０２２年５月のテラＵＳＤ（アルゴリズム型ステーブルコイン）暴落以降、世界的に整備されつつあります。日本は２０２２年６月にステーブルコインの規制法を整備する資金決済法改正を行い、法定通貨を裏付け資産とするステーブルコインの国内発行を銀行、信託会社、資金移動業者に解禁し、十分な資産保全を要件に海外発行のステーブルコインの取扱いを認め、２０２３年６月から施行しました。

②　中央銀行デジタル通貨（ＣＢＤＣ）

このように、民間の新しいデジタル化された「お金」は、国家の通貨主権や金融規制・犯罪取締りなどといった法規制と衝突してしまうため、法的にどう位置付けるかが課題となっています。そこで、通貨主権を持つ国家が、従来の法定通貨そのものをデジタル化することで、暗号資産等の民間通貨に対抗する動きが出てきました。これを**中央銀行デジタル通貨**（ＣＢＤＣ：central bank digital currency）といい、カンボジアのバコンなど、すでに実用化された例もありますが、欧米や日本では、ＣＢＤＣ実用化の有無は決めずに、実証実験を継続してきました。仮にＣＢＤＣが実用化されると、

ステーブルコインのメリット
価格変動を抑えた暗号資産の一種で、投資利益を一時的に保有し、決済等に利用しやすい利点がある。

ＣＢＤＣをめぐる状況
カンボジア・バハマは導入済で、中国は試験運用中。ＥＵ・英は２０２６年以降に導入と見込まれ、米・豪・日本等も数年以内とみられる。日本の財務省は２０２３年４月から有識者会議を定期開催し、制度設計の大枠を整理した。

それに伴う法整備（例：通貨偽造罪の対象を定める刑法148条の「貨幣、紙幣又は銀行券」にCBDCも含める**法改正**）も必要ですし、CBDCが国際的に使われる（クロスボーダー化）と国家同士の通貨主権争いが加速し、これを迅速に解決するための紛争解決手続が重要になります。従来、この問題は「**ドル化**（**dollarization**：日々の経済活動で、国内通貨だけでなく、米ドルなど信用力が高い外国通貨が使われる経済現象、詳細は第4、9章参照）」の文脈で国際法上の分析がなされてきましたが、将来的に「**デジタル・ドル化**（**digital dollarization**：紙幣などの現金を前提とする従来の「ドル化」に対し、CBDCや暗号資産などのデジタル通貨を前提とする新しい「ドル化」を指す）」に移行すると、国際司法裁判所よりも迅速な解決手段を**ソフトロー**（**soft law**：法的拘束力を持つハードロー＝hard lawに対し、法的拘束力を持たないものをソフトロー＝soft lawと呼ぶが、法的拘束力はないが事実上の強制力を持つ場合もある）によって実現する必要が出てきます（詳しくは第2、9章参照）。

(2) 量子コンピュータ登場の大きなリスク

しかも、暗号資産、ステーブルコイン、CBDCといったデジタル通貨が用いてきた暗号（**公開鍵暗号方式**など）は、近いうちの実現が確実視されている強力な量子コンピュータ（Quantum Computer：量子力学を応用した計算能力がずばぬけて高いコンピュータ）が登場すると、直ちにとは言わないまでもいずれ破られてしまいます。たとえば、CBDCをせっかく実用化して現金流通に伴うコストを大幅に削減できたとしても（実際には現金は完全に消滅させることは非現実的で、現金とCBDCが併存する見通し）、これが量子コンピュータによって破られてしまえば、決済効率化に

量子コンピュータ開発
量子コンピュータ研究開発に主要国が注いだ研究費（2009～2018年）は、米国（10億6000万ドル）、英国（8億3000万ドル）、中国（6億3000万ドル）、豪州（3億ドル）、日本（2

よるメリットを大幅に上回る貨幣秩序の毀損が生じます。そこで、既存の暗号を耐量子暗号（Post-Quantum Cryptography：量子コンピュータを使用しても暗号化データの解読が困難な暗号）に置き換えていく必要性がありますが、技術的な事項であることもあって、その危険性をあまりＣＢＤＣの議論で耳にしませんが、大丈夫でしょうか？（詳しくは第5章参照）。

(3) 武器としての「お金」

他方、２０２２年2月に始まったロシアのウクライナ侵攻の結果、日本は欧米と並んで、国連憲章違反であるロシアに対する経済制裁をしており、これによってロシアは米ドル等の主要通貨による決済が困難になりました。いまだロシアの武力侵攻を思い止まらせるには至っていないものの、米ドル等を用いた**金融制裁**（financial sanction）：ある国家が行う違法な行為に対し、国連や国家が行う非軍事的な経済制裁の一つで、指定した個人や団体の金融取引に資産凍結や送金停止等をし、当該国の経済活動を締め付ける措置）は、非軍事的対抗措置の中では最有力手段の一つと考えられています。

他方、ロシア側の対抗手段としては、自国通貨や中国元を用いた決済のほか、金・石油・天然ガス等の資源に加えて暗号資産を用いた決済が想定されており、はしがきで紹介した地政学的考察のように、ＣＢＤＣの国際決済が国際金融システムを将来的に分断する可能性もあります。まさに「お金」が武器として機能し、その行方が国際金融や国際政治を左右することが現実化していますが、この問題についても、米国法と日本法との比較等を交えつつ、法律面に絞って若干検討します（詳しくは第10章参照）。

億３０００万ドル）の順（Astamuse調査）。

対ロシア金融制裁の例
２０２２年2月のロシアのウクライナ侵攻直後、日本を含む欧米諸国は、①国際送金決済ネットワークＳＷＩＦＴからロシアを排除し、②ロシア中央銀行の外貨準備を凍結し、③制裁対象となる企業・個人の資産を凍結した（第10章参照）。

⑷　国家は決済を管理しきれない中での法の役割とは?

第４章で紹介するＳＷＩＦＴ元ＣＥＯの書いた『教養としての決済』（東洋経済・２０２２年）も指摘しますように、**決済をめぐる将来の動きは誰にも予測できず、国家も民間決済の動きを完全に管理することはできません。**歴史上も和同開珎が地方では全く流通しなかったことなど、実例が幾つもあります。貨幣や決済は、そうした掴みどころのない性格を持つがゆえに、アリストテレスの活躍した古代ギリシア以来、長らく貨幣論が存在したのでしょう。こうした中、貨幣における法の役割は、裁判や立法を通じて社会慣習を追認するだけでなく、立法を通じて将来を予測し、新たな貨幣の開発・流通を促進することにあり、民主主義的な法治国家の原則に則って貨幣秩序や決済制度を構築する上で欠かすことのできない存在です。

仮に日本銀行がＣＢＤＣとなるデジタル円を小口取引（我々の日々の支払などに使われる少額のお金）で実用化した場合、完全に現金にとって代わるかもしれないし、現金と並ぶ電子マネー等の代替手段と並んで利用されるかもしれないし、全く使われないかもしれません。暗号資産やステーブルコインも10年後には消滅しているかもしれませんし、法定通貨を凌いでいるかもしれません。このように将来予測の振れが非常に大きい現在、新しい「お金」に対して法がどのような関わりを持つべきでしょうか?　本書がそうした問題を考える端緒になれば幸いです。

3　3つの疑問

最近、暗号資産やステーブルコイン、ＣＢＤＣ（中央銀行デジタル通貨）など、様々な新しいお金

発展学習
中世日本では中国からの渡来銭が流通しましたが、それとＣＢＤＣ等の関係を考察したものとして、副島豊「渡来銭と暗号通貨」（２０２３年６月、ＳＢＩ金融経済研究所のＨＰから入手可能）参照。

（貨幣）が登場し、Ｗｅｂ３・０（ウェブスリー）振興の国家戦略とも絡んで、経済学者や政策当局者を中心に様々な議論が交わされています。弁護士や法律家ももちろん、主にこれを推進する立場から、様々な細かい法解釈論を展開してきました（たとえば、日本銀行が金融研究２０２０年6月号で公表した「中央銀行デジタル通貨に関する法律問題」報告書を参照）。筆者もこれに大きな関心を抱き、科学研究費やセコム財団の研究助成を受けて暗号学者（元産総研・寶木和夫先生）との共同研究を進め、国内外の学会を中心に活動してきたのですが、そうした中で大きな疑問に行き当たりました。

それは、実務的な要請から暗号資産やＣＢＤＣ等の実現を後押しする専門家の政策論や細かな法律論ばかりが唱えられる中、法学の基本的な考え方から大きな流れを見た場合、幾つか重要な疑問が浮かぶからです。たとえば以下に示した３つの疑問がそうです。

(1)　第1の疑問—民主的プロセスの欠如と決済のわかりにくさ

第一に、日本は**国民主権**（憲法1条）が根付いた西側民主主義体制の一員で、国民の政治参加や必要な金融教育を受ける権利があります。しかし、馴染み深い現金がデジタルに変わるという意味で一般国民に広く多大な影響が及ぶＣＢＤＣについて、その実現が間近に迫っているにもかかわらず日本銀行は少数の専門家や業界人以外の国民の意見を広く求め、主権者＝国民の意思決定に資すべく理解や合意を得る努力はしているでしょうか？

◆国民に身近な小口取引CBDCは意外に複雑

皆さんの周囲に百円硬貨を知らない方はいませんが、日本銀行が開発（実証実験）中の日本円CBDCをイメージできる方はほとんどいないでしょう。

小口取引のCBDCには、**口座型CBDC**（皆さんが日本銀行に直接銀行口座を持つイメージで、ネットバンキングと同様に決済がネット上で処理される）と**トークン型CBDC**（皆さんが現金の代わりにデジタル情報であるCBDCをカードやスマホに保有するイメージで、SUICAやモバイルSUICAと同様にカードやスマホに価値が貯蔵される）が想定され、トークン型の場合は人から人へそれが点々流通します。たとえば、バハマでは中央銀行が電子トークンの形でCBDCを発行し、スマホ上のデジタルウォレットに直接配布します。一方、バハマのように中央銀行が**直接発行**すると民間銀行の金融仲介機能が阻害される可能性があるため、先進国では民間銀行を介して**間接発行**するスタイルが好まれており、プライバシー保護の必要性から**間接型**（民間銀行は小口取引の台帳も保管した上で小口取引を管理し、中央銀行はリテール取引に対応する大口取引のみを記録した中央台帳を維持する仕組み）が西側民主主義国では最も採用されやすく、日米欧が間接型でプライバシー保護に力を入れています。一方、西側とはプライバシー保護概念が異なる中国では、間接型ではありますが、民間銀行が小口取引を管理する一方、中央銀行が小口取引を記録した台帳をも保管する仕組みを採用しています。これらはそれぞれ口座型またはトークン型で顧客に提供することが可能です。さて、一般国民がこの複雑な仕組みをイメージできると思いますか？

口座型とトークン型

日本銀行はCBDCにどちらを採用するか決めていないが、口座型で実証実験中。口座型とは異なり、トークン型の場合には点々流通するデジタル情報に財産権（所有権）を認める法整備が必要。

◆ニュージーランドの参考例

日本銀行は一部実務家・専門家を対象に何度も意見聴取し、専門情報を逐次公表してきました。その努力は素晴らしいと思いますが、残念ながら、同じく民主主義国家であるニュージーランドの中央銀行（RBNZ：Reserve Bank of New Zealand）が実施しているような国民一般に対する広範な啓蒙やパブリックコメントの募集・フィードバック（英米も実施済）はほとんどしていません（第1章参照）。国民への説明については、今後、議論されるでしょうが、近いうちに是非実施して欲しいと思います。また、こうした丁寧な国民への**コンサルテーション**は、最近ようやく政府が力を入れ始めた**金融教育**（小・中・高校ではすでに義務化されています）や**金融リテラシー**向上策にも大きく寄与するものと思われます。

◆デジタル通貨の仕組みはそれなりに難しい

一方、金融教育でもなかなかカバーできないのがデジタル通貨や決済をめぐる動きです。冒頭でも述べましたように暗号資産ビットコインの基本的な仕組みを理解することすら、社会人になってからの自学自習に任されています。しかし、**ブロックチェーン**（第1章で説明）などの技術的仕組みに、金融・決済システムや金融取引への理解、関連する法律や税制・会計の知識など、学ぶべきことは多い上に一般の方には複雑で難解です。しかも、変化や動きが速く、よほどまめにチェックしていないと、知識がすぐに陳腐化してしまいます。この結果、投資家や一部の専門家ばかりがクローズドな議論をする傾向にありました。

CBDCのコンサルテーション実施例
ニュージーランド：2021年に中央銀行が実施
米国：2022年にFRBや財務省が各々実施
英国：2023年にBOEと財務省の連名で実施

デジタル化は国民の願いか？
コロナ禍を経て欧米中心に現金を受け付けず、クレジットカード等のみで決済することでコスト削減する店舗や公共交通機関が急増。他方、カードを持たない貧困層やデジタル化に不慣れな老年層は置き去りにされやすい。

そのため、本書では、引用を含めて、なるべくわかりやすく決済や法律の解説を試みています。最近、前述の『教養としての決済』東洋経済（２０２２年）が決済の最新動向を描いてベストセラーになりましたが、一般の方にはかなり難しいと思います。そこで、本書は第４章で法的視座からこの本を読み解くことで、同時に決済に関する最新かつ基本的な理解を深めるように努めました。

(2) 第2の疑問―デジタル通貨のセキュリティは万全か

第二に、法学では事実認定の正確性が重要ですが、デジタル通貨を支える暗号技術の**セキュリティ**（安全性）については、さすがに技術専門家以外の社会人が自習で身に付けるには難解で、大きな技術上のリスク（**量子コンピュータ**の登場：**第5章参照**）に対する正しい認識が持ちにくい点です。実際、量子コンピュータ問題以外でも、暗号資産やステーブルコインを用いた新しい送金手段は、様々なリスクをはらみます。たとえば、新しい送金手段は、現在の銀行送金よりも確かに安価ですが、銀行送金ならば利用者がパスワードを失念しても依然として取引が可能であるのに対し、新しい送金手段でパスワードを失念したら、対応方法はより複雑で、送金金額をそのまま喪失するリスクもあります。

さらに、マネーロンダリング（資金洗浄）対策は、２０２３年6月からＦＡＴＦが求める顧客情報共有の国際取極め（**トラベルルール**）を導入したものの、銀行よりは手薄であるし、銀行に比べて、小規模事業者が多く、銀行よりも安全なシステムか否かは不明です。この結果、安全性が必ずしも技術的に十分確保されていないし、その対策もしていないのに「デジタル通貨は現金よりも安全で安価」、「デジタル化を進めれば安全で経済発展が見込める」という仮の前提を検証なしに信じた上で、バラ色の未来に疑いを持たずに推進論に傾倒しがちです。

◆強力な量子コンピュータを持つハッカーが現れるリスク

セキュリティに関しては、確かに暗号資産の多くがマネーロンダリング（資金洗浄）や脱税・詐欺、あるいは金融制裁（第10章参照）の制裁逃れ等の手段に使われてきたことやデジタル通貨では個人情報やプライバシーの流失が懸念されることが多く報道され、ＦＡＴＦやＢＩＳ等の国際機関や各国金融当局も注意喚起してきましたが、それに加えて深刻な技術的問題が存在します。すなわち、暗号資産やＣＢＤＣに用いられる既存の暗号は、近未来に実用化が見込まれる強力な量子コンピュータが実用化されるとじきに破られてしまうリスクが高いと言われています。

対策としては、量子コンピュータに対応した**耐量子暗号**を実用化することですが、既存の暗号からの置き換えはこれからです。すると、量子コンピュータの登場を展望した対策や政策論（第5章参照）を展開すべきですが、我々のお金に直接関わる身近なテーマであるＣＢＤＣの実証実験等においてもあまり議題になっていないようにうかがえます（ただし、スイスなど一部で論文が公刊されています）。仮に3年後に小口取引を含むＣＢＤＣが広範に実用化され、5年後に中国が強力な量子コンピュータを開発して傘下のハッカーに日本円ＣＢＤＣへのハッキングをかけられ膨大な資産や個人情報を抜き取られた場合、現在の現金体制を維持するよりも遥かに莫大な損失を被ります。

◆ハッキング対策の現状

ちなみに、北朝鮮傘下のハッカー集団**ラザルス**は２０１８年に日本で起きたコインチェック事件に関与したことで有名ですが、２０１６年にバングラデシュ中央銀行から9億５１００万ドル（約１１４１億円）のハッキングを行ったと報じられています。中国・北朝鮮・ロシアによる政府・企業等へのハッキング対策は、米国ＦＢＩとの密接な協力の下、日本では**公安調査庁**が経団連等と連携して対応していますが当然限界があるため、政府・日本銀行のデジタル化推進政策の中でセキュリティ面での技術的検討をさらに用意周到に行った方が良いと考えます。

(3)　第3の疑問―法と政策論の間の対話の必要性

第三に、日本は法治国家ですので、法律を遵守した上で物事を決める必要があります。また、法学では「**国際法規の誠実な遵守**」（憲法98条2項）を規定しており、ハードローでないソフトローにおいても国際的な約束事は、なるべく遵守すべきです。しかし、法学や法学的アプローチについてはいまだ法学専門家以外の方にはあまり浸透しておらず、デジタル通貨のような細かい問題については専門家任せになりがちです。

◆現行国内法の枠内で議論する必要

実際、産業界の新たな収益機会への期待を反映してか、実務家・経済学者等の政策論の多くに、様々な国内外の法規を前提としない規制緩和論・税制優遇論がみられます。たとえば、「消費者に損

外国国家によるハッキング
公安調査庁は、中国・ロシア・北朝鮮が関与・支援するサイバー攻撃について「サイバー空間における脅威の概要：２０２３」（同庁ＨＰ掲載）で詳しく解説している。

法的認識の重要性
経済学等の政策論も、法的認識が不十分だと空回りしかねない。他

失を負担させ、顧客保護よりも産業育成を重視せよ」という主張は、額面通りであれば、顧客保護・消費者保護による法益を産業育成よりも上位の法益に位置付けている現行法の枠内では難しい議論です。仮に産業育成を優先するように法改正するには、主権者＝国民の代表による民主的手続を要しますが、「金融システム安定」などの大義がない限り、国会の審議の場で「消費者に損失を負担させよ」とする提案はなかなか通らないでしょう。

◆国際約束を誠実に遵守する必要

また、「シンガポールを見習って暗号資産に大幅減税せよ」という実務家に人気の高い議論は、現行法の規定やＯＥＣＤの「**暗号資産報告フレームワーク**（ＣＡＲＦ：Crypto-Asset Reporting Framework）」の精神（ただし、ＣＡＲＦ自体は課税内容を統一化する試みではありません）に照らした場合、ＯＥＣＤメンバー国である日本の場合には、非メンバー国であるシンガポールとは事情が異なり、ＣＡＲＦの中でＯＥＣＤ諸国との国際協調が求められていくので簡単な実現は難しい（第3章参照）のです。ＣＡＲＦは、国際的な暗号資産取引における脱税を防止するため、各国が納税者の居住区域と毎年自動的に情報交換することによって暗号資産取引に関する透明性を確保する情報交換枠組みを指します。ＯＥＣＤはＣＡＲＦを国内外に効果的に導入するよう働きかけており、日本の投資家が海外取引所を利用した場合にも現地税務当局を通じて暗号資産取引情報が日本の税務当局に伝えられるようになります。ＣＡＲＦは課税内容は規定していません。しかし、こうした中、他のＯＥＣＤメンバー国との平仄を考えずに日本だけが暗号資産に大幅減税することはできません。いずれに

方、必要な法的知識は憲法・民法・国際法等の基本部分だけで、それほど多くはない。

せよ法律が絡んでくるので、デジタル通貨の発展に伴う様々な議論に役立つように、実務家・経済学者等を含めた一般の方にもわかりやすい法学の基本解説が必要だと痛感するに至りました。

また、経済学や歴史学、社会学等の様々な貨幣論と法学を有機的に結び付けるには、法学以外の成果を法学的観点で突き合わせたり（第7章参照）、法学以外の分野からは気づきにくい点を法学専門以外の一般の方にもわかるように、あまり細部に立ち入らずに問題提起することが重要です。そこで、有体物にしか所有権を認めない民法85条と有体物ではないデジタル通貨との関係について法的な考察を行ったり（第8章）、ＣＢＤＣのクロスボーダー化を展望して将来生じ得る通貨主権をめぐる国際紛争について検討したり（第9章）、国際法を守らない国家（例：２０２２年以降にウクライナに武力侵攻したロシア）に武器の代わりにお金（貨幣）を用いて対抗する金融制裁（第10章）について考えることとします。

4　本書の狙いと構成

このように貨幣や決済をめぐる諸問題は、実務はもちろん、経済学や歴史学など様々な学問・研究による政策論と法律との共同作業で解決されるものです。しかし、法学の関わり方はえてして特定の法律（例：刑法）の専門家がその範囲（例：刑法）でのみ詳細なコメントをするだけで、経済学や歴史学における貨幣論のような幅広い政策論は避けてきたように思います。法学の特性上、細かい分野について深い分析を好むのが一般的ですが、それだと一般の方々への法的示唆には欠けますし、経済学等の貨幣論との接点が薄まります。そこで本書は、法律学者の貨幣論と題して、従来よりも幅広い分析を試みることとしました。

◆貨幣にまつわる法の基礎解説

具体的には、最初に「国民主権」や「教育を受ける権利」といった小学校で習う憲法の基本原則を含む法の精神から、政府・日本銀行のコンサルテーションや金融教育のあり方やデジタル化振興政策の法的死角などをみてみましょう。すなわち、①冒頭で法的視点の重要性を述べた後、②第1章「憲法と金融教育の重要性―ＣＢＤＣ・暗号資産は理解可能?」で憲法的な視点と金融教育やコンサルテーションの重要性を説くと共にデジタル決済の基礎事項を解説し、③第2章「経済学的な貨幣論と法的な貨幣論」で経済学と法学のアプローチの相違を簡単に述べ、④第3章「Ｗｅｂ3・0振興論におけるデジタル通貨の法的死角」で国家戦略であるＷｅｂ3・0振興策や法的観点からの留意点を指摘します。

◆決済と暗号技術に関する解説

その後、決済やそれを支える暗号技術についての知識を深めたいと思います。すなわち、⑤第4章「ベストセラーで読み解く決済最前線への法的視座」で決済をめぐる最新状況を法的観点からなるべく簡単にまとめた後、やや技術的になりますが、⑥第5章「デジタル通貨のセキュリティとプライバシー」で共同研究者の寶木和夫先生に教わった量子コンピュータと耐量子暗号の開発をめぐる現状を説明し、今後の提言を行います。

◆法的貨幣論の試み

その上でデジタル通貨をめぐる「法的貨幣論」を試みます。この辺りからやや硬い法律論に踏み込みますが、⑦第6章「法的貨幣論序説―通貨主権・通貨」でデジタル通貨を見据えながら法律全体（国際法や国内法（規制法、取引法）、ソフトローに及ぶ幅広い法律全体）に及ぶ通貨や通貨主権に対する捉え方をまとめ、⑧第7章「法律以外の貨幣論がもたらす法律への示唆」においては経済学・歴史学等の貨幣論の最近の著作を紹介しつつ法学への示唆を探り、⑨第8章「デジタル通貨と日本法」、⑩第9章「デジタル通貨と国際法」、⑪第10章「貨幣と金融制裁」というように、様々な法律を対象に網羅的な分析を行います。

◆法律各分野からの総合的な研究の必要性

法学では、通常は大変細かい問題に対して、狭い専門的見地から深く掘り下げる研究が一般的ですが、貨幣をめぐる法的研究を貨幣論としてまとめることで一般の皆様の理解に貢献するためには、憲法に記された民主主義の根幹に立ち返ると共に、取引法と規制法、国内法と国際法という区切りを超えて、広範囲な分析を加える必要があります。もちろん本1冊で法的貨幣論のすべてを論じ尽くすことは到底不可能ですが、特定分野の法律専門家には専門外の法分野の関わりをお伝えし、法学に馴染みのない一般の方には様々なアプローチの特徴や法学の特徴をご理解いただき、ご自身の実務や研究分析に役立てていただければ幸いです。

発展学習

法的貨幣論に関する現在の研究の最高峰は、Rosa Lastra, Legal Foundations of International Monetary Stability: 3rd, Oxford University Press（近刊予定。初版は2006年刊行）参照。また、法的貨幣論の視点を加味した英国議会によるCBDC報告書として、House of Lords, Central bank digital currencies: a solution in search of a problem?, Jan. 2022（英国議会HPから入手可能）がある。

第1章　憲法と金融教育の重要性―ＣＢＤＣ・暗号資産は理解可能？

法的な内容は徐々に説明するとして、そもそもの検討対象であるＣＢＤＣや暗号資産（仮想通貨）・ステーブルコインとはいかなるものかご存知でしょうか？

◆投機的な暗号資産

まず、一部の投資家向け商品ともいえる暗号資産やステーブルコインについては、「**億り人**（おくりびと：暗号資産投資で巨額の利益をあげた方）」という言葉があるように、投機的な商品としてすでに投資家には有名です。一般に投資家は、**金融リテラシー**（金融や経済に関する知識や判断力）が高く、自分のお金を賭けているのですから、投資の際に細かな仕組みやリスク等を自分で調べるでしょう。なお、日本を含む世界各国は今や**Ｗｅｂ３・０**（ウェブスリー：第３章で詳述）と呼ばれるデジタル化の推進策をとっており、その中で**デジタル通貨**、とりわけ暗号資産やステーブルコインは重要な決済手段としての役割を果たすと見込まれており、これから我々の身近なお金（貨幣）がこうしたデジタル通貨に代替していく可能性が高いです。すると、投資家や専門家以外の一般の方にとっても、これらに関する知識を身に付ける必要が出てきます。本書では、こうした一般の方向けの金融教育や社会啓蒙の課題を検討しつつ、決済に関する基本的な内容もご紹介します。

一般人もデジタル通貨を理解すべき理由

1　一般人に身近な現金がＣＢＤＣに代わるため。

2　Ｗｅｂ３・０振興策で暗号資産等が決済や送金に多用されるため。

3　デジタル通貨を理解しないと思わぬ損失を被るため。

◆一般人にも身近なCBDC

一方、これから実用化する予定の**CBDC（中央銀行デジタル通貨）**はいかがでしょう？　こちらは、投資家だけでなく、投資に興味のない一般庶民にもあまねく関わってきます。すなわち、中央銀行（日本であれば日本銀行）が発行する円の現金がデジタル化されるのが、このCBDCというものです。すでに電子化されてきた銀行や企業同士の金額の大きい取引（**大口取引**）が新たな技術でデジタル化される（ゆえに、大口取引のCBDCについては問題が少ないと言われます）だけではなく、我々が日々の買い物に用いる小銭のように金額の小さい取引（**小口取引**）をもデジタル化されるため、我々の生活には非常に影響が大きいと言えます。つまり、皆さんが長年親しんできた「お金」が形のある物体（紙幣や硬貨）から形のない電子情報に代わるわけです。電子マネーやクレジットカードにも不慣れな田舎の祖父母を想起すると、この流れに本当についていけるか心配になりませんか？　また、これだけ影響の大きいCBDCの導入については、**国民主権の原則**に立てば、国民に十分な説明や意見聴取を行った上で決める必要があり、日本銀行や一部の関連業界だけで勝手に決めて良いものではありません。日本銀行は（政府からの）「**中央銀行の独立性**」に基づいて通貨政策の自主性を認められる（日本銀行法3条1項）面ばかり強調されがちですが、日本銀行には国民に対するアカウンタビリティ（説明責任）を果たす努力義務も法定されています（日本銀行法3条2項：下段参照）。

実際、これから紹介するように、法的貨幣論をめぐる最近の研究では、金融決済や貨幣をめぐる政策に対し、憲法上の観点から従来の中央銀行任せに課題が指摘されており、国民参加の必要性が認識されています。憲法では国民に**教育を受ける権利**（憲法26条）を定めており、主権者＝国民が政策判

日本銀行法改正
政府は旧日本銀行法で大幅な監督権限を有していたが、物価安定には政府から独立した中央銀行の中立・専門的判断に任すべきとの認識が世界的に高まり、1988年改正で「中央銀行の独立性」を強化した。しかし近年の量的緩和やインフレを受けて中央銀行の透明性が不十分とする指摘もあり、英国上院では法改正を検討している。

関連条文
日本銀行法3条2項
日本銀行は、通貨及び金融の調節に関する意思決定の内容及び過程

断する際に必要な知識は、国家が提供すべきものです。しかし、国民の多くはＣＢＤＣの存在すら知らない方がほとんどではないでしょうか？　財務省の２０２３年の調査では、ＣＢＤＣを「見聞きしたことがあり、具体的な内容も知っている」国民はわずか４・７％でした。

　このため、ＣＢＤＣや暗号資産等に関する金融リテラシーを高める教育（**金融教育**）が重要になります。

　そこで、本章では、①金融や貨幣論を憲法学の観点から研究するオーストラリア国立大学（ＡＮＵ）ベイトマン准教授の学説をご紹介した後、②日本政府が最近開始した金融教育の概要を紹介してデジタル通貨の扱いを確認し、③①政府が最近開始した金融教育の概要を紹介し、デジタル通貨の扱いをみた後、②公的機関や業界団体が一般向けに書いた説明からＣＢＤＣや暗号資産、ステーブルコインについて簡単に説明します。その後、③暗号資産やステーブルコイン以上に一般の方に影響が大きいＣＢＤＣの検討状況の説明や国民への意見聴取について、日本とニュージーランドの例を比較し、今後の課題を探りたいと思います。

1　憲法学からみた貨幣論

　本書が扱うデジタル通貨や貨幣論は、伝統的には経済学部の金融論で扱うのが普通でした。貨幣が語られる場合、主に銀行預金などの信用通貨が念頭におかれ、法定通貨の役割は軽視される傾向にあり、百年前の通説であった貨幣法制説（何が通貨かは法律が決めるとする説。第２章参照）は経済学からも法学からも批判の対象です。また、法学から貨幣論を扱う場合も、私のように私法や国際法の

を国民に明らかにするよう努めなければならない。

憲法26条1項
すべて国民は、法律の定めるところにより、その能力に応じて、ひとしく教育を受ける権利を有する。

デジタル通貨を扱う従来の学問の特徴

1　経済学部や商学部の金融論(主要科目)：扱いは少な目で、具体的な仕組みは自習や金融教育による。

2　法学部の金融法や電子商取引法（選択科目）：扱いはさらに少なく、民商法に偏りがち。

立場から研究するアプローチが主流でした。しかし、最近では法定通貨の役割を重視する傾向もみられ（第2章4(2)の岩井・小林論争における小林教授の見解を参照）、法学における貨幣論も国家権力を扱う憲法の影響が強くなってきました。すなわち、最近の海外論文をみると憲法学における民主統治の立場から貨幣論を展開する研究が増えてきました。幸い、そうした研究者の1人であるオーストラリア国立大学（ＡＮＵ）のベイトマン准教授の下で、私は２０２３年に在外研究する機会を得、様々な気付きを得た上、彼の近日出版予定の著作（W.Bateman, The Monetary State, OUP, 2023）の草稿を頂きました。そこで、その冒頭部分をもとに憲法学の立場からの貨幣論を簡単にご紹介しましょう。

(1) 憲法学からみた主要課題

◆通貨当局を中央銀行ではなく国家と捉え直す

まず、①経済学の金融論や貨幣論では、通貨当局を中央銀行に限定して政府から切り離し、貨幣に関する広範な権限を中央銀行の裁量に任せ、政府の民主的統制から独立させ（**中央銀行の独立性**）、その独立性を阻害することは悪と認識されることが多いのですが、②憲法学に立つ**ベイトマン**先生の貨幣論では、通貨当局を中央銀行に限定しない国家全体として捉え、「貨幣の価値を創造、破壊、制御する憲法上の国家の権限」（金融規制を含む）を立憲国家の「**貨幣権**」と呼んだ上で、貨幣権を憲法上の三権（立法、行政、司法）に続く第四の統治権力と位置付け、三権分立と同様のチェック＆バランスを考えます。実際、金融規制を含む国家の貨幣権は国家の経済力を支える源泉ですので、立憲

中央銀行の独立性
中央銀行（日本ならば日本銀行）の運営や金融政策の決定が政府から独立して行われること。政治的配慮に左右されずに金融政策を行うことで物価安定や経済成長につながる一方、物価安定を重視するあまり、景気を過剰に抑制し、雇用への配慮を欠くリスクがある。日本銀行の場合、総裁は国会の同意を得て内閣が任命するが、任命後は原則として解任できないほか、日本銀行の金融政策決定会合に政府関係者も出席して意見は述べるが、議決権はもっていない。

国家の統治権としての重要性は高く、四番目の権力と言えなくもありません。

◆政治的自由と経済的自由

さて、西側民主国家の大前提となる**自由主義**（政治的、経済的）のうち、**政治的自由主義**（民主主義などの政治的自由を最優先する考え方）に立てば、三権分立による国家権力のチェック&バランスと同様に、本来は中央銀行の裁量による市場介入などの貨幣権の行使に対して三権、すなわち議会（立法）か金融庁（行政）か裁判所（司法）のチェックが及ぶべきです。しかし、戦間期ドイツで政治介入によってハイパーインフレが生じた苦い経験から、経済合理的な金融政策運営が政府の介入で歪められることを防ぐため、日本を含む世界各国で**中央銀行の独立性**が尊重されてきました。他にも金本位制など、議会・政府と裁判所から通貨権限を隔離する様々な仕組みが存在し、これらは**経済的自由主義**（財産権の保障などの経済的自由を重んじ、政治的自由は制限されても良いとする考え方）に基づくと考えられます。

◆憲法上の課題

しかし、政治的自由主義と経済的自由主義の均衡が常に保たれるわけではなく、歴史的にも市場メカニズムが機能しない状況では通貨権限が中央銀行から政府に引き戻されたりしました。この結果、①政治的自由と経済的自由の双方を守る国家の貨幣権を憲法の中でいかに位置付けるかが未解決の問題として存在するほか、②国家が貨幣権を行使する際にもただ強大な権限を行使すればよいのではな

中央銀行の独立性を見直す最近の動き

従来の中央銀行の独立性は、中央銀行が民間債務の購入を避け、国債購入に制限を付し、資産規模を小さく保ち、量的緩和などの裁量的な金融政策を実施しない条件下では説得的だったが、世界金融危機後の日米欧の金融政策はこれらを逸脱したため、従来のような説得力失った。この結果、中央銀行を憲法上、独立した権力として位置付け、透明性や説明責任を通じて民主的に統制する試みが、政治経済学を中心に広がっている。

発展学習

経済学の立場から「中央銀行の独立性」概念の妥当性を疑問視し、

く、国家目的に沿ったかたちで行う制約が課されるべきと主張します。また、貨幣権を行使する金融市場では、経済・政治制度、公法・私法、および国内法・国際法・外国法が混在して総体をなす特性を理解する必要があり、その上で国家のあり方や立憲主義を検討することが憲法上の新たな課題として重要だと指摘されています。

(2)　政治的自由主義と経済的自由主義の相克例

◆戦争が起きた場合

ベイトマン先生の設例を元に具体的にみてみましょう。１７９７年に仏軍が英国に侵攻して銀行危機を引き起こした実例を元に、ある国が外国から侵略された場合を考えます。人々はパニックに陥り、会社は閉鎖され、民間銀行から大量の資金を引き出します。そこで、その国の政府は国防強化と銀行救済を目的とする大規模な財政支出を議会で可決し、救済措置として、①中央銀行が民間銀行に資金を貸し出し、当該資金で戦費を賄うための戦時国債を購入してもらい、②中央銀行は国債を購入して通貨供給を拡大し、民間銀行が政府や企業等に対して実施する信用供与の量を増加させます。大変強固な権限ですが、中央銀行は、極めて広範な目的の範囲内で金融取引に従事する具体的な権限を有しているため、新たな法律は必要ありません。

救済措置が経済に予期せぬ悪影響を及ぼすことは当然予想していますが、軍事と経済の２つの危機に対処する唯一の選択肢だとして、国会や政府のアドバイザーがこの救済策に同意しています。さて、救済措置が功を奏し、銀行危機は沈静化し、軍事的脅威も去りましたが、経済の脆弱性は復興期にも

立憲主義的な概念再構築を唱える見解として、高橋亘「中央銀行の独立性再考：新たな環境のもとで」（２０１９年７月、ニッセイ基礎研究所ＨＰから入手可能）参照。

引き続きみられるため、中央銀行の救済プログラムが引き続き実施された結果、インフレが進行しました。このため、強力な金融権限の行使により経済的損失を被った一部の投資家が、中央銀行と政府を訴えますが、裁判所は、金融当局の決定は複雑かつ経済的に重大なので裁判所では審理できないと判断し、投資家の訴訟を不当として却下しました（米国判決であるRaichle v Federal Reserve Bank of New York, 34 F.2d 910（2d Cir 1929）が同旨の判示をしています）。

さて、政治的自由主義の立場からは、上記の金融当局の措置は政治的に正当化されますが、経済的自由主義の立場から見れば、憲法上は個人の財産権を保障している（日本の場合は憲法29条）ので、裁判所は個人の財産権を保護する義務を負っているはずです。にもかかわらず、件数は少ないですが、他の例をみても、前記の裁判所のように、**金融当局に対する個人財産権侵害の救済請求訴訟はほぼ常に不成功に終わってきました。**

◆平時の場合

一方、20年後も救済措置が常態化し（戦時体制が戦後も常態化することは歴史上数多く存在）、インフレが恒常的にみられるようになったとしましょう。民間資金調達が困難になる一方であることを懸念した投資家は、議会に対して救済措置の停止を働きかけますが、選挙での敗北を懸念した議員の賛成を得られませんでした。そこで、中央銀行に働きかけてインフレ抑制策への転換を要請します。中央銀行は、物価安定を目的の1つとしており、現状の経済の持続可能性に懸念を抱いていたため、大幅な財政赤字を助長してきた救済措置を止めてインフレ抑制へと舵を切ります。このケースでも、中央銀行法の広範な規定により、法改正は必要ありません。この結果、インフレは克服され、競争力のある民間企業は成長しましたが、兵士や国家公務員の年金は目減りし、彼らは中央銀行を裁判所に訴えますが、やはり裁判所では審理できないとして、訴えを却下されてしまいます。

この場合、政治的自由主義の立場からは中央銀行の行動に問題があり、経済的自由主義の立場からも勝ち組と負け組（公務員は経済ポートフォリオに損失）を生み、中央銀行という国家機関が人々のポートフォリオに手を伸ばし、彼らの財産権を再調整した点や、それにもかかわらず司法は一貫して国家による経済的損害への対処に無関心であった点で問題が残ります。

(3) 法や運用の相違に基づく権力の分配

◆国家と中央銀行の権力の分配をめぐる法の類型

一方、各国の中央銀行法をみると、様々な類型がみられます。まず、①中央銀行が国庫に資金を貸し付ける前に議会承認を得ることを要求する中央銀行法（例：日本銀行法34条、イングランド銀行法1819年（59 Geo 3 c 76））は、貨幣発行、公的債務、公的支出に関する権限を中央銀行（開始主体）、議会（承認主体）、行政府（資金受領主体）に分配しています。これに対して、②議会の議決要件なしに国庫貸付を許可する中央銀行法（例：National Loans Act 1968 (UK), s12（7））は、議会に分配される権限を狭める分配を行っています。次に、③司法審査を排除する明示的な規定を含む中央銀行法（例：豪州準備銀行法1957年（Cth）87条）は、貨幣に関する権限を司法から奪っています。逆に、④欧州中央銀行（ECB）の決定を欧州連合司法裁判所の管轄下に置くユーロシステムの

関連条文
日本銀行法34条
日本銀行は、我が国の中央銀行として、（中略）国との間で次に掲げる業務を行うことができる。
1　財政法（中略）第5条ただし書の規定による国会の議決を

ように明示的な司法審査規定を持つ場合は、権限の分配がさらに異なる結果となります。

◆中央銀行の運用いかんで変わる権力の再分配

また、中央銀行の法的権限をどう運用するかによっても国家権力が再分配されます。たとえば、①中央銀行が法的権限を行使して国庫発行の債務ではなく企業債務を購入する場合、権力は行政府から民間市場に分配され、②国庫が無利子の約束手形の発行を決定した場合、権力は中央銀行から行政府に分配されます。また、③裁判所が金融政策も私的財産保護に関する憲法の定めに従うと判断した場合、権力は中央銀行から司法府へと分配されます。

(4) 貨幣とは何か

◆国家権力を見落としている経済学上の定義

貨幣は、経済学の説明によれば、①勘定単位、②交換媒体、③価値の貯蔵という3つの機能指標を用いて定義されることが多いのですが、ベイトマン先生によれば、この定義の最大の弱点は、貨幣の機能を決定する際に**国家権力を排除**していることです。上記3機能は法律や政府によって大きく左右されており、法律では通常、法律で定められた額面の自国通貨（**法定通貨**）を使用して税金や罰金を納めることが義務付けられています。この要件に従わない場合、国家の法的強制力が発動されます。また、会計処理においても、仮にビットコインで会計処理したとしても毎会計年度末には法律の定めに従い、法定通貨に変換する必要が生じます。こう考えると、経済学による機能的な貨幣の定義には

経た金額の範囲内において担保を徴求することなく行う貸付け（以下、略）

法定通貨とは
国内の債務弁済において法律上受取りを拒否することができない効力（強制通用力）を持つ通貨（法貨：legal tender）を指し、日本法上は日本銀行が発行する紙幣と政府が発行する硬貨の2つ。ただし、強制通用力があっても人々がこれを受け入れない場合もある。

様々な見落としが存在するといえます。

◆民間の信用通貨ですら法定通貨の論理の上に成立

これに対し、「法定通貨法は紙幣や硬貨などの物理的な通貨にしか適用されず、また少額紙幣にしか適用されないため、銀行預金などの民間の信用通貨の金額に比べれば取るに足らない」という指摘もあり得ます。しかし、ベイトマン先生によれば、この反論は、中央銀行の運営する決済システム（例：日銀ネット）がシステム内の送金を「最終的」かつ「取消不能」（二国間および第三者に対する）なもの（最終決済（settlement））として受け入れる義務を負うことを見落としているとします。すなわち、法定通貨の論理が大口取引の根幹である中央銀行の銀行間決済システムに導入されているからこそ、金融決済秩序が成り立っているとみるわけです。

(5) 小括

以上みてきたように、貨幣や決済には国家権力が深く関わっており、民主国家の憲法秩序に従って民主的な統制が及ぶべきですが、経済学的な貨幣論の影響からか、現実には不十分で多くの課題が残ります。金融当局には柔軟な裁量が必要である一方、透明性やアカウンタビリティ、法的根拠も明確に求められています（Basel Committe on Banking Supervision Core Principles for Effective Banking SupervisionのPrinciple2参照）。なお、アカウンタビリティ（説明責任）は、訴訟での法的責任とは別に論じることも可能です（後述する市中コンサルテーション参照）。すでに述べたように、金融当

日本銀行に対する訴訟の例

大阪高裁平成16年12月27日決定（判例時報1921号68頁）：信用金庫の経営破綻で出資金返還を受けられなかった申立人が、国に国家賠償責任を追及した本案訴訟の中で基準検査の恣意性を証明するため、それに重大な影響を及ぼした日本銀行の考査結果（所見通知）の開示を請求したところ、日本銀行の抗告を棄却し、文書提出命令が認められた。

局の過失責任を裁判で追及することは一般に困難ですが、最近では各国の裁判例や投資仲裁判断の幾つかで金融当局の責任に言及されるようになっています。仮に金融当局の過失責任が裁判で認められない場合であっても、金融当局の説明責任（アカウンタビリティ）や政権による当局者の任命責任は現在でも当然問題になり得ます。憲法上いかなる装置が必要かに関する検討は今後の課題として、本書では、以下アカウンタビリティの視点から、憲法上必要な民主的統制の基盤をなす主権者＝国民の「教育を受ける権利」に対応するデジタル通貨の「金融教育」に焦点を当てて検討を続けましょう。

2 金融教育とデジタル通貨

(1) 金融教育とは？

日本では最近、①老後資金を貯められるように**金融リテラシー**を高めるため、②成人年齢が18歳に引き下げられたため、③海外に比べて金融教育が遅れているためという理由で、**金融教育**に力を入れています。すなわち、金融経済教育推進会議が「最低限身に付けるべき金融リテラシーの項目別・年齢層別スタンダード（金融リテラシー・マップ）」を作成して社会人を含む全階層を対象に金融教育を進めるほか、小学校では２０２０年度、中学校では２０２１年度、高等学校では２０２２年度から新学習指導要領に基づき、①生活設計・家計管理、②金融や経済の仕組み、③消費生活・金融トラブル防止、④キャリア教育の４分野に関する金融教育を実施しています。

国際投資仲裁で外国当局の責任を認めた例
ICSID Case No. ARB 12/37 : LSF-KEB Holdings (Lone Star) v. South Korea, Award 30 August 2022 など、幾つか存在。

金融リテラシーマップの例
２０１５年版で資産形成をみると、小学生は単利、中学生は複利、高校生はリスク・リターン関係、大学生は分散投資、若年社会人は長期投資を理解し、一般社会人は投資対象を定期的に見直し、高齢者は理解できない商品に投資しないことが到達目標。

◆金融リテラシーの向上

ここでの金融教育とは「お金や金融の様々な働きを理解し、それを通じて自分の暮らしや社会について深く考え、自分の生き方や価値観を磨きながら、より豊かな生活やよりよい社会づくりに向けて、主体的に行動できる態度を養う教育」（金融広報中央委員会HP「知るぽると」参照）とされています。お金とは一生の付き合いですので、お金に関する制度や仕組みに関する基本知識とそれに基づく判断力（金融リテラシー）を若い頃から身に付け、年齢と共に高めていくことは非常に重要なことです。金融広報中央委員会の「金融リテラシー調査」によれば、①年齢が上がるほど金融リテラシーが高まり（2019年調査の正答率は18～29歳は42・7％、30歳代は50・9％、40歳代は55・0％、50歳代は60・4％、60歳代は64・4％、70歳代は64・8％）、②金融リテラシーが高い人ほど、状況に応じて望ましい金融行動をとる傾向にあるそうです。

(2) デジタル通貨の扱い

では、**金融教育**においてCBDCや暗号資産やステーブルコインといった**デジタル通貨**はどの程度扱われているのでしょうか？　2022年3月に金融庁が公表した「高校向け 金融経済教育指導教材」をみると、CBDCやステーブルコインに関する記述はありませんが、暗号資産については言及があります。すなわち、114頁あるスライドのうち105頁の「金融トラブルの具体例」として暗号資産（仮想通貨）が例示され、「『絶対に儲かる』といって勧誘されることがあります。しかし実際には、多額の損失が発生した、業者と連絡がつかなくなった、投資したお金が返ってこない、といったトラブルが生じています。こうしたトラブルの多くは、国に登録していない、無登録の業者との間で生じています。「金融庁」、「登録」で検索をして、登録がある業者かどうかを調べてみるといいでしょう」と記されています。しかし、暗号資産の仕組みやリスク、法的性質等について解説することはありません。これは海外でも同様で、一部の例外（例：米国ニュージャージー州の高校ブロックチェーン技術や暗号資産の歴史を教育）を除くとカバーされておらず、デジタル通貨については、自ら関連するネット情報を集めたり、入門書を読んだりする以外には学習機会がないようです。

3 社会啓蒙とデジタル通貨

そこで、関連機関による**社会啓蒙**のサイトを訪ねてみましょう。ＣＢＤＣについては発行元である日本銀行ＨＰ上の解説を、暗号資産やブロックチェーンについては銀行の業界団体である全国銀行協会（全銀協）ＨＰ上の解説を、ステーブルコインについては日本最大手の野村證券ＨＰの解説を各々みながら、内容の理解に努めたいと思います。

(1) ＣＢＤＣ―日本銀行ＨＰ（教えて！ にちぎん）上の解説

まず、ＣＢＤＣを開発（実証実験）中の日本銀行のＨＰでは、以下のような記述（傍線部は私が引きました）がみられます。

個人決済比率
日本の個人のキャッシュレス決済（クレジットカード、コード決済、電子マネー、デビットカード）比率は年々上昇し、２０２２年実績で36・0％と、２０２５年までに4割程度と目論む政府目標に近づいている。

◆日本銀行HPによるCBDCの解説

Q：中央銀行デジタル通貨とは何ですか？

A：一般に「**中央銀行デジタル通貨**（**CBDC**：*Central Bank Digital Currency*）」とは、次の3つを満たすものであると言われています。(1)デジタル化されていること、(2)円などの法定通貨建てであること、(3)中央銀行の債務として発行されること。

中央銀行は、誰でも1年365日、1日24時間使える支払決済手段として銀行券を提供していますが、これをデジタル化してはどうかという議論があります。現金を代替するようなデジタル通貨を中央銀行が発行することについては、具体的な検討を行っている国もありますが、民間銀行の預金や資金仲介への影響など検討すべき点も多いことなどから、多くの主要中央銀行は慎重な姿勢を維持しています。日本銀行も、現時点において、そうしたデジタル通貨を発行する計画はありません。

一方で、中央銀行の当座預金という既にデジタル化されている中央銀行の債務を、新しい情報技術を使ってより便利にできないかという議論もあります。多くの主要中央銀行では、新しい情報技術を深く理解する観点から、調査研究や実証実験などの取り組みを行っています。日本銀行では、欧州中央銀行と共同で分散型台帳技術と呼ばれる新しい情報技術に関する調査（プロジェクト・ステラ）を実施しており、その結果を報告書として公表しています。

いかがですか？　傍線部が少しわかりにくいですね。多額のコストをかけてCBDCを開発中なのに慎重で発行計画がないとはどういう意味か、と戸惑う方が多いと思います。これはCBDC化に伴うメリットへの期待はあるものの、**大口取引**はともかく**小口取引のCBDC**は社会的影響が大きい（たとえば、資金仲介を担ってきた民間銀行の役割が消滅する可能性があります）ため、先行する中国の**デジタル人民元**（取引高が予期したほどには伸びていません）や欧米先進国の検討状況（EUや英国に比べて米国が慎重な傾向にあります）を横睨みしつつ、直前まで発行するか否か、発行するならばいかなる形式か（たとえば、大口取引のみCBDC化する等）を見極めたいからです。

なお、2020年10月の「中央銀行デジタル通貨に関する日本銀行の取り組み方針」により、小口取引のCBDCを実現する場合には、民間銀行に配慮して「中央銀行と民間部門による決済システムの二層構造を維持することが適当である。すなわち「**間接型**」の発行形態が基本となる。」とされています。また、**分散型台帳技術**とは、中央管理者がネットワークを管理する従来の仕組みとは異なり、中央管理者が存在しない分散されたネットワークで、同じ台帳（データベース）を各参加者（コンピュータ）が管理・共有する仕組みで、後述するブロックチェーンもその一種です。

(2) 暗号資産―全銀協ＨＰ（教えて！ くらしと銀行）上の解説

次に、暗号資産とブロックチェーンに関して全銀協ＨＰの記述を見てみましょう。まるで概説書のように、必要十分な内容が簡明に書かれており、我々にとってすでに身近な電子マネーとの対比説明があり、それが図表でわかりやすく整理されているため、私はよく理解できました。読者の皆さんはいかがでしょうか？ 1点だけ追加的に強調したいのは、①電子マネーは法定通貨を裏付け資産とし

直接型の脅威
仮に倒産リスクのない中央銀行がCBDCを直接発行し（直接型）、これに倒産リスクのある民間銀行を上回る利子を付した場合、民間銀行は預金が流出して存立困難になる。このため、主要国のCBDCは間接発行で（間接型）、民間よりも低金利にするのが一般的。

て法定通貨単位（例：円）で発行されますが、②暗号資産の場合は法定通貨の**裏付け資産**がなく法定通貨単位とは別の単位（例：ビットコインのＢＴＣ）で発行される場合が多く、裏付け資産を持つ場合をステーブルコイン（後述）と呼ぶことです。以下全部を引用すると長いので一部省略し、段落を結合しています。

① 暗号資産に関する記述

◆全銀協ＨＰによる暗号資産の解説

【暗号資産（仮想通貨）って何？】

仮想通貨は、インターネットを通じて不特定多数の間で商品等の対価として使用できるもので、ビットコインをはじめとして様々な種類が存在し、取引量は増加傾向にあります。

＜暗号資産（仮想通貨）に関する制度整備＞

暗号資産（仮想通貨）の拡がりに伴い、暗号資産（仮想通貨）に関する法制度の整備も促進されています。例えば、暗号資産（仮想通貨）と法定通貨等の交換を行う事業者が存在しますが、業務を行うためには金融庁・財務局の登録を受けなければならないことが改正資金決済法で定められました。制度の詳細や登録事業者等については、金融庁ウェブサイトをご覧ください。また、２０１７年7月から暗号資産（仮想通貨）の売買における消費税が非課税となることが、消費税法で定められました。

＜電子マネーとは何が違う？＞

関連条文
消費税法施行令9条4項

	電子マネー	暗号資産（仮想通貨）
具体例	Suica、nanaco等	ビットコイン、イーサリアム等
管理主体	企業等	ビットコイン等多くの場合、なし
価値の変動	一定（基本的に円に固定）	大きく変動する
個人間送金への使用可否	不可	可（インターネット上で授受）

暗号資産（仮想通貨）は、貨幣や硬貨が存在しない電子的なものであることから、電子マネーと混同しがちですが、異なる性質のものです（上記図表参照）。電子マネーは、電子化された決済手段のことです。基本的には円やドル等の法定通貨を対価として支払うことで利用ができるもので、必ず発行主体が存在し、発行主体が価値の裏づけをしています。また、電子マネーは原則として換金することができず、不特定の者との取引にも利用できません。一方で、暗号資産（仮想通貨）は、必ずしも発行主体や管理者が存在しないこと、価値が増減すること、法定通貨と相互交換できること、インターネット上で不特定の者に対する取引に利用できること、などが特徴として挙げられます。暗号資産（仮想通貨）の価格が上がることを期待して、投資目的で保有するケースが多くなっていますが、暗号資産（仮想通貨）は、法的にも電子マネーとは異なるものとして定義されており、価格が急落するリスクもあるため、特徴を十分ご理解いただいたうえで利用することが大切です。

＜暗号資産（仮想通貨）を支える技術、ブロックチェーン＞

一般的に、暗号資産（仮想通貨）は、ブロックチェーンという技術によって記録・管理されています。ブロックチェーンは、データの破壊・改ざんが極めて困難な仕組みであることから、暗号資産（仮想通貨）がシステム

法別表第1号第2号に規定する支払手段に類するものとして政令で定めるものは、電子決済手段、資金決済に関する法律第2条第14号に規定する暗号資産及び国際通貨基金協定第15条に規定する特別引出権とする。［注・消費税法別表1は非課税となるもののリスト］

障害やハッキング等によって消失する可能性はほとんどありません。しかし、暗号資産（仮想通貨）の保有者は暗号資産（仮想通貨）の所有を示す鍵を安全に管理する必要があり、鍵を無くしたり、ハッキングされた際には、暗号資産（仮想通貨）を失うことになります。

② ブロックチェーンに関する記述

なお、このHPでは、ブロックチェーンについても以下の詳細な記述があります。こちらも経済産業省作成の図解（41頁）を示しており、理解しやすく工夫されています。もっとも、この【ブロックチェーンの基本的な仕組み】と題する図解はミスリーディングであり、分散型台帳の仕組みを説明したものに過ぎません。また、ブロックチェーンは数ある分散型台帳の仕組みの一つであって、ブロックチェーンが分散型台帳だというわけでもありませんので、ご注意ください。ブロックチェーンとは、幾つかの取引履歴をブロック内に格納し、ブロック同士を連結して数珠つなぎ（チェーン）にする仕組みを指します。したがって、【ブロックチェーンの基本的な仕組み】と題するならば、取引履歴データが格納されたブロックが数珠つなぎになっている図解を示すべきでしょう。

◆全銀協HPによるブロックチェーンの解説

【ブロックチェーンって何?】

ブロックチェーンとは、一般に、「取引履歴を暗号技術によって過去から1本の鎖のようにつなげ、正確な取引履歴を維持しようとする技術」とされています。データの破壊・改ざんが極めて困

【ブロックチェーンの基本的な仕組み】

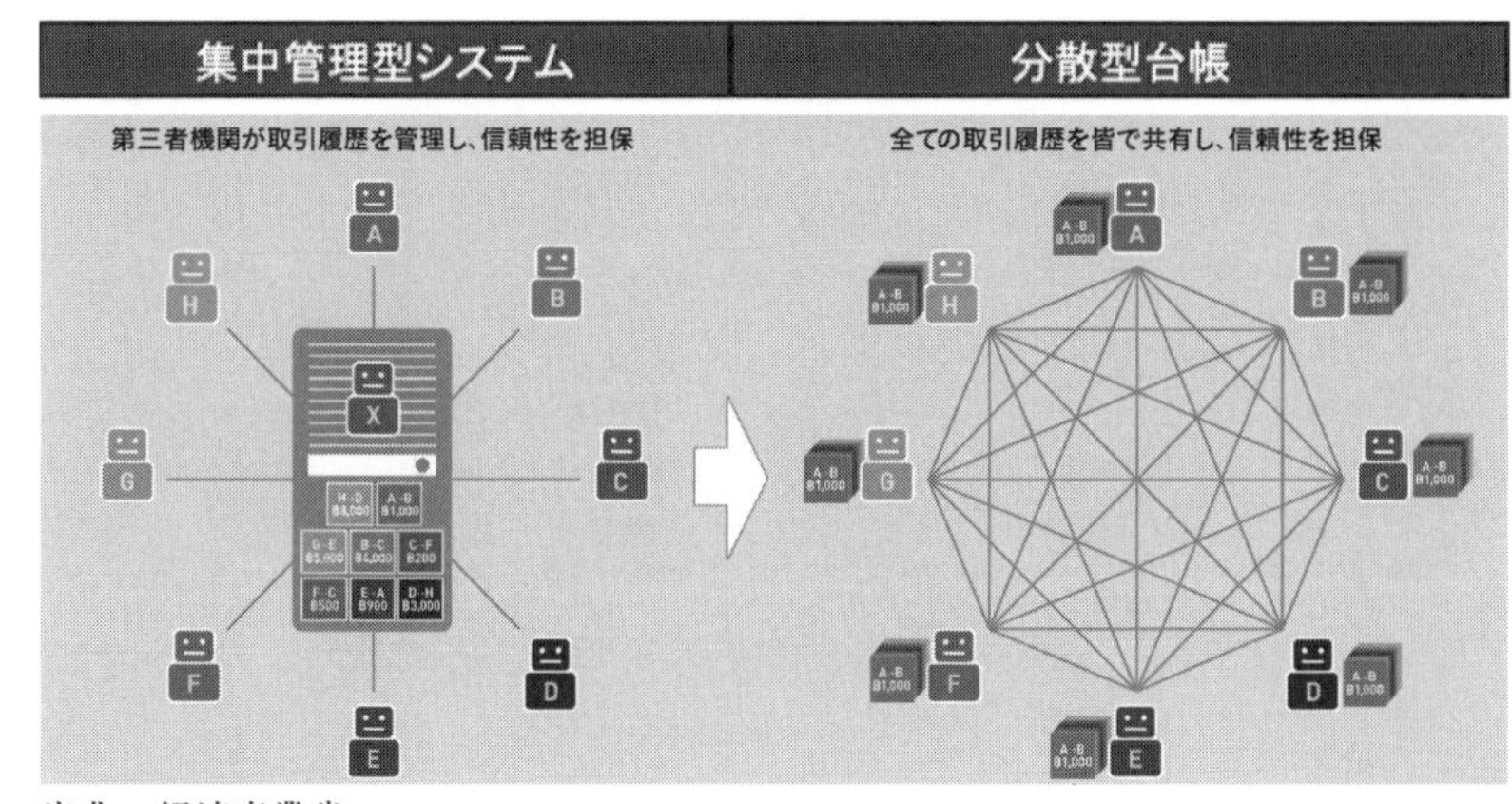

出典：経済産業省

難なこと、障害によって停止する可能性が低いシステムが容易に実現可能等の特徴を持つことから、銀行業務・システムに大きな変革をもたらす可能性を秘めています。

【ブロックチェーンの基本的な仕組み】

取引履歴（ブロック）が暗号技術によって過去から1本の鎖のようにつなげるかたちで記録され、1つのブロックは、合意された取引記録の集合体と、各ブロックを接続させるための情報（前のブロックの情報など）で構成されます。ブロックチェーンとは、このブロックが複数連結されたものを指します。ある取引について改ざんを行うためには、それより新しい取引についてすべて改ざんしていく必要がある仕組みとなっているため、データの破壊・改ざんが極めて難しくなっています。また、ブロックチェーン化された取引記録は、特定の管理主体が存在する通常の集中管理型システムと異なり、複数のシステムがそれぞれ情報を保有し、常に同期が取られる

「分散型台帳」という仕組みで管理されているため、一部のシステムが停止・故障しても、システム全体の運行・稼働に与える影響を抑制することが可能となっています。

【ブロックチェーン技術の活用可能性】

ブロックチェーンは上述のとおりの特長があることから、銀行業務・システムに大きな変革をもたらす可能性を秘めていますが、集中管理型システムと比較して運用・管理の当事者が増加するため運用・ガバナンスが複雑となること、改ざんが困難なことに起因して一度ブロックチェーン上に配置したプログラムは変更できないこと、高いセキュリティを維持しながら大量のデータを高速で処理することが現状では困難なこと等、現在のブロックチェーン技術においては考慮が必要な事項が存在します。したがって、銀行分野におけるブロックチェーン技術の活用・実用化に向けては、技術面・運用面・セキュリティ面・法制度面等、様々な点についてさらなる検討が必要となっている状況です。

(3) ステーブルコインに関する野村證券HP（証券用語解説集）上の解説

ステーブルコインに関しては、日本銀行や全銀協の解説には書かれていないので、野村證券HPの証券用語解説集をみてみると、以下のように簡潔に説明されています。投資家でない一般の方には少しわかりにくいですが、**ステーブルコイン**は暗号資産の売買に伴う利益確保のために多く用いられるため、ある程度玄人相手の説明になることが多いのです。1点だけ補足すれば、法定通貨担保型の例がテザー（ＵＳＤＴ）、暗号資産担保型の例がダイ（ＤＡＩ）、コモディティ型（金と連動）の例が

Digix（DGX）、無担保型（アルゴリズム型）の例が2022年5月に暴落したテラUSD（TerraUSD：UST）などです。

「価格の安定性を実現するように設計された暗号資産（仮想通貨）のこと。裏付け資産がないため価格変動が激しく、決済手段としての活用が進んでいない暗号資産の普及を促し、実用性を高めるために設計された。英語表記は*Stablecoin*。

価格を安定させる仕組みの違いから、ステーブルコインは主に4つの種類に分けられる。米ドルなどの法定通貨を担保にコインを発行し、その法定通貨との交換比率を固定する「法定通貨担保型」、特定の暗号資産を担保にコインを発行し、価格を連動させる「暗号資産担保型（仮想通貨担保型）」、金や原油などの商品（コモディティ）価格の値動きに連動させる「コモディティ型」、アルゴリズムによってコインの流通量を調整する「アルゴリズム型または無担保型」がある。」

4　CBDCの開発状況の説明や国民への意見聴取の現状

上記のCBDC、暗号資産、ステーブルコインのうち、一般の方に不可避的に関わるのがCBDCですので、日本銀行は全銀協の暗号資産の解説以上にわかりやすい一般向け説明を心がける必要があります。暗号資産等とは異なり、未だ開発中で、実施の有無について正式決定していないため、逐次検討状況を公開・説明してパブリックコメントを実施し、国民の理解を深めていく必要がありますが、そちらについてはどうでしょうか？　以下、CBDCについて日本と似た状況にあるニュージーラン

テラUSDの暴落　2022年5月にアルゴリズム型ステーブルコインであるテラUSD（UST）が暴落し、国際的に規制構築の動きが強まった。USTは暗号資産ルナと裁定してドルとの交換価値を維持してきたが、ルナが暴落した結果、USTも急落した。

ドの対応を比較しながら検討したいと思います。

⑴　日本の状況

日本銀行HPのCBDCの項目をみると，2020年10月に「中央銀行デジタル通貨に関する日本銀行の取り組み方針」（前出）が公表され，小口取引のCBDCを発行する場合には，①**ユニバーサルアクセス**（送金・支払を行う際に用いる端末，カード等の利用対象者を制限することがないよう簡便性や携帯性に関する設計面での工夫を行う），②**セキュリティ**（偽造抵抗力を確保し，各種不正を排除するようセキュリティを高める），③**強靭性**（エンドユーザーが24時間365日，常に利用できるようにし，システム・通信障害や電力途絶といったオフライン環境下でも利用できる仕組みを確保），④**即時決済性**（**決済ファイナリティ**（支払完了性）や即時決済性，十分な処理性能や拡張性を備える），⑤**相互運用性**（民間決済システムなどとの相互運用性を確保）を備えるものとしています。

そして，導入する際には，①**金融システム安定性**（CBDCの機能要件や発行額・保有額の制限や付利の有無等を慎重に考慮），②**イノベーション促進**（中央銀行と民間事業者の協調・役割分担のあり方を検討），③**プライバシー確保**（中央銀行と民間事業者の間で「誰が，どの範囲のデータを，どのような条件のもとで取得，管理するか」を検討），④**クロスボーダー決済**（国際決済への活用可能性を確保）について考慮すると明言しています。なお，小口取引用のCBDCを導入した場合でも，既存の現金はなくならず併存することも書かれています。

さらに，2020年10月以降は，①実証実験，②制度設計面の検討，③内外関係者（銀行，ノンバンク決済事業者、ＩＴや法律の専門家、関係当局など）との連携を進めるとされ、実証実験や連絡協議会の議事要旨、論文等が逐次アップされてきました。これらは基本的に銀行等の関係者を相手とする一方で、一般国民を相手に情報伝達や意見聴取を行うものではありません。しかし、日本銀行は、金融界ではなく国民に対して、意思決定の内容と過程を明らかにする努力義務を法的に負っています（日本銀行法3条2項「日本銀行は、通貨及び金融の調節に関する意思決定の内容及び過程を国民に明らかにするよう努めなければならない。」参照）。とかく日本銀行の「中央銀行の独立性」（通貨における自主性の尊重：日本銀行法3条1項）ばかりが重視され、一般国民が蚊帳の外に置かれてしまいがちですが、現状は、日本銀行が法的に十分な努力義務を果たしているとは言えないように思います。

この背景理由を推察すると、すでに「はしがき」で述べた事項のほか、①大前提として小口取引のＣＢＤＣ導入は未決定なので国民に確定事項として伝える内容はないし、②検討項目を一般国民と共有しようにも、金融政策やＩＴ・法律等の高度な専門知識が関わる事項ばかりで参画させようもない、といった点が挙げられるように思います。

(2)　ニュージーランドの状況

これに対し、**ニュージーランド連邦準備銀行（ＲＢＮＺ）**のＨＰにおけるＣＢＤＣの項目はどうでしょうか？　ＣＢＤＣで検索すると、ＨＰに前面に現れるのが「お金の未来：ＣＢＤＣ（Future of money–central bank digital currency–）」と題する一般国民向け**コンサルテーション・ペーパー**

ＣＢＤＣの認知度

第1回ＣＢＤＣに関する有識者会議資料（財務省ＨＰから入手可能）によれば、2023年の財務省の調査で、ＣＢＤＣの具体的内容を知っている国民は4・7％、見聞きしたが具体的内容は知らない国民は10・3％で、残りの85％の国民はＣＢＤＣを見聞きしたことすらない。

（２０２１年9月30日発刊で同年12月6日まで意見を公募）で、「ニュージーランドにおけるＣＢＤＣ導入の有無を探るため、我々の提案に対する皆様の意見を私達は歓迎します（We invite your views on how we propose to explore whether a central bank digital currency (CBDC) is right for Aotearoa.)」と明記されています。２０２２年４月にはＣＢＤＣに関して寄せられた６４０４件の意見（内訳は一般市民が大半）の紹介とＲＢＮＺのコメントをまとめたサマリーペーパー（Summary of responses to our 2021 issues papers）も公刊されています。

なお、2022年1月に米国はＣＢＤＣの賛否に関するコンサルテーション・ペーパー（Board of Governors of the Federal Reserve System, "Money and Payments: The U.S.Dollar in the Age of Digital Transformation, Jan. 2022）を発刊して、2023年4月にパブリック・コメントをまとめたペーパーを公表したほか、2022年9月に財務省も別途報告書を出しました。

また、２０２３年２月に英国もデジタル・ポンドに関するコンサルテーション・ペーパー（Bank of England and HM Treasury, "The digital pound: a new form of money for households and businesses?, Feb. 2023）を発刊し、幅広い層からコメントを求めています。

◆既存の現金への予想以上の愛着

サマリーペーパーによれば、ＲＢＮＺはＣＢＤＣ発行に至っても既存の**現金**は残し、これをＣＢＤＣに置き換えることはしないと繰返し説明してきましたが、一般国民の間に今ある現金がすべてＣＢＤＣに置き換わるとの不安が根強く、ＣＢＤＣに対する強い反対を表明する国民が多かったそうです。

米国財務省の報告書

２０２２年９月にThe Future of Money and Paymentsを公表し、ＦＲＢによる調査・研究の継続を奨励し、財務省主導の関係省庁ＷＧ設置を提言。

現金はプライバシーが守られ、実際に手に取れる安心感があって緊急時の備えにもなり、デジタル通貨の利便性を認める回答者ですら現金を残すように求め、現金を持つことは基本的人権とする意見もありました。また、子供への金銭教育、寄付・募金、贈り物、結婚式でのマネーダンス（新郎新婦にお金を振りかける地元の風習）、地元のファーマーズマーケットでの支払等で現金は社会・文化的に不可欠と考えられています。さらに、未だに現金のみで生活する人々もおり、現金がなくなればそうした人々が深刻な経済的困難に陥るほか、高齢者が危険な判断（買い物を代行してくれる近所の人に銀行カードと暗証番号を預けるなど）を迫られるという危惧も示されました。そして、（ニュージーランドでは現金を一切受け付けない店や交通機関が日本よりも多いのですが）現金受領を義務付けよ、とする意見もありました。

◆プライバシー喪失に対する懸念

国民の多くは、現金がＣＢＤＣに強制的に置き換わるという上記の誤解に基づき、**プライバシー**が保てなくなり、政府の過度な監視下に置かれると危惧しており、個人情報やプライバシーを保護するため現状以上のアクセス権限を認めないように法的制限をかけるべきとの提案も出されました。こうした懸念は、一部の機関投資家や暗号資産業界の関係者にも抱かれているとした上で、ＲＢＮＺの開発するＣＢＤＣではプライバシーを重視していることを強調しています。

現金お断りの動き
日本では現金受取り拒否の店舗はまだ少数だが、主要国では公共交通機関や店舗の多くが現金受取りを大幅に廃止し、コロナ禍以降はその動きが加速中。果たしてすべての消費者がこの状況に満足しているだろうか？

◆継続的な関与を求める国民

日本よりも民主主義における国民の参加意識が高いニュージーランドでは、国会審議においても国民の自由な傍聴や提案を広く認めていますが、CBDCの局面でもそれが表れているようです。RBNZによれば、CBDCは多くの国民にとって非常に専門的で馴染みの薄いテーマだからこそ国民との対話を政策決定プロセスの早い段階から開始したと説明しています。また、寄せられた意見の一部は、CBDCの実用化の決定が間近だと誤解して、国民にとって検討時間が十分に与えられていないとの不満を表明していますし、何人かの新聞記者は国民投票でCBDC導入の有無を決めるべきだと考えていました。

◆RBNZによる総括

RBNZによれば、①「CBDC導入決定が間近に迫り、それは現金の消失を意味する」との誤解から現金を支持する意見が多く寄せられましたが、CBDC導入後も現金は併存することを強調しているほか、②上記の日本銀行が指摘したようなCBDCの詳細設計やリスク・課題等に関するフィードバックも行って今後の参考とし、③プライバシー懸念への対応やデジタル化から排除された人々の社会包摂等について更なる検討を深め、④検討が進むにつれて特定の問題をより深く検討する機会を設けていくことを表明して、サマリーレポートを結んでいます。

日本は高い民主主義度

Economist Intelligence Unit (EIU) のDemocracy Index, 2022によれば、民主主義の高い国順に1位がノルウェー、2位がニュージーランドで、ドイツ14位、日本16位、英国18位、フランス22位、米国30位、中国156位。

(3) 日本銀行への提言

このように、ニュージーランドと日本を比べると①政策的意思決定に対する**国民参加**の度合いと②それに対峙する中央銀行の対応の差が顕著に現れてきます。日本銀行は小口取引のCBDCについて導入決定前に専門家ではない一般の日本国民への説明や意見聴取を行う予定はあるのでしょうか？

仮にその予定がないとすれば、ニュージーランドの例をみる限り、①国民の意見を聴かずに業界の談合で**民主的プロセス**を経ずに決定したとする反発や、②現金がCBDCに完全に置き換わるとの誤解に基づく混乱が生じかねない気がします。逆に、国民向けの**コンサルテーション**を実施しておけば、仮に国民が無関心であったとしても民主的プロセスを踏んだ抗弁になりますし、国民に対してCBDCの正確な情報を伝えて啓蒙することで金融リテラシーを向上させることもできます。

このため私は、法的に必要なアカウンタビリティ確保の観点から日本銀行はCBDC導入決定前に国民に対するCBDCのコンサルテーションを実施すべきと提言します。

欧米と異なる日本の認識

英米やニュージーランドでCBDCの市中コンサルテーションを実施したほか、EUも2023年6月末にデジタルユーロ法案を発表した。

これに対し、日本は「官民の幅広い利害関係者の関与を通じて公共政策上の目的を達成すべき」（日本経済新聞2023年6月22日付経済教室・小早川周司明大教授）とする有識者会議委員の意見があり、日本銀行も同様の見解を示してきたものの、立憲体制下で不可欠な、利害関係者以外を含む全国民を対象にする考えは示されていない。

小口CBDCは国民す

べてに影響を及ぼすので、幅広い利害関係者は国民全体を指しても良さそうだが、その認識は日本銀行にはない（執筆時現在）。この点、２０２３年７月４日の英国上院公聴会を筆者が傍聴した際、財務省代表（Andrew Griffith MP）が国民へのＣＢＤＣのコンサルテーションを慎重に行う必要性を力説し、あらゆる文書で政府・学界双方が立憲民主主義の重要性を強調しているのとは好対照である。

第2章　経済学的な貨幣論と法的な貨幣論

ビットコインやリブラ構想など、最近のデジタル通貨の登場と共に、貨幣の本質を探る学問である「**貨幣論**」が最近の流行になっています。なお、貨幣論という名前で金融政策のあり方を探る本も多数ありますが、ここでは貨幣の本質論に焦点を当てて、①通貨や通貨主権に対する法学の捉え方、②古代以来の貨幣と法律の対応関係を簡単に述べた後、③簡単に経済学的なアプローチと法学的なアプローチの相違をみてみましょう。両者はどちらが正しいというものではなく、経済学的な分析によって望ましい貨幣政策を検討することができる一方、法治国家である以上、そうした政策を現実に実現するための法的分析は不可欠ですので、両者ともに理解を深める必要があります。

とはいえ、経済学も法学も細かく学べば切りがないため、本章では一般の方が最近の動きであるデジタル通貨を正しく理解する上で必要な範囲で、簡単に両者の特徴をまとめてみたいと思います。また、併せて最近の法規制において大変重要な役目を果たしているソフトローについても、国際金融規制と絡めてご紹介しましょう。

1　通貨・通貨主権をめぐる法的な捉え方

「**お金（money）**」のことを、法律では金銭、通貨、貨幣などと呼称します。これから法律面から「お金」とは何か?、すなわち**通貨（貨幣）**とは何か?について簡単に考えてみたいと思います。代

貨幣とは何か
貨幣（法定通貨、民間通貨）とは法で定義される公共財で、決済の信頼と安定を保証するのは法定通貨のみである。民主主義体制下では、ＣＢＤＣ、ステーブルコイン、暗号資産の導入における議会の役割は基本的に重要で、公共財としての貨幣秩序維持において議会と金融当局は共に重要な役割を担う(Rosa Lastra, Legal Foundations of International Monetary Stability 3rd. Edition, Oxford University Press〈近日刊行〉のChapter 1参照)。

表的な通貨は、日本円や米ドルのように国が法律で制定する**法定通貨**です。国家が法定通貨を発行する権利は、国際法や国内法でも認められており、これを**通貨主権**（monetary sovereignty）と呼びますが、通貨とは何かを考える際に、通貨主権の問題、すなわち「国家の通貨主権をどのように考えるか？」が必ず出てきます。このように通貨や通貨主権について考える学問を一般に**貨幣論**と呼び、経済学・歴史学・社会学・法律学等で古くから様々な研究が試みられてきました。最近になって、新しいお金である**デジタル通貨**（例：暗号資産、ステーブルコイン、中央銀行デジタル通貨〔ＣＢＤＣ：central bank digital currency〕）が登場し、これが発展するに連れて、従来の貨幣論も様々な見直しが試みられています。

そこで以下、デジタル通貨の登場を加味した最近の貨幣論を受けて、通貨や通貨主権について法的にいかなる捉え方がなされているかをみてみましょう。

(1) 通貨の定義—経済学と法学

◆経済学上の定義

まず、経済学による**通貨（貨幣）の定義**は、一般に「①支払・交換手段、②価値尺度、③購買力の保蔵手段として機能するもので、現金通貨に加えて預金通貨を含む」（貝塚啓明他『金融用語辞典〔第4版〕』東洋経済・２００５年・１７２頁「通貨（貨幣）」の項目参照）とされてきました。日本史上も政府・中央銀行が通貨発行を管理するようになったのはごく最近で、古代以来、民間通貨を政府が追認して採用してきました（詳細は、高木久史『通貨の日本史』中公新書・２０１６年参照）。

支払機能の補足
本文では3機能を紹介したが、第1機能から支払（債務の決済）を分離して4機能とする見方もある。また、本来の支払手段よりも代替手段の方が多用された例も多く、キャッシュレス化の進展で現金よりもデジタル通貨（クレジットカード等）が多用されている。金本位制の下でも金貨はほとんど流通せず兌換紙幣が流通していた。

◆法学における扱い

これに対し、日本の法令用語ではもう少し狭く、通貨や金銭について現金通貨である**法定通貨**（legal tender：金銭債務の弁済手段として用いることができる法的効力〈**強制通用力**〉を有する通貨）を指したり（例：刑法148条1項にいう通貨偽造罪）、貨幣は硬貨（≠紙幣〈銀行券〉）を指す（例：「通貨の単位及び貨幣の発行等に関する法律」にいう貨幣）など、経済学よりは限定して捉える場合が多かったのが実情です。

しかし、論者や局面次第では、法律においても経済学と同様により広く捉えてきました。実際、法律では同じ概念であっても個々の法律や局面ごとに範囲が異なることはよくありますし、個々の法律を念頭に置けば限定的に捉えた方が合理的であっても、「お金」をめぐる法体系全体を念頭に置くような場合では、むしろ幅広く捉えた方が事の本質を良く捉えることができるケースが多いのです。

◆富井教授の卓見

たとえば、日本民法の起草者の1人である**富井政章**・東京帝国大学名誉教授は、金銭の概念について、「法律上における金銭の定義は経済学におけるのと同一であり、何をもって金銭とみるべきかは、まったく経済学上の事実によって定まる」（『民法原論第三巻債権総論〔上〕』有斐閣・1929年・112頁：原文は文語）と書いています。そして、法定通貨（日本円の紙幣・硬貨で本旨弁済効力を持つ）に加えて自由通貨も金銭の一部としました。**自由通貨**とは、外国通貨（例：米ドル）や法定制限（紙幣は無制限だが硬貨は額面価格の20倍が限度額）を超えて流通する補助貨幣（例：売買代金

法定通貨は万全かて受取りを拒否することができない効力（強制通用力）を法定した法定通貨であっても、人々が受け取らない可能性は残る（例：地方における和同開珎）。したがって法定通貨であれば必ず生き残るとは言えない。

210円を10円玉21枚で支払った場合の21枚目の10円玉)、銀行振込のような預金通貨のように、強制通用力がなくても相手方が受取りに合意すれば弁済(厳密には**代物弁済**と言います)の効力を持つものを指します。強制通用力を持つ法定通貨で支払っても、事実上の通用力を持つ自由通貨で支払っても、現実に流通している以上は金銭として同列に扱うべきだとして、「厳格に言えば代物弁済と解すべきが如しといえども、現に取引上金銭として流通する以上は金銭たることを否定することを得ず」(同114頁)と明記しました。

それから相当な期間が経過して、1990年代の電子マネー、最近の暗号資産(仮想通貨)といったように新しいお金が登場してくると、経済学と同様に広く捉えるアプローチの法的研究が増えてきました。たとえば、日本銀行は電子マネーが議論になった1995年にそうしたアプローチによる論文(古市峰子「現金、金銭に関する法的一考察」日本銀行金融研究所「金融研究」14巻4号・1995年)を公刊しましたし、最近公刊された法的貨幣論に関する海外の代表的著作においても広く捉えるアプローチの方が一般的です。

(2) ジンマーマン博士の見解と私見

海外の法的貨幣論に関する著作のうち、通貨法や通貨主権に関して必ず引用されるのが**ジンマーマン博士**が書いた博士論文(Claus D. Zimmermann, A Contemporary Concept of Monetary Sovereignty, OUP, 2013)ですが、そこでの解説をみてみましょう。

代物弁済
弁済(債務者または第三者による債務の給付。債権の消滅原因)は約束通り(=債務の本旨に従って)行うのが原則(本旨弁済、民法493条)だが、その給付に代えて他の給付をすることで債務を消滅させる契約をすることを代物弁済(民法482条)と呼ぶ。

◆通貨主権とは？

ジンマーマン博士の説明によれば、国際法の**通貨主権**概念は国家権力が非常に弱かった時代に、通貨に関する国家権能を事後的に正当化する概念として機能した古い概念です（第6章参照）。通貨主権は従来、通貨・金融に関する国家の権能を名目的に示すものとして捉えられ、**国際慣習法**（条約と並ぶ国際法の法源で、批准等の手続を必要とせず、すべての国に普遍的に適用される）や国際条約（**IMF協定**4条〔為替取極に関する義務を規定〕・8条〔差別的通貨措置の回避などを規定〕等）が対応可能な国際問題もごく小さな部分にとどまってきました。しかし、2008年の**世界金融危機**にみるように、現代の国際金融システムは他国の金融危機が容易に伝播する相互依存性を高めており、従来の通貨主権に関する国際法の枠組みでは対応できなくなりました。そこで博士は、各国が協力して国際金融上の要請（金融システム安定や資金洗浄対策、説明責任、透明性等）に対応する必要性が各国指導者に認識され、これらは**ハードロー**〔刑罰による強制など法的拘束力を持つ法規〕よりは**ソフトロー**〔法的拘束力を伴わない法規〕のかたちで共有され、上記要請に叶うように各国が協力して法規制を整備するようになったとします。この点で通貨主権は、従来のように国際条約だけではなく、むしろ各国の国内法（公法・私法）が大きな役割を果たすハイブリッドな性格を持つように変容しており、国際法上の通貨主権概念も現状に合わせて規範的な概念として捉え直すべきとします。

◆通貨とは？

一方、ジンマーマン博士によれば「通貨は何か」に関する概念も時代とともに変化してきました。

通貨主権に関する国際法の唯一の法源

1929年の常設国際司法裁判所の判決（PCIJ. Rep Series. A no.20 at 44）で、"it is indeed a generally accepted principles that a state is entitled to regulate its own currency." と言及されたが、通貨主権の具体的な内容は不明確。また、国連憲章2条(1)(7)の主権平等や内政不干渉の原則に根拠があると考えられるが、IMF協定などにも通貨主権の定義はない。

経済学的には、本章4(2)で紹介するほか、(先に見た通り)口座・支払単位や交換・貯蔵手段として捉えられてきましたが、法的には3つの学説があるとされます。

◆**法制説**

第一に、発行国で通貨(貨幣)と法定されることを通貨の法的性質とする「**法制説**」で、クナップ(G.F.Knapp:20世紀初頭のドイツの経済学者)の学説を基盤に英・独で活躍したマン教授(F.A.Mann:1938年に歴史的名著The Legal Aspect of Money, OUPを記した著名学者)が発展させ、各国の法定通貨に関する立法に反映されたとします。マン教授は、①国家が発行する法定通貨、②法律で口座単位とされるもの、③法律により普遍的な交換手段とされるものを通貨と規定しました。

◆**社会決定説**

しかし、紙幣などの現金通貨よりも銀行預金などの信用通貨の方が圧倒的に主流となった現代では、法と現実の乖離が拡大した点で課題があると指摘されてきました。そこで第二に、社会の受容態度によって通貨が定まるとする「**社会決定説**」が力を増してきました。この学説は19世紀のサビニー(F.C.Savigny)に始まり、20世紀半ばに活躍したヌスバウム(A.Nussbaum)らが主唱して、影響力を拡大しました。今やこの考え方の方が主流といえましょう。ただし、ここで誤解がないように申し上げますが、銀行預金や暗号資産などの法定されない通貨が流通したからと言って法的空白が生じることはなく、法は債権や所有権等の法理を適用してこれに対応することができます。

貨幣の起源をめぐる経済学説
貨幣商品説:多くの人の欲しい商品
貨幣法制説:法律や権威が決定したもの
債務(信用貨幣)起源説:人々の貸し借り

◆金融機関決定説

さて、ジンマーマン博士は第三の説である「**金融機関決定説**」も紹介します。これは、私も長年お世話になっている元欧州中央銀行法務部長のビクーニャ（A.S.Vicuña）氏が提唱した学説で、社会決定説と大枠では同じなのですが、現代の通貨はもはや国家の単独意思によって定まるものではなく、中央銀行や民間銀行、決済システム等によって構成される金融制度によって決まっており、適切な金融規制によって通貨を管理し得る可能性を示唆するものです。この説は、広い意味で社会決定説の一つでありながら、法が通貨に何らかの規範的機能を果たし得る点で意義深いと考えられます。ただし、ここ数年は金融界以外の議会など民主主義の役割を再認識する動き（**第1章**で紹介したベイトマン先生の憲法上の分析など）が広がりつつあります。

◆通貨の定義を広く捉える

翻って、通貨の法体系を論じる本書の目的からすれば、国家が定めた法定通貨に加えて小切手・銀行預金等の民間通貨を柔軟に含めた概念として用いることで、経済学・歴史学における貨幣論を法学につなげることが可能になりますし、デジタル通貨などの新しいお金に関する検討に資することが期待できます。そこで、本書では通貨（貨幣）の定義を経済学と同様に広く捉えることといたします。

金融機関決定説
この考え方は国内金融が国際金融システムにおける諸制度と密接に関係するようになった金融環境の変化に対応したもので、通貨主権をめぐる第6章3(2)の金融統治能力とも通じるものがある。

(3) 貨幣が持つ経済以外の側面

◆社会的価値

なお、通貨（貨幣）をめぐっては、経済的側面に限定せず、「近代の統一された経済的価値によっては還元され得ない価値が消滅したわけではない」（鎮目雅人編『信用貨幣の生成と展開：近世～現代の歴史的実証』慶應義塾大学出版会・2020年・18頁）として「価値を表現し、社会的に共有する仕組み」（同書33頁）と定義するなど、社会的な関係性や仕組みに着目する研究も数多く存在します。古くは、著名なドイツの社会学者ルーマン（Niklas Luhmann）の**社会システム論**で、経済の基底をなすのが「貨幣」をメディアとするコミュニケーションだとし、貨幣が私的所有を貨幣価値に換算することで動態化し、支払の連鎖としての経済システムを創出した点に着目して様々な議論を展開しました。地域通貨等に関する社会学的な貨幣論では、以前から様々に注目され、研究が進んできました。

◆一般書にも影響

また、日本で最近よく読まれた「お金」に関する一般書にもこの影響が読み取れます。たとえば、経済評論家の橘玲氏は、人間関係をつながりの強い順に愛情空間、友情空間、貨幣空間に分類して人生の指針に関する議論を展開しました（橘玲『幸福の資本論』ダイヤモンド社・2017年）。また、別の経済評論家の田内学氏は、お金の価値は将来誰かに働いてもらえることにあるとし、お金ではなく人を中心に考え、誰が働いて誰が幸せになるかを考えることが社会問題解決には必要だと説きます（田内学『お金のむこうに人がいる』ダイヤモンド社・2021年）。こうした広い意味で社会学的な貨幣論の示唆も大変貴重で、ややもすれば経済的側面に偏りがちな議論の深みを増してくれるものと思います。

◆法律の対応可能性

他方、法律は経済的価値にとどまらない人間関係の性質を法的判断に加味する装置を予め備えており、現実を「人が物を支配する権利」（物権）と「人が人に給付を請求する権利」（債権）に分けた上で、債権には預金通貨などにつながる金銭債権だけでなく、誰かに何か（例：物の引渡し、労務提供、不作為）をしてもらう権利も当然含まれます。また、裁判所は公序良俗などの法の一般原則を加味しつつ、事案に応じて法律の適用可否を決めますので、お金に関する当事者間の認識や社会通念なども当然加味されます。今後、地域通貨やデジタル通貨など、新しい通貨の発展によっては様々な自由通貨が社会的関係を規律する機能が増す可能性もあり、法律家も通貨に関する一般認識を深めておく必要があります。

2　古代以来の貨幣と法律の対応関係

(1)　差引計算と交換

◆2種類の決済

さて、経済活動には貸し借り（法的には債権・債務）の**決済**（＝債権債務関係を解消すること）がつきものです。決済には、①債権債務を差引計算（法的には**相殺**）する方法と②物々交換や貨幣のように交換（法的には**交換や売買**）する方法があり、その形態は時代と共に様々に変遷してきました。

◆差引計算の例

たとえば、差引計算の流れで行けば、古代世界では債権債務を縄の結び目で記録しました（**結縄**（けつじょう）と呼ぶ。古代インカ帝国のキープや沖縄の藁算（わらざん）が有名だが、世界各地に存在）。それが今では、銀行預金をめぐる債権債務は銀行の勘定系システムの中で記録されて中央集権的に管理されており、最近話題のブロックチェーンの場合は債権債務をデジタル上の記録として分権的に管理されています。

◆交換の例

また、交換の流れで行けば、①貨幣が十分に流通しない世界では**物々交換**（外貨不足の途上国等が代金に代えて自国の産品で支払うカウンタートレード（countertrade）などは、現在でも行われている）や**私的貨幣**の発行（例：小切手）がこれを補完してきました。法律も小切手等の社会に受け容られた貨幣の法整備を行ってきました。他方、②貨幣が流通する世界では、国が独占発行し法的根拠を持つ法定通貨（日本円、米ドル等）と民間が契約等に基づいて発行する自由通貨が混在し、民間通貨の中には法定通貨の裏付けを持つもの（例：電子マネー、一部のステーブルコイン）と持たないもの（例：暗号資産）があり、それらが互いに競合してきました。どの通貨を貨幣として用いるかを決めるのは人々なので、法定通貨が利便性の高い民間通貨との競争に負けるリスクは当然あります。し

ヤップ島の石貨
ヤップ島の石貨フェイは、巨石で持ち運びが困難なうえ、水没したフェイすらも人々の間で受容されてきたことから、交換ではなく差引計算のかたちで使われたと考えられる。

かし、**通貨主権**は国家大権の一つであり、国家としては民間通貨との競争に負けたくありません。このため、暗号資産ビットコインやフェイスブックのリブラ構想が登場した際、各国中央銀行は通貨主権の喪失を恐れて規制を強め、ＣＢＤＣの開発に取り掛かったわけです。

(2)　民間通貨を政府が追認

◆法定通貨と民間通貨の法的相違

前述のように、日本をはじめ各国の法令では、通貨や金銭は現金通貨である**法定通貨**（**legal tender**：金銭債務の弁済手段として用いることができる法的効力〈強制通用力〉を有する紙幣、硬貨）を、貨幣は硬貨を指し紙幣（銀行券）を除くなど限定して捉える場合が多く、法定通貨と民間の信用通貨（例：小切手、銀行預金）とは法的位置付けが異なっています。たとえば、売買で支払方法に関する合意がない場合、日本円など法定通貨で支払えば**本旨弁済**効力があるとされて有効な支払があったものとみなされますが、銀行振込で支払えば**代物弁済**効力が発生したものと解され、相手方の合意があれば有効な支払とみなす（もちろん慣習等で明確な合意がなくても有効な支払になる場合が当然あります）のが一般的です。

◆法が民間通貨に対応

しかし、法的位置付けが異なる場合であっても、現実の取引で問題が生じることはありません。これは銀行預金や小切手などの法定通貨でない通貨についても、貨幣として十分に機能するように各国の法が柔軟に対応してきたからです。また、日本史上、政府・中央銀行が通貨発行を管理するようになったのはごく最近で、古代以来、民間通貨を政府が追認して採用してきたのだそうです（高木久史『通貨の日本史』中公新書（２０１６年）参照）。

3　国際金融におけるハードローとソフトロー

先ほどソフトローという言葉が出てきましたので、国際金融の規制システムと絡めてご説明しましょう。

(1)　国際金融規制の構造

◆バーゼル合意の強い拘束力

「**バーゼル合意**」という言葉をどこかで聞いた方はおられるでしょうか？　これは国際決済銀行（ＢＩＳ）に事務局を置く「**バーゼル銀行監督委員会**（**ＢＣＢＳ**）」（１９７４年にG10中央銀行総裁会議の合意で設置されました。日本もメンバー国です）が策定し、国際的に活動する銀行の自己資本比率を8％以上に規制することで銀行経営の健全性を保つ国際金融上の規制を指します。しかし、規制と言いながら条約のようなハードローに基づく規制ではなく、ソフトローの一種です。しかし、法的拘束力のない**ソフトロー**でありながら、これに従わないと金融市場参加者から忌避されますし、国内金融当局の強い規制を受けるなど多くの不利益があります。このため、この合意に参加していない国やその国の銀行もこぞってこの合意を守ろうと努力しています。その意味で、条約が持つ法的拘束

ソフトローの利点
国家間で条約（ハードロー）を制定する場合、締約国は同一文言に厳格に縛られて法的責任を負うため、合意成立が困難だが、ソフトローであれば合意成立が容易になる。また、本文図表2-2で示すように、法的拘束力がないソフトローでも事実上の拘束力を持たせることは可能である。

〔図表2－1　国際金融監督規制に関する階層構造〕

議題設定：G20首脳合意⇒FSB（詳細決定）

基準策定
（業態別）BCBS（銀行監督）、IOSCO（証券監督）、IAIS（保険監督）、Joint Forum（銀行・証券・保険の分野横断的分野に対応）
（テーマ別）FATF（資金洗浄・テロ資金対策）、OECD（企業統治・税制等）、CPMI（支払決済）、IADI（預金保険）、IASB（会計）、IFAC（監査）

基準導入：各国当局

遵守状況評価：IMF・世界銀行、FSB、各国の相互審査

力以上の事実上の強制力を持っています。

◆国際金融規制の構造

実際、国際金融規制にはソフトローに基づく機関や、各機関が策定するソフトローによる規制が混在し、階層構造（図表2-1参照）をなしています。

すなわち、国際金融の規制に関わる機関をみますと、①**ハードロー**に基づく条約機関である**IMF**（1945年国際通貨基金協定で設立。**FSAP**〈金融セクター評価プログラム〉により各種金融規制の遵守状況を評価）、**世界銀行**（1945年国際復興開発銀行協定で設立。FSAPにより各種金融規制の遵守状況を評価）、**BIS**（1930年国際決済銀行条約で設立。各種ソフトロー枠組みの事務局を提供）、**OECD**（1961年経済協力開発機構条約で設立。企業統治・税制等で基準策定）がある一方で、②**ソフトロー**に基づく合意枠組みである**バーゼル銀行監督委員会**（**BCBS**：銀行監督の基準策定〈前出〉）、**証券監督者国際機構**（**IOSCO**：証券

国際金融規制機関

① ハードローに基づくもの

IMF（国際通貨基金）	世界銀行
BIS（国際決済銀行）	OECD（経済協力開発機構）

② ソフトローに基づくもの

BCBS（バーゼル銀行監督委員会）	IOSCO（証券監督者国際機構）
IAIS（保険監督者国際機構）	FATF（金融活動作業部会）
G20蔵相・中央銀行総裁会議	G20首脳会議
IASB（国際会計基準審議会）	FSB（金融安定理事会）

監督の基準策定。前身の米州証券監督者協会を改名・拡大）、**保険監督者国際機構**（**IAIS**：保険監督の基準策定。スイス法人として設立）、**金融活動作業部会**（**FATF**：資金洗浄・テロ資金対策〈AML／CFT〉の基準策定。１９８９年G７アルシュサミット経済宣言で設置）、**G20蔵相・中央銀行総裁会議**（議題設定が任務で、１９９９年に設置）、**国際会計基準審議会**（**IASB**：国際会計基準〈IFRS〉策定が任務で、２００１年に設置）、**G20首脳会議**（**サミット**：大枠の議題設定が任務で、２００８年に設置）、**金融安定理事会**（**FSB**：G20議題の詳細設定が任務で、２００９年に設置）などが大変重要な役割を果たしてきました。

(2) なぜソフトローの事実上の強制力が働くのか

では、法的拘束力をもたないソフトローはいかなる形で事実上の強制力を保っているのでしょうか？　強制力を発揮するメカニズムには、幾つかの類型があります。

◆国内でハードロー化

第一に、前出したバーゼル合意が国内法の規制に取り込まれた（日本では国会審議を経る必要なく、金融庁事務連絡の改訂で導入可能）ように、国際的にはソフトローですが、国内でハードロー化する類型です。これにはバーゼル合意のほか、**IOSCOの行動規範**（信用格付機関の基本行動規範など）、**IASBの国際会計基準**（IFRS）、**FATFの「40の勧告」**などがあり、いずれもそれ自体では法的拘束力を持ちませんが、各国が国内法化したり国内法でその適用を認めることにより、法的

〔図表2－2　国際組織による監視と罰則の例〕

罰則の種類	ソフトロー上の仕組み	担当組織名
結果公表、融資条件に反映	FSAP	IMF・世界銀行、FSB
遵守不十分な国名を公表し、市場の評判を低下	①勧告に基づく相互監視 ②Appendix B	①FATF ②IOSCO
国際組織のメンバーからの追放	①勧告に基づく相互監視 ②MMoUによる相互監視	①FATF ②IOSCO
資本市場での信認低下	勧告に基づく相互監視	FATF

拘束力を持ちます。

◆相互監視

第二に、国際的なソフトローを遵守しない国を国際組織が監視したり、メンバー国が相互に監視し合って不遵守が著しい場合に厳格に処罰する仕組みを取り入れる類型です。具体例は図表2－2をご参照ください。

◆市場原理と相互主義

第三に、上記とも絡みますが、様々な次元で国ごとの相互主義や市場原理を活用することで、規制遵守のインセンティブを高める類型です。**バーゼル合意**で有名な**BCBS**は、1975年にバーゼル・コンコルダードを策定し、国際的に活動する銀行の母国と受入国の双方の金融監督当局が共同監督することを定めましたが、この存在により、バーゼル合意を遵守しない母国の銀行が受入国への進出を拒否される可能性が強く認識されるようになりました。たとえば、インド（母国）の銀行が米国（受入国）に進出する際、米国もこの銀行に対して共同責任を負うので、米国**FBSEA法**（Foreign

MMoU
IOSCOが2001年に導入したインサイダー取引・相場操縦・虚偽のディスクロージャー等に関する多国間情報交換枠組み（Multilateral Memorandum of Understanding Concerning Consultation and Co-operation and the Exchange of Information）で、加盟政府機関155のうち129が加盟（2022年末段階）。

Bank Supervision Enhancement Act of 1991）上の審査が厳しくなり、進出できない可能性が出てきます。このため、バーゼル合意の合意当事者でないインドのような国々も、バーゼル合意に自主的に従うようになるわけです。こうした現象は**バーゼルⅠ**（１９８８年に最初に策定されたバーゼル合意）の場合に顕著にみられました。

◆民主的プロセスの確保

もっとも、ＢＣＢＳのメンバー国でなく、その決定過程に参画していない国までが、これに拘束されるのは、民主性や正当性の観点から見て大きな問題です。このため、途上国向けにはコア・プリンシプル（Core Principles）を策定し、ＢＣＢＳのメンバー国についても従来よりも拡大しました。民主性や正当性を高めるには、ＷＴＯ（世界貿易機関）やＧＡＴＳ（サービスの貿易に関する一般協定）のように、すべての国が参加する方式が望ましい反面、一般に意思決定の迅速性や基準の高度な専門性に鑑みれば、全員参加は難しいでしょう（ただし、**IOSCO**や**IAIS**では民主的な仕組みが採用されてきました）。それでも市中コンサルテーションを通じてパブリックコメントを募集する等のかたちで基準策定の透明化を図ってきました。

4　経済学的な貨幣論と法学的な貨幣論

(1)　2つのアプローチの相違

さて、ここで経済学と法学のアプローチの差を簡単に説明します。すなわち、①経済学では生じる

発展学習
本章3の詳細については、久保田隆「金融監督規制に関する国際制度の展開」論究ジュリスト⒆43～50頁（２０１６年）参照。

確率が高い事象以外は切り捨てる傾向にあるのに対し、法学ではむしろ発生確率の低い紛争発生時の解決を検討するのが一般的（たとえば、普通の人であれば滅多に裁判所で争うことはしませんが、裁判例は法学の主たる検討対象の一つであり、そこで形成された規範が契約作成等で重要になります）であり、②経済学では過去の規範や慣習に囚われずにゼロベースで解決策を検討する傾向にあるのに対し、法学（会計・税制などもそうです）では法治国家の**先例拘束性**に従い、今ある法に基づいて解決策を検討する点で**経路依存性**を持つ（path dependent、過去の経緯に、現在の決定が制約されること）ことです。したがって、法学はデジタル通貨の文脈でも消費者保護や顧客保護、個人情報・プライバシー保護、脱税対策、犯罪対策といったトラブル対応に焦点を当てる傾向にあり、経済成長や産業育成を唱える経済学からすると保守的な学問に映るかもしれません。しかし、法治国家である以上、経済政策であっても法律に基づいて実現する必要があるため、法学に対する理解は不可欠になります。

他方、最近登場した暗号資産ビットコインやフェイスブックのリブラ構想（その後、頓挫）、CBDCをめぐって、エコノミストや政治評論家など法律家以外の方々が**法定通貨**（法律上で強制通用力が定められた国家通貨）や**通貨主権**（通貨発行権や規制権などを指す国家主権の一つ）という言葉を頻繁に用いるようになりました。これらはもともと法学上の概念であり、法学以外の議論においても、深く知ろうと思えば法学上の議論がきっと役立つと思います。

(2) 経済学のアプローチにおける特徴

貨幣の本質論に関する分析は主に経済学の領域でなされており（他に歴史学・社会学等でも存在）、たとえば下記の具体例に示すような、因果関係を探り、そこから政策的インプリケーションを探るような議論が交わされます。すなわち、何が貨幣を貨幣たらしめているかを分析した上で、デジタル通貨のあり方を検討する議論につながり、たとえば、振興策の一環として政府の補助金や減税も必要かとか、貨幣は人々の信認に支えられているから発行元に信頼を置けない場合は規制によって排除すべきか（この議論はどう規制するかという部分で法整備と絡みますので、法的議論にもつながります）、といった議論がなされます。

以下、具体例として、一般向けに簡単に書かれた解説を元に、経済学における貨幣の本質論の例を見てみましょう。

◆岩井教授の自己循環論法

日本で『貨幣論』と言えば、1993年に筑摩書房から刊行された『貨幣論』が有名です。この本は、1万円札と書かれた紙切れが1万円相当のあらゆる商品と交換可能であるという社会認識は一種の共同幻想であり、この共同幻想が貨幣の価値を成立させるという**貨幣の自己循環論法**を唱えました。著者の**岩井克人**・東京大学名誉教授によれば、岩井説は以下のように説明されます（朝日新聞Globe+2019年11月13日付報道「『貨幣論』著者が説く「お金は信用がすべて。だからリブラは最悪だ」参照）。

「お金がお金となるのは、他の人も受け取ってくれると予想するから、だれもが受け取る、という自己循環論法です。他人が受け取ってくれれば、お金はお金として通用する。それを疑い始めたら、お金として通用しなくなる。日常的にはほとんど意識していないが、根底では、他の人がお金として受け取ってくれると信じていて、その他の人も他の人が受け取ってくれると信じている。深いところで信じ合っている仕組みに支えられているのです。」

その上で、従来の**貨幣商品説**や**貨幣法制説**を以下のようにまとめています。

「金や銀などの金属、もっと昔は貝などの、多くの人が欲しい商品が貨幣に変わったという「貨幣商品説」や、共同体の長老や王様、政府といった権威が「これを貨幣とする」と決めたという「貨幣法制説」、他にも貸し借りから始まったという説があります。…あるとき、何らかの理由で、水が沸騰して蒸気になるような瞬間が、大多数の人が貝をお金として受け取ってくれるようになった瞬間があるわけです。それは商品として価値があるから貨幣として使われるようになったのか、欧州共通通貨ユーロのように法律でバンッと決まったのか。ドルが基軸通貨として使われているのは、ユーロとは違い、きっかけは貨幣商品説と似ています。」

◆岩井教授のデジタル通貨観

他方、最近のデジタル通貨について、岩井教授は以下のように主張します。

「ビットコインは、極端な自由放任主義に支えられていますから、中央銀行や国家など公共的な機関をすべてビッグブラザーとして切り捨てようとする試みでした。リブラの場合は、既存の中央銀行

諸外国との比較
日本は名目GDP比の紙幣・貨幣流通高比率が23・47％（2021年、以下同じ）と高く、英国3・70％、中国8・43％、米国9・19％、ユーロ圏12・82％を大きく上回る。第1回CBDCに関する有識者会議資料参照（財務省HPより入手可能）。

や国家は排除して、フェイスブック自らがビッグブラザーになってしまうというものです。情報の中でも最も価値のある個人の金融に関する情報が、リブラを通して、個人情報の取り扱いが最もずさんなフェイスブックにどんどん流れ込んでいくことになります。これは、悪夢です。だから既存の中央銀行などはあわてて、即座に批判的な反応をしたわけです。」

◆小林教授の批判

これに対し、**小林慶一郎**・慶應義塾大学教授は以下のように指摘し、岩井教授の自己循環論法説は信用通貨や預金債務などについては該当するが、法定通貨には当てはまらないとします（小林慶一郎「ゲーデルの貨幣―自由と文明の未来（危機篇12）貨幣論の本質とは何か」金融財政事情２００９年11月2日号60～61頁参照）。この考え方は、**第1章**で紹介したベイトマン先生の憲法学上の分析とも通じるもので、法学上も興味深いです。

「1万円札に1万円の価値があるのは、人々が皆そう信じているから、という説明は、確かに正しい。しかし、それだけではない。もし人々の期待（「他の人々もこの紙切れを1万円の価値があると思って取引に応じてくれる」という期待）だけが根拠なら、その期待が壊れれば、1万円はただの紙切れになってしまう。紙幣がただの紙切れになる現象は、ハイパーインフレーションであり、第一次世界大戦後のドイツや中央ヨーロッパの国々で実際に発生した。それらの国でハイパーインフレが止まったのは、そして、現在の日本でハイパーインフレが起こらないのは、政府が徴税能力によって貨幣価値を保証し、国民が政府の徴税能力を信頼しているからである。紙幣は広義の政府（中央銀行）の債務証書であるから、その価値を保証するのは政府の「収入を得る力」すなわち徴税能力である。つまり、法定通貨の価値を支えているのは、貨幣の循環論法だけではなく、政府の財政や徴税能力など、多面的な統治能力なのだといえる。

これに比べ、金融機関などの短期債務（預金やレポ取引による実質的な短期貸付）が貨幣として機能する場合、それは自然発生的な現象であり、それらが貨幣であることの根拠は、基本的に貨幣の循環論法である。」

(3) 法学のアプローチにおける特徴

◆条文解釈を争う

では、法学の領域で行う貨幣論（これを「**法的貨幣論**」と呼ぶことにします）では、どのようなことが検討対象とされるのでしょうか？　こちらでは具体的に貨幣をめぐる紛争が生じた場合、現行法の下での適用可能性（条文の文言に照らして、問題となる事象に当てはまるか否かを探ります。具体的には、**有体物**でないビットコインに対し、所有権を有体物のみに認める民法85条を適用できるかを法解釈の観点から検討します。法文の文言に即して解釈（**文理解釈**）するのが基本ですが、法目的に照らしてある程度拡張して解釈（**目的論的解釈**）することも例外的に認められています。このため、ビットコインに物権を認めない説も認める説もあるのですが、所有権（物権）に関しては、民法等の法律で定めたもの以外には契約等で物権を創出することはできない原則（**物権法定主義**）がある関係で、これまでの裁判例では認めない説が採用されてきました。すると、そこから法改正や契約対応（信託の活用など）を展望する議論に至るわけです。以下、細かい部分は省いて暗号資産の民法上の解釈問題に関する法学的な議論の例をご紹介しましょう（詳しくは第8章で議論します）。

◆民法85条の例

貴金属や紙幣のように物理的な形を持つものを**有体物**、デジタル情報や電気のように物理的な形を持たないものを**無体物**と呼びます。たとえば、**ビットコイン**は無体物ですが、日本の裁判所の解釈（ただし下級審）によれば、民法85条（「この法律において「物」とは、有体物をいう。」）は所有権の対象を有体物に限っています（ただし、これは時代や国によって異なり、日本がドイツ法から現在の規定を継受する前は無体物を含めていましたし、外国法では無体物を含める例も多数あります）。そのため、別途法律・慣習でもない限り、物権法定主義や文理解釈に従い、所有権や寄託の対象物にはなり得ません。学説の中には明文規定があっても「暗号資産は法的保護に値する」との判断に基づき、排他的支配可能性があれば有体性を欠いても目的論的解釈で所有権を認める解釈を唱えるものもあります。しかし、現時点では法改正を行うか裁判所が解釈を覆さない限り、顧客のビットコインを預かっていた暗号資産交換所が倒産した場合、ビットコインの所有者に所有権はないので１００％の返還を求めることはできません（ただし、交換所の残余財産に応じた割合弁済を求める破産債権は存在するので、まったくゼロではありません）。

◆実務対応と立法ガイド

これでは所有者の保護に欠けるということで、交換所との間に予め信託契約を結んでおくことで返還請求を可能としたり、ビットコインにも所有権を認める法改正が議論されたりしています。この法改正の議論は貨幣秩序全体に関係するので、結局は経済学的分析とも絡みます。日本と同様の法的状況にある国（スペイン等）もいくつかあるので、所有権を認める国とそうでない国との間の暗号資産の国際取引で混乱が生じるのを避けることも必要になります。そこで、法統一を進める国際団体である**ＵＮＩＤＲＯＩＴ**（私法統一国際協会）がデジタル資産・私法プロジェクト（Digital Assets and Private Law Project）を進め、各国が立法上参照すべき原則案を最終審議中です（座長は神田秀樹・東大名誉教授：詳細は**第９章**参照）。原則案のうち中心的な規定は、暗号資産に財産権を認め得るとした原則３⑴（「デジタル資産は**財産権**（proprietary rights）の対象となり得る（A digital asset can be the subject of proprietary rights.)」）と倒産時の物権的保護（原則19）などです。ビットコインなどは各国で法的扱いが異なり、規制で禁止する中国、民法85条で所有権は認められない日本、柔軟に所有権を認める英国等に分かれています。

一方、信託に基づく権利は倒産時に保護されます。その点、日本でもビットコインを信託に付すことは可能で、かつ規制上も求められています（資金決済法63条の11第1項：暗号資産交換業者は、その行う暗号資産交換業に関して、暗号資産交換業の利用者の金銭を、自己の金銭と分別して管理し、内閣府令で定めるところにより、信託会社等に信託しなければならない）ので、現行法の枠内でも所有権はともかく財産権ならば対応可能です。しかし、信託されていない場合もあるので、可能であれ

財産権
財産権は財産的価値を有する権利の総称で、物権や知的財産権だけでなく、債権や社員権等も含む広い概念。ＵＮＩＤＲＯＩＴ原則案では、デジタル通貨も財産権の対象とし（原則３⑴)、倒産時に物権的保護を与える扱い（原則19など）が提案されている。

ば、この際に日本法も立法で法整備する検討を行うべきでしょう。また、この原則案の導入は、各国法の裁量に任されているので完全ではないものの、法統一につながるはずです。そのままでも概ね問題はなさそうですが、敢えて課題を述べるならば、①proprietary rightsの内容が国ごとに異なる結果、国際取引で混乱を生じないか、②公法でビットコインを禁じる国々（中国など）からすれば、対世効を生じ得るproprietary rightsを他国がビットコインに認める点で齟齬が生じないか、を慎重に見極める必要がありましょう。

(4) 小括

そもそも経済学で貨幣法制説が古くから存在するように、貨幣の本質論をめぐっては、経済と法律は密接不可分の関係にあります。法学以外の専門の方や一般のビジネスマン、学生にとっても、法学的な見方を知ることは、貨幣の本質論に迫る上できっと有益でしょう。しかし、貨幣論は経済学では比較的主流であるのに対し、法学では法学以外の専門家からは取り付きにくい分野であるだけでなく、法学の専門家の中でも貨幣論の研究はごく少数にとどまっています。

筆者は、法定通貨の発行元である日本銀行の出身で、法的な貨幣論を専門として海外の専門家と長年交流してきました。法学の性格上、厳密な学術論文風に書いてしまうと読みづらくなるため、一般の方々にわかりやすい記述を心がけました。多くの方々のお役に立てれば幸いです。

第3章　Ｗｅｂ３・０振興論におけるデジタル通貨の法的死角

１　Ｗｅｂ３・０振興策（骨太方針２０２２）

インターネットの発達が進む今日、ブロックチェーン技術を基盤とする暗号資産（仮想通貨）や**ＮＦＴ**（**Non-Fungible Token**：代替不可能なトークン。代替可能なビットコインなどの暗号資産とは異なり、唯一無二の価値を持ち、デジタルアートなどに用いられる）、**ＤＡＯ**（**Decentralized Autonomous Organization**：分散型自立組織。特定の所有者や管理者がいなくても事業やプロジェクトを推進できる組織を指す）の利用拡大といった「Ｗｅｂ３・０（ウェブスリー）」の推進に向けた環境整備が世界各国で検討されています。日本でも２０２２年６月７日に『骨太方針２０２２』（「経済財政運営と改革の基本方針２０２２：新しい資本主義へ～課題解決を成長のエンジンに変え、持続可能な経済を実現～」）の17頁で「ブロックチェーン技術を基盤とするＮＦＴやＤＡＯの利用等のＷｅｂ３・０の推進に向けた環境整備の検討を進める」と明記され、国家戦略として閣議決定されました。

◆Ｗｅｂ３・０とは

Ｗｅｂ３・０（ウェブスリーと読み、Ｗｅｂ３と表記されることもあります）とは、２０１４年に暗号資産イーサリアム（Ethereum）の共同創設者である英国のウッド氏（Gavin J. Wood）が提唱し

実例

ＮＦＴの例：デジタルアートやゲームアイテムで同じトークンは存在しない。２０２１年３月に米国人アーチストBeepleのデジタルアート作品が約75億円で落札した。

ＤＡＯの例：海外ではビットコインが最も有名。国内でも幾つか出現しているが、多数決で運営されるＤＡＯは実験段階で成功例はまだないとも言われる。

た新しい概念で、骨太方針２０２２によれば「次世代インターネットとして注目される概念。巨大なプラットフォーマーの支配を脱し、分散化されて個と個がつながった世界。電子メールとウェブサイトを中心としたＷｅｂ１・０、スマートフォンとＳＮＳに特徴付けられるＷｅｂ２・０に続くもの」（17頁注70）と一応定義されています。

厳密な定義は存在しませんが、少し説明を加えると以下のようになります。すなわち、システム運営者などが中央にいて参加者すべてを管理する**Ｗｅｂ１・０**（ウェブサイトの閲覧やメールといった一方向のコミュニケーションを行う１９９０年代）や**Ｗｅｂ２・０**（ＳＮＳが普及し双方向のコミュニケーションが可能となった２０００～２０２０年）ではFacebookやGoogleなどの巨大プラットフォーマーに個人情報を独占されるのに対し、これから始まるＷｅｂ３・０では中央管理者の仲介がなくても通信できる（これを「**分散化**」といいます）ので、ユーザーはプラットフォーマーの支配を脱して民間や政府の監視を逃れ（かえってプライバシー侵害が広範化すると異論を唱える論者もいます）、サーバー障害があっても通信を継続できる上、ランニングコストも安いメリットがあります。また、**ブロックチェーン**（分散型台帳の一つ。特定の帳簿管理者を置かずに、参加者が同じ帳簿を共有しながら資産や権利の移転などを記録していく情報技術）の仕組みにより透明性や検証可能性が高く、取引情報の改ざんが困難と考えられています。

Ｗｅｂ３・０では詐欺も横行

Ｗｅｂ３・０の営利ベンチャー企業の多くは、消費者から運営資金を集める際、ＮＦＴとＤＡＯを用いるが、消費者に十分な情報開示はなされず、詐欺的なものも多いと言われており、要注意である。

2 課題も多いWeb3・0

(1) ブロックチェーンの課題

① 51%攻撃

しかし、ブロックチェーンの取引情報の改ざんが全く不可能なわけではありません。小規模な暗号資産のマイニングの過程で、参加者を限定しないパブリック型ブロックチェーンを採用する場合、悪意ある個人や団体が計算処理能力の過半数（51%以上）を支配することで、本当は不正な取引が承認されたり、正当な取引が拒否される場合（**「51%攻撃」**）があり、2018年にビットコインゴールドやモナコインで実際に被害が生じました。

② 量子コンピュータの脅威

ここでWeb3・0の基幹技術である**ブロックチェーン**の課題について、改めて少し整理しておきましょう。まず、ブロックチェーンの仕組みにより、記録したデータは削除できないので、誤入力の補正はできず、暗号化されてはいても参加者すべてに個人情報が行き渡ります。したがって、この暗号が破られると個人情報やプライバシーが広範に流出してしまいます。では、現在の暗号技術は万全と考えて良いのでしょうか？　実はそうではありません。現在のビットコインやネット銀行等に用いられている暗号は、近未来に開発が確実視される強力な量子コンピュータが実現すると簡単に破られてしまう可能性があります（**第5章**で詳しく扱いますが、耐量子暗号の開発とそれへの置換えが急務

量子コンピュータ
従来のコンピュータでは複雑すぎて解けない問題を量子力学の法則を使って解くコンピュータを指し、極微細な素粒子の世界で生じる重ね合わせや量子もつれ等を利用して、従来の電子回路ではできなかった超並列的な処理が可能になる。

です）ので、潜在的にはリスクです。西側諸国の政府や暗号資産交換所等にハッキングをかけてきた集団の背後に中国・ロシア・北朝鮮などの国家が存在することは国連や民間調査会社等でも指摘されてきました（２０２２年４月公開の国連安全保障理事会北朝鮮制裁委員会年次報告書など）が、国家レベルで先に量子コンピュータを開発されてしまうと大変厄介です。また、中央集権型に比べると処理速度が遅いため、証券売買等の金融取引や貨幣を用いた支払取引のようにスピードを要する取引の場合は課題が残ります。ただし、今後の技術進歩によってカバーされるかもしれません。

(2) そもそもデジタル化はバラ色天国なのか

また、私はブロックチェーンやデジタル化のバラ色の未来を煽る言論にはやや懐疑的です。現在、デジタル技術を用いて新たなビジネスモデルの創出や企業風土の変革を目指す**デジタル・トランスフォーメーション（DX）**を推進することが推奨されたり、従来は機能してきた紙幣や硬貨といった現金の流通コストを問題視してデジタル通貨化を進めることが当然に正しいことのように主張されることが多いですが、前述した量子コンピュータのリスクはもとより、デジタル化がセキュリティやプライバシーを確保しつつ実現されないと、現金の流通コスト以上の高い代償を払うことになります。

私は産総研ＯＢの寶木和夫先生とのセコム財団助成金の共同研究で、暗号資産やＣＢＤＣ（中央銀行デジタル通貨）についてセキュリティとプライバシーを両立させる仕組みを研究してきましたが、たとえばＣＢＤＣの議論において量子コンピュータの登場に備えた対策については、あまり論じられていないように思います。２０２２年11月にニュージーランドのオークランド大学のデジタル資産シ

キャッシュレス化
日本政府の目標は２０２５年までに４割程度だが、年々増加しており、２０２２年実績でクレジットカード、電子マネー、コード決済、デビットカードの合計が36・0％（銀行の口座振替等を加えると54％程度）に達した。

ンポジウムで報告しましたが、その際にも量子コンピュータの登場に備えた対策までは考えていなかったとのコメントを専門家から多数いただきました。

3 暗号資産とステーブルコインをめぐる2つの事件

さて、骨太方針2022では前述のように「Ｗｅｂ３・０の推進に向けた環境整備の検討を進める」わけですが、Ｗｅｂ３・０上の決済手段に暗号資産やステーブルコインの使用が見込まれていることから、「暗号資産について利用者保護に配慮した審査基準の緩和、決済手段としての経済機能に関する解釈指針の作成などを行う（注72で「ステーブルコインに関する制度整備等の安定的かつ効率的な資金決済制度の構築を含む。」と記載）」（17頁）と書かれています。実際、日本では従来、暗号資産は資金決済法の規制下で取扱いを認めてきましたが、海外ですでに18兆円の市場規模を誇るステーブルコインについては取扱いを認めてきませんでした。このため２０２３年６月に金融庁はこれを解禁しました。すなわち、日本円や外国の法定通貨（米ドルなど）の価値の裏付けを持つ**ステーブルコイン**の流通に関して、十分な資産保全を条件に流通業者に取扱いを認める内容の制度改正案とガイドラインを正式発表し、２０２３年６月施行の改正資金決済法と合わせて適用しました。具体的には、国内発行のステーブルコインでは発行者に発行総額を預金などで資産保全するよう義務付ける一方、海外発行のステーブルコインには、発行者が日本国内の業者とは限らないため、国内で取引を担う流通業者に資産保全を求めています。

ステーブルコインは、①ＵＳＤＴやＵＳＤＣなどの法定通貨担保型、②ＤＡＩなどの暗号資産担保型、③Terra USD（ＵＳＴ）などの無担保型（アルゴリズム型ともいう。アルゴリズムによって供給量を調節して価値を保つ形態）に分かれます。しかし、このステーブルコインも暗号資産も、主に米国で生じた２０２２年の以下２つの事件により、期待されるＷｅｂ３・０上の決済手段としては不透明な状況にあります。

①　2022年5月のUSTの暴落

１つ目の事件は、２０２２年５月に生じた無担保型ステーブルコインである**ＵＳＴ**（米ドルに連動）が信用不安により１週間で１００万分の１まで暴落した事件です。この事件は、他の暗号資産やステーブルコインにも悪影響が連鎖し、主要国の金融当局や国際決済銀行（ＢＩＳ）等でステーブルコインの規制構築に向けた検討が本格化しました。今回の日本の法改正でも価値の安定が常に確保されている法定通貨担保型ステーブルコインを解禁対象としましたが、価値の安定が常に確保されない暗号資産担保型や無担保型をステーブルコインと称して誤認させることは禁止されています。

②　2022年11月のFTXの破綻

２つ目の事件は、２０２２年11月に生じた世界有数の暗号資産交換業者＝米国**ＦＴＸ**トレーディングの倒産です。米国の暗号資産交換業者規制が緩い中、基本的な財務管理すら行わなかったＦＴＸは、80億ドル（１兆円強）を超える負債を抱えて倒産しました。この結果、暗号資産を企業に貸し付ける金融業者数社がＦＴＸへの融資焦げ付きで連鎖倒産し、ＦＴＸと取引のある企業・個人が預けた暗号

日本への影響
２０２２年時点の日本は、ステーブルコインが国内の暗号資産交換所では取り扱われておらず、２０１８年のコインチェック事件（本章４参照）を受けて規制強化されていたため、諸外国とは異なり、ＵＳＴやＦＴＸ事件の影響は少なかった。

〔図表3-1　各国で進む暗号資産の規制強化〕

中国	2021年に中国人民銀行が、暗号資産関連サービスの全面禁止を通知。
日本	2019年資金決済法改正（日本で登録する暗号資産交換業者が預かる金銭につき信託銀行等への信託義務を課す内容。これでFTXジャパンの投資家は保護された）、2022年資金決済法改正（ステーブルコイン規制。発行者や流通者に資産保全義務を課す内容）。登録制。
シンガポール	2022年にシンガポール金融管理局の規制案で企業に対し、個人顧客保有の暗号資産貸出を禁止、顧客資産を自己資産から分離（ステーブルコイン発行者に流通残高以上の資産保有を義務付け）。免許制。
EU	2023年に暗号資産市場規制法案（MiCA：免許制導入、ステーブルコイン発行者に発行量と同額の準備金を預金等で確保させる等）を可決。2024年から施行。
英国	2023年10月に財務省が暗号資産規制（購入した消費者に24時間クーリングオフなど）を導入。免許制。
米国	2023年1月にホワイトハウスが議会に暗号資産規制（顧客資産の不正使用防止、開示要件強化等）の早期導入を要請（従来は国全体の暗号資産の規制枠組みが不在）。

参考：日本経済新聞2023年2月3日付記事9面など

資産を回収できなくなり、投資家が大手交換業者から資金を引き出す動きが強まって、暗号資産の相場も低迷しました。「暗号資産バブル」で2021年11月には6万9千ドル弱、2022年初でも4万ドルを超えていた暗号資産ビットコインの相場は、「冬の時代」と化した2022年末には1万6千ドル台まで下がったほどです。

4　規制強化と今後の行方

◆各国の状況

さて、日本では、2014年の**マウントゴックス**事件（約480億円相当のビットコインが不正流出）、2018年の**コインチェック**事件（約580億円相当の暗号資産NEMが不正流出）を経て資金決済法を相次いで改正し、交換業者

登録制と免許制
2015年6月にFATF（金融活動作業部会）は、各国が暗号資産交換所に対して登録制か免許制を課した上で、資金洗浄対策のための本人確認等を義務化するガイダンスを発した。この結果、図表3-1のように日本は登録制を、米国ニューヨーク州やシンガポール、EU、英国は免許制を導入。

に情報開示や顧客資金の分別管理を義務付けてきましたので、ＦＴＸ倒産の影響も受けませんでした。これに対し、米国では暗号資産に関する連邦規制がほとんど存在しません（ニューヨーク州等の一部の州には存在）。こうした中、ＦＴＸは顧客からの預かり資金を使い回していたことが倒産でようやく発覚し、創業者が刑事訴追されています。また、金融業者は暗号資産を消費者に販売する際、安全で高利回りであるとの虚偽説明をしていたとして当局に提訴されました。カナダが信用取引禁止等の厳格な規制を２０２２年末に導入し、シンガポール、英国、欧州連合（ＥＵ）も規制強化に動く中、米国もＦＴＸ破綻を契機に政府・議会で規制論議を活発化させています（図表3-1参照）。

◆今後の予想

日経新聞２０２３年1月30日付夕刊2面の小柳建彦編集委員の解説記事では、暗号資産について「今後は各国で規制が強まり、真偽不明の投資勧誘を通じたバブルの生成は難しくなっていくのではないでしょうか。将来的には、各国の中央銀行が暗号資産の基盤技術を使って発行するデジタル通貨（ＣＢＤＣ）が、民間独自の暗号資産の居場所を狭めるかもしれません。中国がＣＢＤＣ（**デジタル人民元：e-CNY**）を流通させ始めたほか、日本、米国、シンガポールなどの中央銀行も実現へ向け具体的な検討を始めています。09年にビットコインが誕生してから急速に広まってきた無国籍の民間暗号資産に対する国家の逆襲は今後、厳しさを増していきそうです」と予想しています。実際、ＢＩＳ（国際決済銀行（Bank for International Settlements）。**第2章3**(1)参照）やＦＡＴＦ（金融活動作業部会（Financial Action Task Force）。**第2章3**(1)参照）等の国際金融当局において暗号資産やステーブルコインの規制論議は大変活発に行われており、最終的には世界中で銀行や証券等と同様の強固な規制が整備されていく可能性があります。こうした中、無法地帯で急成長を遂げた暗号資産やステーブルコインに対する熱狂は暫く生まれにくいかもしれません。また、「民間の暗号資産に対する国家の逆襲」ともいわれるCBDCの実用化が広まるとすれば、暗号資産等の決済手段としての成長余地は乏しいかもしれません。

◆意外と伸びないデジタル人民元

しかし、国家がどれほど貨幣を流行らせようとしても人々がこれを受容しない限り広がりませんし、貨幣の将来を予測することは困難です。CBDCもどの程度使われるかは未知数です。たとえば、ナイジェリアのCBDCであるeNairaは不人気で国民の0・5％以下しか使っていないと報じられています（Blockonomi, Mar 13, 2023）。また、中国のCBDCである**デジタル人民元**は2019年12月に配付開始されて以降、2022年8月までに1000億人民元（約139億ドル）に達しましたが、ウィーチャットペイやアリペイの取引高（2020年7月～2021年6月までの1年間で118兆人民元（約16兆4000億ドル）よりも遥かに少なく、取引高の伸びも減少している（2021年6～12月は154％増と急増したが、2021年末の876億人民元から2022年8月までは14％増にとどまる）と伝えられています（(South China Morning Postの2022年10月13日付報道参照)。そして、2023年2月22日～3月31日の間に香港からの入境者に5万ウォレット配布する計画があったにもかかわらず、2月いっぱいで僅か625ウォレットしか普及していなかったとの報道もあります（Newstex Finance &Accounting Blogs; Chatham, March 2, 2023）。

日本が実証実験中のＣＢＤＣについても、先行するデジタル人民元や暗号資産、ステーブルコイン等の動きを横目で見ながら導入の有無を決めることになりましょう。

◆ブロックチェーン技術の将来性

他方で、ビットコインの基盤技術である**ブロックチェーン（分散型台帳）**技術がＷｅｂ３・０開発に占める重要性については衆目の一致するところであり、小柳委員も「組織運営に欠かせない意思決定や収益分配の媒体には、約束事をプログラムした上で分配・流通させる「**トークン**（代用貨幣としてデジタル上の権利を表象する電子データ）」や**ＮＦＴ**が使われる。実用価値を持った暗号資産はＷｅｂ３の発達で市民権を得るのかもしれない」と解説しています。確かに、暗号資産の基盤技術であるブロックチェーンについては、「お金（決済）」とは別に、たとえばブロックチェーンによる株主投票やデジタルコンテンツの著作権管理、あるいは**スマートコントラクト（smart contract：**自動執行契約）による作業効率化やブロックチェーンによる取引履歴の記録（トレーサビリティ）を活用した産地偽装・消費期限切れ対策などに限ってみれば、Ｗｅｂ３・０の基幹技術として十分な将来性が見込めるように思います。

5　Ｗｅｂ３・０振興に向けた規制緩和論と法的疑問

２０２３年1月23日の日本経済新聞14面経済教室に、坂井豊貴慶應義塾大学教授の論稿が掲載されました。Ｗｅｂ３・０振興に向けた規制緩和論を唱えるもので、暗号資産業界を中心に類似の主張をされる実務家が大変多いのですが、私は法的立場から若干の疑問を抱きましたので、ここで取り上げてみます。なお、Ｗｅｂ３・０をめぐる法的課題については、中島聡氏が「ビジネス＋ＩＴ」２０２３年2月2日掲載の記事で述べられたように、①**ガバナンス・トークン**による資金調達の際に、スタートアップ企業が株式発行による資金調達を行う場合と同様に、出資法に基づく情報開示を義務付けない限り、出資詐欺が横行しやすいこと、②ガバナンス・トークンの運営は、将来的にはユーザー自身がＤＡＯで多数決で行われるとのうたい文句が多用されるものの、多数決で運営されるＤＡＯの成功例はまだなく、詐欺的になりやすいこと、を指摘した上で、③営利事業者がＮＦＴとＤＡＯを使って資金調達する場合は出資法や金融商品取引法を厳格適用して消費者を保護すべき、と主張されており、私も賛同します。このため、以下では、中島氏の指摘部分には踏み込まず、あくまで坂井教授の意見に対してのみ言及します。

以下、大きく2点に亘って坂井教授の言説（私が特に注目した点に傍線を引いております）を紹介し、法的立場からの私の疑問を順々に述べたいと思います。

⑴　顧客保護は産業振興と等価値なのか

第一に、坂井教授は下記のように述べ、①暗号資産の**顧客保護**と**産業振興**を等価値で比較して優劣を検討し、②消費者にＷｅｂ３・０の金銭リスクを今以上に負わせるべきと考え、③消費者が被る被害は受け入れよと主張しているように窺えます。

ガバナンス・トークン
保有者に対して、ＤＡＯ（分散型自律組織）などの開発・運営に関わる意思決定に参加する権利を付与するトークン。

①「…暗号資産は「冬の時代」といわれる。だが暗号資産と不可分なオンライン事業構造「Ｗｅｂ３（ウェブスリー）」の進化は今後も続く。…冬の時代が訪れた一つの大きな要因は、交換業大手ＦＴＸトレーディングの経営破綻だ。…ＦＴＸは破綻した。顧客は資金を使い込まれたままだ。今後米国をはじめ多くの国で、暗号資産関連の規制が強まるのは確実だ。ただ、日本ではＦＴＸジャパンという子会社が取引所を運営しており、日本の金融庁の規制下にある。同社の発表によると、顧客が預けた資金は分別管理されており、不正流用されていなかったという。日本の国内取引所は金融庁の規制下にあり、ＦＴＸのような事件が起きるとは考えにくい。良くも悪くも日本の政策は顧客保護を産業振興より優先しがちだ。今回はその良い面が表れたともいえるが、国内取引所は顧客保護のため、例えば証拠金取引（レバレッジ）に上限があるなど、サービス提供に制限や負担が多く課されている。」

②「経済活動が組み込まれたＷｅｂ３サービスを消費者が自由に用いることと、消費者が一定の金銭リスクを負うことは背中合わせだ。そこでは自由と保護のバランスが大事なのだが、日本は保護に傾きがちだ。保守的なのは政府機関だけでなく、大手会計監査法人が暗号資産を扱う企業の監査を拒む例もよく聞く。…」

③「衰退する国でこそ、事業者も消費者も自由に実験できる社会環境が必要なのではないか。実験は多くが失敗するから実験であり、一定の被害は生じうる。だが社会がそれを受け入れずして、実験の果実を得られることはない。」

◆法律面からの疑問

しかし、法律上は、①顧客保護が果たされてこその産業振興であって、産業振興が顧客保護に優先する理屈は見いだせず、顧客保護が優先するのは当然です。また、②消費者にＷｅｂ３・０サービスを自由に利用させる代わりに今以上の金銭リスクを負わせるには、**消費者保護**という法目的をクリアする必要があり、手厚い情報開示や消費者教育によって投資家と同じ立場に引き上げることが必要ですが、あたかも政策転換一つでそれが可能と考えることは法的には難しいですし、仮にできたとしても、投資家にも保護は必要です。金融投資を規律する金融商品取引法は「国民経済の健全な発展及び投資者の保護に資することを目的とする」（第1条）として保護を明記していますし、国民生活の健全な発展とは書かれていますが産業振興ではありません。さらに、③消費者の一定の被害は社会が受け入れよとの主張ですが、その被害に伴う補償はあるでしょうか？　消費者がサービスを自由に使える便益が被害補償に充当されるという理屈は法的には説得的ではないですし、社会がこれを民主的決定で受け入れるとも思えません。仮に国民投票で顧客保護と産業育成を投票にかければ、暗号資産投資の犠牲になる可能性のある消費者数や社会的影響の大きさに比べて、暗号資産業界の雇用可能人数やその経済波及効果は圧倒的に小さく、なぜ一部を利して大多数が損失を被る結果を社会が受け入れるべきかの説明責任を果たせず、政治的にも支持されないでしょう。

◆資金決済法の法目的

また、法治国家である以上、現行法の枠内で対応する必要がありますが、暗号資産を規律する資金決済法（正式名「資金決済に関する法律」）第1条の法目的は以下のように規定しています。

「第一条　この法律は、資金決済に関するサービスの適切な実施を確保し、その利用者等を保護するとともに、当該サービスの提供の促進を図るため、前払式支払手段の発行、銀行等以外の者が行う為替取引、暗号資産の交換等及び銀行等の間で生じた為替取引に係る債権債務の清算について、登録その他の必要な措置を講じ、もって資金決済システムの安全性、効率性及び利便性の向上に資することを目的とする。」

これによると、**顧客保護**については「利用者等の保護」や「資金決済システムの安全性」と明記していますが、産業振興に直接結びつく記載はありません。また、先に述べた骨太方針2022も「暗号資産について利用者保護に配慮した審査基準の緩和」としており、顧客保護あっての規制緩和を示唆しています。

◆レバレッジ規制は過剰か

さらに、坂井教授が産業振興を犠牲にして顧客保護を優先した代表例として指摘する暗号資産の証拠金取引のレバレッジ規制についても多少疑問が残ります。同規制は確かに2020年春から日本で導入されました（改正金融商品取引法の内閣府令で定めた証拠金倍率の上限を2倍に制限）が、カナダではさらに厳しい規制が課されています。すなわち、2022年12月にカナダ証券管理局（CSA）はカナダで運営する暗号資産取引所に対し、カナダの顧客に対して証拠金・レバレッジ取引を提供しないことを求めています（CSAのHPに掲載された2022年12月12日付記事参照）。今後、国際社会がレバレッジ規制強化の方向に動く可能性もあり、ＢＩＳやその他の国際機関で何らかの基準が作られる可能性もある中、主要国の一員である日本が国際社会の潮流に逆らって規制緩和に動くのは難しいかもしれません。

◆レギュラトリー・サンドボックスの活用

本題に戻りますと、産業振興を優先して顧客保護を弱めるには別の理屈を持ち込む必要があります。幾つか考えられますが、①法的保護の手厚い消費者を対象とせず、リテラシーの高い投資家だけを対象とする方法だと、情報開示を進めれば顧客保護を弱めても良さそうですが、Ｗｅｂ３・０の裾野が限定される欠点があります。他方、②金融教育の充実によって消費者のリテラシーを高める方法も考えられますが、それには相当な時間がかかってしまい、国際競争に勝ち残れないでしょう。そこで、③英国や豪州等で活用され日本でも導入されている**レギュラトリー・サンドボックス**（**Regulatory Sandbox**：「規制のサンドボックス（砂場）制度」）を活用する方法が良いと思われます。これは「ＩｏＴ、ブロックチェーン、ロボット等の新たな技術の実用化や、プラットフォーマー型ビジネス、シェアリングエコノミーなどの新たなビジネスモデルの実施が、現行規制との関係で困難である場合に、新しい技術やビジネスモデルの社会実装に向け、事業者の申請に基づき、規制官庁の認定を受けた実証を行い、実証により得られた情報やデータを用いて規制の見直しに繋げていく制度」（内閣官房のＨＰ参照）で、内閣官房ＨＰには案件の相談先も記載されています。

英国の試み
２０２２年４月４日、英国政府は自国を暗号資産の世界的ハブにするため、これを支援するレギュラトリー・サンドボックス（financial market infrastructure sandbox）の導入等を表明。

(2) 税制はOECD基準を考慮しなくて良いか

第二に、坂井教授は上記に続いて税制の問題点を指摘します。④ではシンガポールとの比較を、⑤では暗号資産に関する大幅な免税を主張されます。先に見た規制における顧客保護目的とは異なり、課税の場合は適正な徴税（例：所得税法1条「納税義務の適正な履行を確保するため必要な事項を定める」）が確保されれば良いので、政策的な議論は十分成り立つと思います。ただし、法的には国際基準への考慮が必要では、との印象を持ちました。

④「（ブロックチェーン基盤「アスターネットワーク」を開発するスタートアップ企業の）「創業者の渡辺創太氏は日本で事業を展開したかったが、規制と税制が厳しい日本では戦えないとシンガポールに移住して、このネットワークを立ち上げた。「日本発」のプロジェクトの中では、世界的に躍進している数少ない例だ。」

⑤「…Ｗｅｂ３サービスには、経済活動が自然に組み込まれているものが多い。…報酬やレンタル料は通常、そのＷｅｂ３サービスに固有の暗号資産で払われる。ただし、日本の税制は暗号資産に厳しい。例えば個人が暗号資産の売買で得た利益は、上場株式や投資信託の売買と異なり分離課税の対象とならない。つまり所得税と住民税で最大55％課税される。またある暗号資産を別の暗号資産に交換すると、その都度、課税イベントが発生する。会計上の大きな負担だ。暗号資産を発行する事業者にとりわけ過酷なのは、「期末課税問題」と呼ばれるものだ。事業者が、発行した暗号資産の一部を販売して資金調達すると、期末には未販売分もすべて時価評価され課税される。事業者はこの課税だけで倒産しかねない。良い兆しはある。期末課税問題については、23年度与党税制改正大綱で見直す

ＯＥＣＤ
経済協力開発機構（Organisation for Economic Co-operation and Development）。１９４８年設立の欧州経済協力機構（ＯＥＥＣ）を１９６１年に改組した西側の経済協力機構。貿易・資本の自由化，途上国援助，経済政策の調整等を目的とし，日本は１９６４年に加盟（現在の加盟国は38）。

方針が明記された。自民党デジタル社会推進本部のＷｅｂ３プロジェクトチーム（平将明座長）がまとめた提言を、同党が採用した形だ。この見直しを早急に実行することが、Ｗｅｂ３の振興には最低でも必要だ。また現時点では見直しの対象は、暗号資産を発行する事業者に限られている。その範囲をそうした事業者に出資した投資家にも広げると、Ｗｅｂ３事業を巡るお金の循環が活発になる。」

◆税制上の課題は確かに存在

まず、④の日本の規制と税制がシンガポールに比べて厳しいという点ですが、規制については、シンガポールは目下規制強化を進めていますので、税制が真のネックでしょう。この部分については私も同感です。日本は令和元年の法人税改正で法人の暗号資産にかかる含み益について従来は非課税だったものを課税化しました（法人税法61条および法人課税課情報第9号「暗号資産に関する税務上の取扱いについて（情報）」令和3年12月22日33頁参照）。この結果、含み益に課税しない諸外国に比べて日本でのトークン発行がコスト倒れになり、シンガポール等にビジネスが流出しました。たとえば、坂井教授も言及された渡辺創太氏は、日本でトークンを発行すると75億円もの税金が支払を強いられる一方、シンガポールやドバイならば0円で済むため、日本法人ではなくシンガポール法人としたそうです（国際商事研究学会「暗号資産税制ワークショップ」２０２１年12月17日報告参照）。その後、与党の税制見直し方針に加えて、金融庁や経済産業省も新興企業の海外流出防止策として企業が資金調達のために発行する暗号資産のうち自社保有分にかかる法人税の課税方法を見直す方針を固めました。

◆シンガポールを見習うことは困難

ただし、⑤の坂井教授の減税拡大の指摘が仮に④と相俟って、「日本はシンガポールを見習って税制を大幅に変更すべき」というものであるとしたら、法的にはやや違和感があります。すなわち、各国の規制や税制はＢＩＳやＯＥＣＤ等が定める国際基準に従うべきところ、①国際規制についてはシンガポールも日本もＢＩＳやＦＡＴＦのメンバー国なので、法的拘束力を負わないソフトロー（**第2章3を参照**）だとしても遵守義務があります（その結果、最近のシンガポールは暗号資産への規制を強化しています）が、②国際課税について、シンガポールはメンバー国ではないので遵守義務がない（その結果、シンガポールは長年、事実上のタックスヘイブン（租税回避地）として機能してきました）反面、メンバー国である日本は**ＯＥＣＤ**の様々な基準の遵守義務を負っています。

ＯＥＣＤは最近、多くの納税者が暗号資産の納税義務を果たしていないとの問題意識から、国際的な暗号資産の取引情報について暗号資産取引所に税務当局に報告させ、それを関係国で共有する仕組み（「**ＯＥＣＤ暗号資産報告フレームワーク**（Crypto-Asset Reporting Framework：**ＣＡＲＦ**〔**カーフ**〕）」）を構築して、国際的な租税回避を防止するようメンバー国に遵守させています。ＣＡＲＦは、国際的な課税逃れを防ぐための国際合意ではありますが、各国の課税内容について統一基準を強いるものではありません。実際、ＯＥＣＤメンバー国の課税内容も国によって異なります。

しかし、それでも「国際的に課税逃れを防ごう」という方向性が明確化される中、日本だけが突出して暗号資産への非課税幅を大幅に拡大するとすれば、ＯＥＣＤ加盟国からの非難が集中し、制裁を受ける可能性があるので注意が必要です。坂井教授の提唱される⑤の投資家への対象拡大も、他のＯ

税制比較
暗号資産の個人所得税をめぐっては、キャピタルゲインによる分離課税を認めない日本に対し、英・米・シンガポールは認めるが、英・米が最高税率20％なのに対し、シンガポールは非課税。日本も英米並みにすべきとの主張は可能だが、ＯＥＣＤ加盟国でないシンガポール並みに非課税にする主張は暴論に近い。

ＥＣＤメンバー国の足並みを見据えながら対応する必要がありましょう。実際、先に述べた２０２２年11月のオークランド大学のシンポジウムにおいても、ニュージーランドはＯＥＣＤメンバー国として非メンバー国のシンガポール並みの暗号資産の大幅減税を採用することは難しいとする専門家コメントが示されていました。

第4章　ベストセラーで読み解く決済最前線の法的視座

「貨幣論」やデジタル通貨と密接に関連する言葉に「**決済**」があります。そこで、本章では決済について簡単にまとめてみたいと思います。ちょうど最近、国際決済ネットワーク**ＳＷＩＦＴ**のＣＥＯであったゴットフリート・ルイブラント氏らが書いた『教養としての決済』（東洋経済・２０２２年：原題The Pay Off: How Changing the Way We Pay Changes Everything, 2021）がベストセラーになりました。最先端の情報をもとに、支払の歴史・仕組み・未来について述べた本で大変勉強になりますが、必ずしも体系的に整理していないのと「教養としての」という題名とは異なり専門的で難解な部分があり、４００頁以上もの分量があります。そこで、本章では、この本（以下、『教養決済』）を出発点に、私なりの法的視点も加えて決済を体系的に読み解くことにより、決済をめぐる最新の全体像を描き出したいと思います。

1　決済とは何か?

(1)　決済は法概念ではない

決済については、現金、小切手、信用状、銀行送金などのアナログな手段から、様々な送金業者や暗号資産（仮想通貨）、ＣＢＤＣ（中央銀行デジタル通貨）などのデジタル化が進み、ローカルからグローバルに至るまで様々な大変革が起きています。

ベストセラー
『教養としての決済』は英国で２０２１年に出版されて話題になり、２０２２年に日本語訳が出版された。重要事項を網羅的にカバーしており、大変参考になる。

では、そもそも決済とは何を指すのでしょうか？『教養決済』18頁以下では、**決済**はもともと負債を免除する方法を指す法律概念であったと説明されます。しかし、会計上の負債の対応する債権・債務という概念は確かに法律上の概念ですが、決済という概念はもともと法律上存在したわけではなく、最近になって経済学から法律の条文に取り込まれたものです。この点は巷に誤解が多いので、少し説明しましょう。

すなわち、決済は「債権債務を消滅させること」を指す経済政策上の概念として始まりました。金融法や倒産法など一部の法律に取り込まれたのはつい最近で、未だ法学上の概念としては未確立で、たとえば、『法律学小辞典〔第5版〕』（有斐閣・2016年）には「決済」という用語は未掲載です。もともと法律上は、債権・債務を解消するための伝統的な概念としてすでに**弁済**や**相殺**があり、債務の履行に重点を置いた支払や引渡しといった概念も存在します。しかし、弁済や相殺を一括りにした「決済」という用語を用いて現実の経済活動をみると、後述するシステミック・リスク対策など、様々な経済政策上のインプリケーションを探ることができるので、法律でも用いられるようになりました。

(2) 決済をめぐる経済政策と法的視座

経済政策上は、①決済を実現する方法を**決済手段**（例：現金、銀行送金）、②決済を組織的に実現する仕組みを**決済システム**（例：日銀ネット、全銀システム）と呼んで、決済システムにまつわる**決済リスク**（決済が予定通りに行われないリスク）への対策が進んできました。代表的な決済リスクには、①相手方が支払不能に陥る**信用リスク**、②相手方の手元資金不足による**流動性リスク**、③相手方の法律違反や事務ミス、コンピュータ・トラブル等による**オペレーショナル・リスク**、④上記①～③のリスクが他の決済システム参加者にも波及して決済システム全体が機能不全に陥る**システミック・リスク**があります。システミック・リスクが発現すると経済全体が麻痺する危険があるため、各国金融当局や国際決済銀行（ＢＩＳ）、金融安定理事会（ＦＳＢ）などの国際組織（詳細は第2章3参照）は、銀行や決済システムの解明と改善に取り組んできました。本章の目的は全体像の把握なので、個々のリスク対策の詳細には立ち入りませんが、このうち取引金額が大きい**大口決済**と小さい**小口決済**に関して、最も基本的な内容は以下のとおりです。

①　大口決済

◆仕組みの理解

まず、システミック・リスクが大きい典型例である銀行間の決済システムでは、大量の件数・金額を処理する都合上、①**支払**（**ペイメント**：Payment：銀行ＡＴＭを通じた個人・企業の入出金など〔たとえば銀行ＡＴＭでの支払〕）⇒②**清算**（**クリアリング**：Clearing：①の支払指図をある程度貯めておき、一定時点で差引計算すること〔たとえば東京証券取引所や全銀データシステムにおける差引計算〕）⇒③**最終決済**（**セトルメント**：Settlement：債権債務関係が最終的に確定すること〔たとえば中央銀行における最終決済〕）と、段階を踏んで決済が行われてきました。最終決済に至った決済を**ファイナリティ**（支払完了性）のある決済と呼びます。経済学では信用リスクの有無に着目するの

決済時期の考え方の違い
決済のファイナリティの所在について、経済学は中央銀行の口座振替時点とするが、法学は遡求効を失った時点にまで遡る。

で、中央銀行の口座振替が完了した時点でファイナリティありと認定しますが、法律からみるとそれでは不十分です。倒産法など法律によってはいったん成立した法律関係を巻き戻す効力（**遡及効**）があるためです。実際、欧州では銀行間決済のファイナリティを確保するため、倒産法の遡及効ルール（ゼロアワー・ルール）を法改正しました。

◆リスク対策

さて、清算に参加する銀行が最終決済の前に倒産してしまった場合（**信用リスク**の顕現化）、清算に参加した他の銀行にも影響が波及して決済システムが機能不全に陥る可能性（**システミック・リスク**）があります。**決済リスク**の量（**リスク・エクスポージャー**とか**未決済残高**と呼びます）は、取引金額と支払から最終決済までの時間差（**ラグ**）の積として捉えられるため、⑴事前策としては、①取引金額を縮減する方策（取引相手方への与信額や全体の与信額を制限する「**キャップ**」や債権債務額をネットアウトする「**ネッティング**」の導入など）か、②ラグを縮減する方策（清算と最終決済のラグを残した「**時点ネット決済**（**DTNS**）」からラグを解消した「**即時グロス決済**（**RTGS**）」の導入など）、⑵事後策としては、損失分担・資金供与ルールの明確化（事前の担保徴求や流動性供与のルール化、中央銀行による**最後の貸し手機能**〈**LLR**〉の機敏な発動など）が重要になります。『教養決済』15・16章でもネッティングやRTGSの話が断片的に出てきますが、基礎から説明すると以上のようになります。1990年代前半まではRTGSを実現したくてもIT技術が追いついておらず、逆に資金効率が良いDTNSが好まれていましたが、IT技術の発達した現在ではRTGSが広

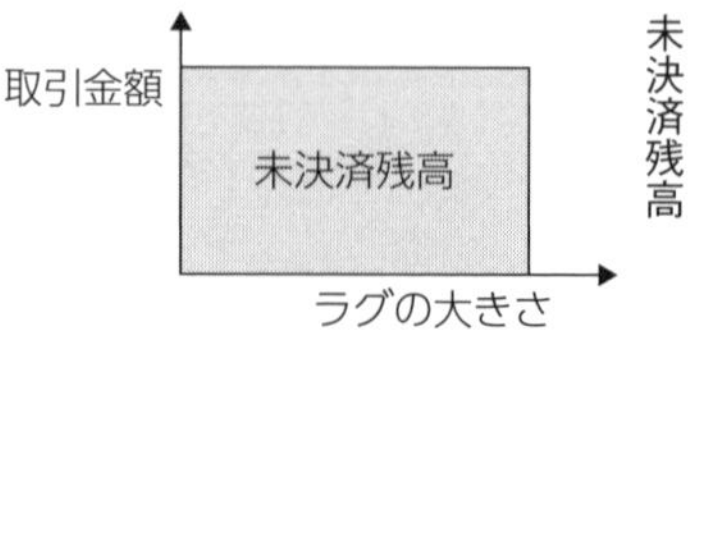

範に採用されています。

筆者は20年前の博士論文（拙著『資金決済システムの法的課題』国際書院・２００３年）と30年近く前の修士論文でこのネッティングと送金サービスを扱いましたが、その時に将来の立法的課題として指摘した事項のうち、２当事者間のネッティングに関する一括清算法や銀行以外の資金決済サービスの解禁に関する資金決済法は実現しましたが、３当事者間以上のネッティング（マルチラテラル・ネッティング）に関する法整備は一部しか実現しておらず、個人的には思い入れの深いテーマです。

② 小口決済

◆**大変革が進行中**

一方、小口決済の分野では、大変革が現在進行中です。従来のアナログ的な決済手段（現金、小切手、信用状、銀行預金、クレジットカードなど）に加えて、デジタル技術の発達に伴い、様々な民間の電子決済手段や**暗号資産**（ビットコインなど）、そして法定通貨のデジタル化である**ＣＢＤＣ**（**中央銀行デジタル通貨**）が登場しつつあります（ただし、２０２２年９月末にＦＲＢのパウエル議長はデジタル・ドルの導入判断には少なくとも数年かかる見通しと言明しています）。また、誰でも銀行口座が作れる日本では馴染みが薄いのですが、発展途上国や貧富差が大きい国では銀行口座が持てない方々がおり（これを「**金融排除**〔financial exclusion〕」問題と呼びます）、ビットコイン等はこうした方々に金融機会を与える「**金融包摂**〔financial inclusion〕」の役目を果たすのではないかと期待する議論があります。もっとも、アナログとデジタルが併存する現在、現金取扱いのコストは依然残

排除か包摂か
本章２⑶①で述べるデジタル化推進論が「都合よく見逃している」電気通信障害のリスクと同様に、金融包摂を進めるためのデジタル化が却って金融排除につながる諸刃の剣状態のリスクには注意を要する。

ります。そこで、そのコストを削減して経済成長を図るために仮に現金を全廃してしまうと、今度はデジタル化に乗り遅れた高齢者や低所得者等が「金融排除」されるおそれがあります。それゆえ、国によって差はありますが、現金を廃止して完全なデジタル化を図ることは、政治的に困難でしょう。

◆法整備の必要性

他方、従来の法律は**有体物**（金属や紙など）の存在を前提に作られてきましたので、デジタル化に対応した法改正が必要です。たとえば、日本でデジタル円のCBDCが仮に発行されるならば、日本銀行法46条にいう（通常は紙を意味する）銀行券にデジタル円が含まれることを明記する必要がありますし、金銭と同様にトークン型のデジタル円にも所有権（物権）を認めるためには**民法85条**（「この法律において「物」とは、有体物をいう。」）の有体性要件を緩和する法改正が必要になるでしょう。実際、各国私法の統一を目指す**UNIDROIT**（ユニドロワ私法統一国際協会）では、将来のデジタル経済のさらなる発展を見込んで、デジタル資産に財産権を認めるモデル原則（**第9章4参照**）の策定作業が進んでいます（前述参照）。仮に様々な課題が解決し、この原則を多くの国々が採用して法改正が進めば、取引の円滑化が進むことになると思われます。

◆リスクも在住

もっとも、デジタル化が単純なバラ色の未来とは限りません。詐欺的な暗号資産が不当な法的保護を受けたり、CBDCが犯罪者にハッキングされることで、決済秩序を撹乱する可能性もあります。

私法統一の国際機関
UNCITRAL（アンシトラル：国連国際商取引法委員会、本部ウィーン）、UNIDROIT（ユニドロワ：私法統一国際協会、本部ローマ）、ハーグ国際私法会議など。

実際、暗号資産はこれまでは決済よりも投機、または犯罪（資金洗浄、詐欺等）やサイバーテロ、脱税、金融制裁回避手段などに用いられるケースが多く、ＡＭＬ／ＣＦＴ（資金洗浄・テロ資金対策）やサイバーテロ対策、セキュリティ保護、プライバシー保護、脱税対策、金融制裁回避対策などの公法上の規制は年々強化されています。

◆法規制の整備

たとえば、法定通貨等の裏付けを持つステーブルコインで、実際の裏付けを十分持たなかったために２０２２年5月に相場が大暴落した**ＵＳＴ**（Terra USD：前述）の事件を受けて、世界各国で**ステーブルコイン**規制が整備されつつあります。また、資金洗浄・テロ資金対策（ＡＭＬ／ＣＦＴ）をめぐる政府間会合である**ＦＡＴＦ**（金融活動作業部会）の勧告により、各国は暗号資産の交換業者に対して暗号資産（なお、日本の法令用語では暗号資産ですが、ＦＡＴＦ用語では未だに仮想通貨と呼んでいます）を取引する際、送金者と受取人の情報を収集し交換することやその情報の正確性を保証することを求める「**トラベル・ルール**」の導入が求められていますが、日本もこれに対応しました。また、日本では暗号資産の規制が他の主要国よりも整備されていますが、２０２２年11月の**ＦＴＸ**破綻事件（前述）以降は、他の主要国でも暗号資産の規制が急速に整備されつつあります。

◆規制の副作用

他方、ＡＭＬ／ＣＦＴ等の規制が強まれば、顧客のルール遵守の監視役である銀行・交換業者等

ＦＡＴＦとは
金融活動作業部会（Financial Action Task Force）と呼ばれる、資金洗浄・テロ資金対策を目的とする政府間会合。各国に対して採るべき対策を勧告し、遵守状況を相互審査するため、ソフトローだが事実上の強制力は強固。

（規制の門番という意味で**ゲート・キーパー**と呼ばれます）がリスクの高い取引を敬遠し、途上国等における送金業務から撤退し、「**金融排除**」を加速する副作用が懸念されます。実際、銀行には多大な規制コストが課された上に、後述するようにIT企業等の参入に伴う様々な競争で収益性が低下し、CBDC導入に伴う存立の危機すら生じ得る状況にあり、銀行をゲート・キーパーとして利用してきた国家は規制権限を保ち続けられるのか、といった点も懸念されます。

◆実は決済を管理し切れていない

現在においても、規制当局は決済を管理しているようで、実は決済を管理しきれていません。海外でフェイスブックのリブラ構想のようなものが実用化され、それがネットを介して国内の銀行よりも決済で影響力を強めた場合、規制当局の監督が及ばず、自国個人データの悪用、サービスへのアクセス阻害、暗号の打破など、様々な悪影響が懸念され、「決済の管理を手放すことは国家の危機を意味する」（『教養決済』354頁）事態になるかもしれません。また、規制当局（中央銀行を含む）、銀行、ハイテク企業、犯罪集団の間の地政学的攻防や技術戦争などの行方がどうなるかは、あまりにも変数が多すぎて誰にもわからず、『教養決済』のエピローグも「**決済においては、たとえ短期的なものであっても予測は難しい**」としています。

2 小口決済の諸相

(1) 貨幣の起源

◆様々な学説

次に歴史を遡って貨幣の起源を考えてみましょう。一般に経済学では、物々交換の不便さを克服するため特定の商品が貨幣として選択され、**貨幣としての機能（交換・価値尺度・分割可能・価値保存）**を持つに至ったという説明がなされます。さらに、貨幣として用いられる理由をめぐって、**貨幣商品説**（広範囲の人々の欲求の対象となっているから）や**貨幣法制説**（政府の命令や法律によって指定されたから）などがあります。しかし、人類学による部族社会の調査で貨幣に先行して負債が存在した歴史的事実が認められ、誰かの**支払義務**を象徴するのが貨幣であるとする見解も有力です。たとえば、貝殻や銅貨などが不在でも、縄の結び目を用いて納税の債権債務を示す風習は古代から存在し（例：古代インカ帝国の**キープ**と呼ばれる**縄算**、沖縄の**藁算**）、貨幣の起源は交換の媒介物ではなく「債権債務＝信用」関係にあると考えるべきでしょう。同様の指摘はフェリックス・マーティン『21世紀の貨幣論』（東洋経済・2014年）など、最近の書籍に多く見られ、『教養決済』26頁以下も「今ある私たちのお金はすべて「負債貨幣」であり、誰かの支払債務を象徴している」と指摘し、紙幣も中央銀行の債務に過ぎないことを述べ、**信用貨幣起源説**に立っています。

貨幣史の新説
従来は物々交換が貨幣の起源とされてきたが、ヤップ島の石貨フェイ（日比谷公園や日本銀行貨幣博物館などで実物を見学可能）のように巨大で持ち運びできない古代貨幣が存在する。そこで、信用や債務を貨幣の起源とみる信用貨幣起源説が力を増してきた（第7章参照）。

◆決済の本質的課題は3つ

この上で『教養決済』は、①決済システムに対する信頼によって貨幣の仕組みが機能していること、②決済の大部分（現金を除く）は銀行の帳簿の記載事項の変更に過ぎないこと、③**リスク・流動性・慣習**（法律など）の3つが**決済**の本質的課題であり、リスクと流動性はトレードオフ関係（たとえば、与信管理や担保供出でリスク対策を強化すれば、利用可能なお金は減って流動性が減少）にあることを説明します。

(2)　法の役割

これらの点は決済に関する基礎的事項の確認に過ぎませんが、その中で『教養決済』が**法律・慣習の役割を明示**した点はとても重要です。すなわち、革新的な決済手段は、既存の慣習や法律を基礎として生まれ、それが特定集団の中でクリティカル・マスを得た後に広範に普及していくことを指摘しています。法は後追いと認識されることが多いのですが、**革新的な決済手段は「法の産物」**だという点が重要なのです。同様の指摘は暗号資産法の分野で最近刊行された洋書にも見られます（たとえば、Joseph Lee, Crypto-Finance: Law and Regulation: Governing an emerging ecosystem, Routledge, 2022の第3章参照）。この本によれば、新たな決済市場を構築するには、ソフトウェア・コード（実際、コードの方が法律よりも効率的に規律できる「コードこそが法だ（**Code is Law**）」という考え方も有力です）や**レグテック**（Regtech：先端技術を駆使して各種規制に伴うコストを引き下げ、生産性を高める手法全般を指す）を整備しても不十分で、契約法と財産法を抜本的に整備して法目的を明定し、支払、ユーティリティー等の機能別に分類する現在の暗号資産規制を再構築し、法目的に沿った法の適用を確保すべきと主張されます。暗号資産などの今後の動きは誰にも予測困難なので、予め法目的を明定して市場創出することが現実に可能かどうかは若干疑問が残りますが、新たな法が新たな市場を創出するという見解は誠にその通りだと思います。

(3) 小口決済をめぐる戦国図絵

さて、『教養決済』の面白さは、特に小口決済をめぐって様々な決済手段がお互いに競合し、決済を伝統的に担ってきた銀行に対峙する戦国図絵を描いた点にあります。もっとも、その内容をそのまま紹介して論評するのは紙幅の都合上無理ですので、簡単にこのエッセンスを紹介しつつ、重要な基礎事項を補足したいと思います。

① 現金

まず、最も古風な決済手段である**現金**です。法律で通貨として規定される**法定通貨**であり（日本の場合、紙幣は日本銀行法46条2項、硬貨は通貨の単位及び貨幣の発行等に関する法律7条参照）、金融債務の弁済手段として用いることのできる法的効力（**強制通用力**）を持ちます。取扱量は減少しているものの、デジタル化の進む今日ですら取引件数は世界一です。なお、取引金額の世界一は大口決済の多さから銀行預金となっています。しかし、**資金洗浄**などの犯罪に用いられやすい決済手段（特に高額紙幣）でもあり、同じく犯罪に多用されるビットコインと比べても、追跡可能性がなくどこでも使えて価格が安定している点で犯罪向きとも言えます。このため、高額紙幣を廃止する動きも一部（例：カナダ、シンガポール）にありますが、ドイツやオーストリアのように現金に対する信頼度の高い国では抵抗が大きく、未だ主流とはいえません。

◆国によって流通度に差

また、国によって現金の流通度が高い国（例：アルバニア）と低い国（例：スウェーデン）があり、日本も比較的現金の流通度が高い国です。現金は他の決済手段よりもコストがかかるので、日本でも政府はキャッシュレス化を進めようとしていますが、**現金取扱量を限りなくゼロ化すれば良いとする単純な議論には私は少し懐疑的**です。なぜならば、前述のように、現金でないと金融排除されかねない高齢者等がいるほか、デジタル化された決済手段でシステム障害が生じた場合に備えた危機対応としては現金を残した方が優れているからです。『教養決済』は海外の例を元にメリット・デメリットを比較した後、２０１７年にプエルトリコで電気通信障害によりＡＴＭが機能せず現金も引き出せなかった事例を挙げて暗号資産の方が優れているとする見解を紹介した上で、暗号資産も同じ電気通信網に依存している「事実を都合よく見逃している」と指摘（65頁）しています。キャッシュレス化の是非についても都合よく見逃した議論ではなく、様々な考慮要素を総合判断する必要がありましょう。

②　クレジットカード

次に、「世界通貨、visa」の宣伝文句にもあるように国際的な決済で現金と同様に用いられる**クレ**

主要国のキャッシュレス比率
日本フィンテック協会によると、主要国のキャッシュレス比率（２０２２年）は韓国94・7％、中国77・3％、英国57・0％、米国47・0％、仏国44・8％、日本24・2％、独国17・9％の順。第3回ＣＢＤＣに関する有識者会議配布資料参照。

ジットカードについてです。1950年、ダイナースクラブの創業者がニューヨークで昼食時に財布を忘れたことをきっかけにツケ払できるダイナーズクラブを設立しました。初めはチケット式でしたが、その後、クレジットカードはアメリカで急成長しました。アメリカン・エクスプレスがカードを発行開始した1958年には、米国西海岸の主要銀行であるバンク・オブ・アメリカ（バンカメ）がバンカメリカード（visaの前身）を発行し、顧客が未払金を全額返済せずに翌月に繰り越せるようにし、バンカメのシステムを開放して他の銀行にも同カードのライセンスを与えました。この中で「4コーナーモデル」と呼ばれる①カード会員、②加盟店、③カード発行銀行、④加盟店のアクワイアラー（従来は銀行であったが、最近は銀行以外の参入も進展）の4者間で取引する決済モデルを採用したところ、爆発的に広がり、現在のクレジットカード決済の形が作られました。

◆ＩＣカードの導入等

他方、バンカメリカードに対抗して、米国西海岸の主要銀行であるチェース・マンハッタン銀行を中心にInterbank Card Association（ＩＣＡ：Masterの前身）が発足しました。その後、クレジットカード詐欺に対抗するためにカードの技術革新が進み、プラスチックカード、磁気ストライプ、販売時点情報管理（ＰＯＳ）決済端末、マイクロチップを備えた**ＩＣカード**などが導入され、銀行業よりもカード業の方が遥かに儲かる（『教養決済』95頁）までに成長しました。その後、クレジットカードを補完する新しいビジネスとして、①カードで支払ったにもかかわらず商品を受け取れないリスクに対して第三者が預託することで同時履行を可能にし取りはぐれを防ぐ「**エスクロ**」サービス（ペイパルなど）や②カードを受け付けない販売者に支払を行う「**ウォレット**」サービス（アップルペイなど）も登場しています。

◆日中での展開

なお、日本では1949年に京都の専門店会が発行した「チケット」による割賦販売がクレジットカードの端緒とされ、1951年の日本信販による「クーポン」の発行を経て、1961年に日本信販と三和銀行がジャパンクレジットビューロ（後のJCB）を設立して、国際ブランドに成長していきました。中国では、visaやMasterの自国への参入を阻止する一方、2002年に銀聯（ぎんれん）を設立し、中国国内で大変流通しているほか、中国人がよく訪問する海外地域でも利用できるようになっています。読者の皆さんも新宿や那覇などで銀聯のマークをよく見かけることでしょう。また、『教養決済』100頁によると、クレジットカード取引の半分はアメリカが占める一方、欧州ではあまり広がっていません。その代わり、デビットカードが普及しており、visaやMasterもデビットカード業務に進出しているようです。

③　小切手などの古い決済手段も健在

決済習慣は国ごとに異なっており、仮にクレジットカードが「世界最先端」とされる決済手段であったとしても、古びた決済手段である**小切手**などが直ちになくなるわけではありません。たとえば、小切手全体の4分の3はクレジットカードが世界で最も普及しているアメリカで切られており（『教養決済』107頁、2位はフランスで1割程度)、支払方法に関する好みは国ごとに顕著な違いがあるものの、その理由については明らかではありません。ドイツでは日本と同様に現金使用率が高く、クレジットカードよりは銀行口座からの引落しが好まれています。支払コストの許容度は国によって異なり、手数料の支払について、アメリカでは当然として受け容れますが、欧州では低価格または無料にすべきと考える傾向にあるようです(『教養決済』156頁)。

◆決済手段として利用される要因

では、特定の決済手段が人々に受容されるには、いかなる要素が関係するのでしょうか。『教養決済』117頁以下では、①**ネットワーク効果**(フェイスブックやペイパルを例に「同じような取引に利害関心をもつ小さなコミュニティの中でクリティカル・マスを確立し、特定の種類の活動に焦点を当てながら成長し、一定の規模に達すると、そこからようやく水平方向に拡大することができた」と総括)と、②**経路依存性**もしくは「ロックイン」(「消費者の決済に対する好みは国の慣習に制限される」と総括)によって一応の説明を試みています。

④ 電子決済と即時決済

他方、中国におけるアリペイとウィーチャットペイ、ケニアにおけるエムペサのように、新しい**電子決済**が急速に普及するケースもあります。この理由について『教養決済』130頁以下は、「両者はともに、ほぼすべての人が携帯電話をもっていたことを利用した」とした上で、二国のシステムが

経路依存性
経路依存性(path dependance)とは、過去の歴史や経緯、決断、慣習等で定まった仕組みや方向性によって、現在の組織や人の決断が制約を受けることを指す。

異なる理由については「両者ともに何らかの既存の基盤を利用し、それがそれぞれの発展の方向性を左右した」と考察しています。

◆インドのＵＰＩ

また、インドでは政府主導で、24時間いつでも銀行口座間の即時送金を可能とする**即時決済**システムである**ＵＰＩ**（統合決済インターフェース：Unified Payment Interface）を導入し、広範に普及しました。似たものはイギリス等にもありますが、成功の要因は、①インドの方が支払が簡単（国民ＩＤ番号の活用により、口座番号や支店コードを入力しなくても携帯電話番号等で入力可能）で、②インドのＵＰＩがＡＰＩ（Application Programming Interface：アプリケーション同士の接点）を提供したことで、オンライン小売業者などの銀行以外の組織もＵＰＩを自社のモバイルアプリに組み込むことで決済サービスを容易に提供できるようになったことにあると指摘されています（『教養決済』135頁以下参照）。

⑤　フィンテック（FinTech）

２００８年頃から、テクノロジーを金融に応用した革新的な動き（**フィンテック**）が活発化し、決済の一角をなすようになりました。フィンテックは、従来のインフラや法規制に制約されず革新的なサービスを提供できると期待されています。『教養決済』では、①モバイル機器をクレジットカード端末に代えるハードウェアであるスクエアと②銀行よりも低い手数料で銀行と同様の支払口座を提供するネオバンク（例：英モンゾ、独N26）の例を紹介しています。

⑥　暗号資産（仮想通貨）リブラ構想、CBDC

『教養決済』では、ビットコインのような暗号資産に1章、フェイスブックのリブラ構想のような民間デジタル通貨に1章、デジタル人民元やデジタル円のような中央銀行デジタル通貨（CBDC）に1章を割いて仕組みや細かな事実を詳細に説明しています。ただ、私は教師として毎年何百人もの学生にデジタル通貨を教えており、その経験から、初学者に対して重要性に濃淡をつけずに詳細に述べるのは、かえって消化不良を起こす気がします。そこで、最も大切な事項だけを以下でまとめましょう。

◆デジタル通貨

まず、「**デジタル通貨**」はデジタルに変換された決済手段を広く指すやや曖昧な言葉であり、クレジットカードも電子マネーも暗号資産もポイントも電子決済もすべて含まれ得ます。しかし、伝統的な電子決済（例：銀行の電子送金）とは違い、暗号資産で用いるブロックチェーンなどの技術に影響を受けた高度な技術を伴う決済手段を指している場合が普通です。これをフェイスブックや民間銀行などが発行すれば民間デジタル通貨、政府部門である中央銀行が発行すれば中央銀行デジタル通貨（CBDC）と分類されます。

◆暗号資産

次に、「**暗号資産（仮想通貨）**」ですが、もともとはビットコインやイーサリアムのように、ブロックチェーンなどの高度な技術を用いたデジタル通貨で法定通貨の裏付けを持たずに発行されるものを指してきました。電子マネーは法定通貨の裏付けがあって発行されますが、暗号資産は独自の通貨単位を持ちます。現金と同様に地下経済で用いられることも多く（『教養決済』３０４頁によれば、ビットコインの支払の半分は不正取引に用いられているそうです）、**資金洗浄対策（ＡＭＬ／ＣＦＴ）**の観点から規制が強化されつつあります。しかし、テザーのように法定通貨や別の暗号資産の裏付けを持つ「**ステーブルコイン**」も暗号資産の一種として説明されることが多いので、電子マネーやステーブルコイン、民間デジタル通貨等の厳密な区別は曖昧（ステーブルコインは、〇〇ペイでは現状難しい、①法定通貨や仮想通貨との交換、②取引所への上場、③取引自動化の実現が可能だと説明されるが、決済や送金機能は同じである）になっています（決済面だけみれば、リブラ構想や電子マネーは法定通貨型のステーブルコインと言えなくもないでしょう）。このステーブルコインについても、利用者保護等の目的で近年規制が強化されています。

◆リブラ構想

他方、フェイスブックの**リブラ構想**（後にディエムと改名、２０２２年初に頓挫）とは、フェイスブックが複数の法定通貨を裏付けに価格の安定した民間デジタル通貨を発行する計画を指します。この計画に対し、Ｇ７をはじめ主要国の金融当局は**法定通貨**の**通貨主権**が奪われること等から懸念を示し、結局、発行できませんでした。フェイスブックは24億人のユーザーを抱えますが、仮にペイパルのユーザー並みの口座保管金額（平均70ドル）を各ユーザーが保有したとしても銀行預金に比べれば微々たる規模です。しかし、将来、もしアリペイのユーザーがユエバオのファンドに預託する金額（平均230ドル）をすべて預けますと5000億ドル超となって世界最大のファンドの一つとなりますし、それ以上の規模になる可能性もあり、欧州中央銀行（ECB）等は金融市場を揺るがすリスクを懸念しました。他方、JPモルガンのJPMコインなど、銀行も民間デジタル通貨構想を幾つか発表していますが、こちらはあまり成功していないようです。それでも、こうした動きは法定通貨の番人である中央銀行の危機感を煽るには十分でした。

◆CBDC

この結果、日本も含む多くの国で、中央銀行がデジタル通貨であるCBDCを発行する構想が立ち上がり、バハマやカンボジアのようにすでに実現した国々もあります（詳細は第9章参照）。中国のデジタル人民元やスウェーデンのeクローナが先行して実証実験や法整備を行っている（デジタル人民元は前述のように伸びは鈍く、アリペイ等の民間決済に比べると大変小規模です）のに刺激され、EUや英米を横目に日本もパイロット実験を続けていますが、まだ正式にCBDCを導入するか否かは決めていません。

◆専門家の予測も様々

専門家の見解も様々です。私が２０２２年12月にロンドンのイングランド銀行で開催されたシンポジウムに出席した際、友人のジュネーブ大学Thevenoz教授が私の耳元で「ＣＢＤＣの話でもちきりだけどさ。先行する中国のデジタル人民元ですら予想以上に伸びないだろう。民間決済との競合や個人情報の国家管理など課題が多いんだよ。小国以外で実施に踏み切る主要国は出てこないかもよ」と囁いてお互いに目を見合わせました。この点、11月にオークランド大学Sims准教授から伺った「ニュージーランドはまだ導入を決めていないけれど、現金流通コストの削減や経済振興策を考えれば、必ずＣＢＤＣを導入するはずよ」という発言とは好対照でした。

◆ＣＢＤＣのメリット

暗号が破られないなど**セキュリティ**がきちんと確保され、個人情報や**プライバシー**も適切に管理される前提でＣＢＤＣを導入できれば、暗号資産にはない法定通貨のメリット（価格安定性や信頼性など）を保ちつつ、その利便性を大幅に向上し、現金流通に伴うコストも削減できます。産業界が望む**Ｗｅｂ３・０**振興や経済成長にも貢献するでしょう。また、ＣＢＤＣの残高に金利を課すことで新たな金融政策の道具にすることもできます。

◆ＣＢＤＣ実現には課題も多い

しかし、ＣＢＤＣで集積する巨大な決済データ（これは莫大な収益を生む重要な経営資源となります）をどう保護しどう活用するかという問題や、ＣＢＤＣが商業銀行の機能を奪い、銀行預金がＣＢＤＣに流出して取付け騒ぎを起こすなど、商業銀行の衰退を招かないかという問題、自国通貨が弱い国々においてはデジタルの「**ドル化**」（外国の強い通貨が自国内で広く流通すること：第９章参照）が加速する問題（たとえば、カンボジアがＣＢＤＣを早期実現した背景には、すでにドル化した現状への対策と将来予想されるデジタル人民元の自国内流通に対処した点が指摘されています）などが生じます。

◆ＣＢＤＣと民間決済の競争

また、ＣＢＤＣを発行したところで、決済手段同士の競争の中でＣＢＤＣが使われ続けるには、他の決済手段よりも安全で安く便利である必要があります。たとえば、中国人にとって便利なアリペイやウィーチャットペイがあるのに、国家管理の色彩の強いデジタル人民元の利用に流れるでしょうか？　他方、ＣＢＤＣのクロスボーダー決済の検討が今後進んでいく見通しですが、人気の高い外国ＣＢＤＣが自国の通貨を凌駕するデジタル・ドル化（digital dollorization）が生じて通貨主権を損なうリスクもあります（第９章参照）。さらに、前述したような量子コンピュータの実用化など、セキュリティ上の課題も山積しています（第５章参照）。

◆各国の現状

こうした中、日本を含む主要国の中央銀行は、大口取引にＣＢＤＣを導入する部分は、決済の遅さ

ドル化を感じるにはカンボジアのアンコールワットに旅行すると、現地通貨リエルよりも米ドルの方が店舗での受取りを好まれ、流通度が高いことを実感できよう。

など技術的問題は残るものの、比較的実現可能性が高いと考えています。しかし、**小口取引**については、従来の現金を中心とした安定した決済システムをＣＢＤＣに移行する必要性と危険性を両睨みで検討する結果、ＣＢＤＣの開発は進めつつも決定は先送りして、慎重に他国を様子見している状況です。ただし、小口取引についても導入可能性が高いとする専門家もいます。

⑦　ドル化の問題

◆ドル化とは

『教養決済』ではあまり言及していませんが、ここで「ドル化」について付言しましょう。米ドルは国際金融で主に用いられる**基軸通貨（key currency）**ですが、米ドルにユーロ、英ポンド、日本円、スイスフランといった国際的に通用度の高く通貨価値が安定した通貨を**ハードカレンシー（hard currency）**と呼びます。これに対し、世界の多くの国々の通貨は国際的な通用度が低く、通貨価値が安定せず国際的な通用度も低い通貨を持つ国々では、①基軸通貨やハードカレンシーが事実上流通している場合（例：カンボジアにおける米ドル流通）や②基軸通貨やハードカレンシーを自国の法定通貨とする場合（例：エルサルバドルにおける米ドルの法定通貨化）があり、これをドル化（dollarization）、ユーロ化（euroization）、円化（yenization）などと呼んだり、**ドル化**と総称することもあります。

さて、②のように自国の法定通貨とした場合、通貨発行国の同意なしに行う場合は**通貨主権**の侵害が生じ得ます。すなわち、経済規模の小さい国であれば通貨発行国への影響が僅少なので国際法違反にならないと考えられますが、通貨発行国への影響次第では通貨発行権の侵害があり得ると解されており（酒井啓亘他『国際法』有斐閣・2011年・464頁（濱本正太郎執筆部分）参照）、実際、2008年に欧州中央銀行はアイスランドによるユーロの自国通貨化の可能性について懸念を表明しました。

◆ドル化の分類

ドル化に関する米国の著名な**グルーソン**弁護士の論文（M.Gruson, "Dollarization and Euroization: An International Law Perspective", European Business Law Review, Vol.13, pp.103-122, 2002参照）によれば、ドル化やユーロ化には、①外貨・外債・外貨預金等を自国民が大量に保有する非公式な場合（国家の行為ではないので国際法の対象外。例：カンボジア、バハマ）と②国家が公式に外貨を法定通貨とする公式な場合があり、公式な場合はさらに、③相手国の合意を得ずに一方的に行う場合（例：エクアドル）、④相手国の合意を得て行う場合（例：パナマ）、⑤相手国が立法等で承認しており、特に個別の合意がなくても許可される場合（例：EU加盟前のモンテネグロのユーロ導入）、⑥国連安全保障理事会の決議による場合（例：東チモールの米ドル導入）があり、過去の合意交渉においては、通貨発行益・中央銀行の最後の貸手（LLR）機能・金融政策に関して検討されてきました。

◆法的評価

このうち、国際法上、問題となり得るのは③の相手国の合意を得ずに公式に法定通貨化する場合で、グルーソン弁護士は、米国等の通貨発行国が**内政不干渉の原則**に基づいて公的な異議を行ったか否かによって判断すべきとした上で、①当該通貨が国際通貨として幅広い汎用性を持ち、②他国のドル化に抵抗していなければ、異議を放棄したと認定できるとし、米国は放棄、EUは放棄していないと結論付けました。米ドルであれば、米ドルの流通度は高いので異議を放棄する問題になることは珍しいと思われます。しかし、ある程度経済的に強い国が外国通貨を大量に新規発行し、それが米ドルほどには汎用性の高くない通貨発行国に還流してくるような場合（例：シンガポールの円化やノルウェーのユーロ化）には、通貨の信認や自国経済への深刻な悪影響が及び得るでしょう。現在、CBDCが各国で開発されていますが、もしCBDCがクロスボーダーで大量に流通した場合、現在のドル化以上に問題は深刻化すると思います。この続きは第9章で検討しましょう。

3 国際決済

一方、外国送金などの国際決済については、昔から**コルレス銀行（correspondent bank）**を通じて処理されるのが一般的ですが、様々な非効率性（費用の高さ、処理の遅さ等）が問題視されており、今後変化する可能性があります。しかし、まずはその仕組みと様々な環境変化をみてみましょう。

(1) コルレス銀行の仕組み

国内決済（内国為替）の場合、銀行間の決済は中央銀行の当座預金口座の振替えによって行われますが、中央銀行が存在しない国際決済（外国為替）の場合はどのように処理するのでしょうか。中央

内政不干渉の原則
国連憲章2条
この機構及びその加盟国は、第1条に掲げる目的を達成するに当っては、次の原則に従って行動しなければならない。
7 この憲章のいかなる規定も、本質上いずれかの国の国内管轄権内にある事項に干渉する権限を国際連合に与えるものではなく、（以下略）

コルレス口座
コルレス口座（correspondent account）とは、A国のP銀行がB国のQ銀行と契約を結ぶことで開設し、相手銀行のための受取りや支払、金融取引処理のために開設する口座を指す。P銀行から見た

銀行がないため、銀行は海外の銀行（**コルレス銀行**。コルレス先とも呼びます）との間で口座（**コルレス口座**）を開設しあう契約（**コルレス契約**）を結び、そこでの資金の振替えを通じて決済します。もし送金先の銀行（被仕向銀行）が送金元の銀行（仕向銀行）のコルレス先でない場合は、別のコルレス銀行に中継してもらい、被仕向銀行への送金を果たすことになります。

◆SWIFT（スイフト）

主要な銀行は通貨ごとに各国に**コルレス先**を持っており、たとえば米ドルについてシティバンク、ユーロについてドイツ銀行、日本円について三菱UFJ銀行というようにコルレス銀行を設定するわけです。中南米の小国などコルレス銀行の設定がない場合、別のコルレス銀行を中継して送金を実施します。この仕組みの下では、銀行間で大量の支払指図が飛び交うので、高度に安全化された金融メッセージサービスを提供する情報インフラが必要になりますが、1977年に稼働した**SWIFT**（国際銀行間金融通信協会、国際送金に関する通信インフラで9割以上のシェアを持つベルギー法人。ブリュッセル郊外のラ・フープに本部がある）（スイフト）はこうした機能を果たすものとして広範に利用され、最近では、決済ルートを端から端まで迅速に追跡し確認できる**gpi（global payments innovation）**を提供し、多くのコルレス銀行が採用しています。

北朝鮮の国家支援型ハッカー集団**ラザルス**が2016年にバングラデシュ中央銀行から約1141億円を不正送金した事件がありますが、SWIFT出身の著者による『教養決済』はgpiがあればこれを止めることができたとしています。なお、SWIFT自体は日銀ネットのような決済

場合、Q銀行に外貨〈B国通貨〉で保有する口座をnostro account（ノストロ口座：我々の口座）、Q銀行がPに自国通貨〈A国通貨〉で保有する口座をvostro account（ボストロ口座：貴方の口座）と呼び分ける。

SWIFT
スイフト（SWIFT：Society for Worldwide Interbank Financial Telecommunication）は国際銀行間金融通信協会で1973年創立の非営利組織。金融機関間で国際金融取引のメッセージをやり取りするプラットフォームで、ベルギー金融当局の監督下にある。

システムではなく、決済はあくまでコルレス銀行で行われます。しかし、国際送金の主要な情報インフラですので、ＳＷＩＦＴからの除外が国際社会における**金融制裁**の強力な手段として用いられてきました（例：２０１２年のイランの核開発、２０２２年のロシアのウクライナ侵攻）。詳しくは本書の第10章で扱います。

◆金融制裁手段

金融制裁の手段としては、他にも米ドル取引停止や個人・企業などの**資産凍結**（２０２２年のロシアのウクライナ侵攻に際してはロシア中央銀行資産の凍結も行われました）などがあり、この中で『教養決済』が特に注目するのが米ドルの取引停止です。国際取引の主要な決済通貨は圧倒的に米ドルが多いのですが、コルレス銀行の仕組みにより、米ドルを用いて決済するには米銀のニューヨーク支店にある**コルレス口座**を経由しなければなりません。しかし、米国が国内法で米銀のコルレス口座における取引を禁止すれば、結局米ドルを用いた決済ができなくなるわけです。**米国財務省外国資産管理局**（**ＯＦＡＣ**）が膨大な制裁対象リストを作成していますが、問題は制裁対象者と取引した米国人または米国法人を規制する（一次制裁）だけでなく、一次制裁の対象者と関わった者も**二次制裁**の対象となるため、実際に日本や欧州など外国の銀行が米国法に基づく一次制裁対象者と関わったという理由で極めて高額な罰金を科されてきました。一方、ユーロや日本円についても、ＥＵや日本が米国と同じことをやろうと思えばできなくはありませんが、その代わり、ユーロや日本円の取引を止めて別の通貨に移行されてしまうので、米ドルほどには実効性がありません。

◆対抗策も発展

他方、政治的に米国と対立するロシアや中国等では、米ドル依存の割合を低下させて、暗号資産や金、他国通貨の比重を増して対抗しています。冒頭（はしがき）でみたように、CBDCをベースに米国に対抗し得る国際決済網を中国が構築するとの予測もあります。このため、当分は米国の優位は続くでしょうが、今後は金融制裁に必要な米ドルの優位性は揺らぐかもしれません。現に2022年のロシアのウクライナ侵攻を受けて西側諸国が行った金融制裁は、資源国であるロシアが金・天然ガス・石油等を中国・インド等に売却するなどの対抗策を講じた結果、かなりの程度相殺されてしまい、侵攻の抑止策としては機能しませんでした。

(2) その他の仕組み

主な海外送金手段は前述したコルレス銀行の仕組みを用いるものですが、これ以外にも①ハワラや信用状といった昔からある手段や②今後既存の仕組みに挑戦し得る新たなサービスがあります。

① 昔からある手段

◆ハワラ

ハワラはイスラム世界で8世紀に誕生し、現在に至るまで毎年数十億件を処理する小口送金システムで、ハワラの仲介人（ハワラダー）となる商人が互いに口座を持ち合い、低い手数料（0・6％）で送金を請け負います。まず、送金人がハワラダーにお金を預けるとハワラダーは電話などで暗証番号を送金者に交付します。次に、受取人は別のハワラダーにその暗証番号を伝えることでお金を受け取るシステムで、送金人が振り込むとすぐにお金を引き出すことができる点で非常に便利なため、多く利用されてきました。このシステムは契約関係といった法的なものに依らずハワラダーへの信用に基づくもので、非公式な記録管理はあっても正式な帳簿管理はなく、約束を破ったハワラダーはその地位・名誉を失うことになります。他方、正式な帳簿管理がないので、**資金洗浄**やテロ資金に用いられる可能性がAML／CFTの観点から懸念されてきました。

◆信用状

また、貿易決済に用いられる**信用状**も古びた決済手段ですが、日本を含む主要国では利用が低下しているものの、中国や中東などでは依然として高い利用率にあります。『教養決済』によれば、信用状は確固たる法・慣習（たとえば、国際商業会議所（ICC）の信用状統一規則（UCP））に支えられているため、今後はデジタル化が進むなど多少の変化はあり得るものの「今でも現役」と指摘します。

② 既存の仕組みを変え得るサービス

コルレス銀行の仕組みを前提とした銀行送金は送金手数料が高額なので、**ペイパル**や**ビットコイン**など、新たな送金手段が続々と生まれてきました。たとえば、外国送金のスタートアップ企業である**ワイズ**は、A国の送金人XからB国の受取人Yに送金する際、銀行を介した国際送金ではなく、Xから同社A国口座のA国内送金と同社B国口座からYへのB国内送金を結び付けることで海外送金手数料を大幅に削減するサービスを提供し、成功を収めました。また、『教養決済』223頁以下は、今後国際決済に激変をもたらし得るサービスとして、①クレジットカードのネットワーク、②ウエスタンユニオンなどの送金業者、③インド等で広がる国内即時決済システムを挙げています。さらに、繰り返しになりますが、他の論者の中には、ブロックチェーン送金やCBDCのクロスボーダー化の普及に伴って、コルレス銀行を通じた従来の国際決済が変容し、米国一極から米・中の東西2極に分かれるとの予測（はしがき参照）もみられます。

(3) 決済データの活用とオープンバンキング

◆決済データの活用

決済はお金のやり取りにとどまらず、「いつ誰にどれだけ支払ったか」という決済データの交換でもあります。実際、アメリカにベンモという送金サービスがありますが、ここでは単なる送金にとどまらず、10代の若者の交流の場にもなっているようです。では、決済サービスを通じて得られた膨大なデータを活用できないでしょうか。中国のアリペイやウィーチャットペイは膨大な顧客の決済データを利用して融資や投資信託を提供しています。フェイスブックと同じように顧客のデータを活用してターゲットマーケティングやターゲット広告を行う決済サービスもあります。実は銀行も顧客の決済データを元に融資や年金商品等を顧客に提案してきました。しかし、欧州の個人情報保護規制強化の流れを受けて、欧州の銀行では決済データの活用が困難になっています。

◆オープンバンキング

オランダのＩＮＧは２０１４年と２０１９年に顧客の決済データを活用したターゲット広告の検証や自社商品の提供を試みましたが、オランダ当局の反対を受けて計画を断念したそうです。２０１５年頃にはイギリスやＥＵ（改正決済サービス指令（PSD2：Directive（EU）2015/2366））で決済データを多く持つ銀行のデータ独占が問題視され、フィンテックに公平な競争機会を与えるため、「顧客の同意を得た後に、銀行が保有する顧客データを提携企業が利用可能となる仕組み」として「**オープンバンキング**（たとえば、顧客Ｚが取引銀行Ｙ以外のフィンテック事業者Ｘに融資を申し込む際、ＸにＹにおけるＺの最近の決済履歴を取得する許可を出せる仕組み）」が採用されました。迅速・確実な利用を可能とすべく銀行が自らの顧客データを銀行が作成した「合鍵」を用いることで第三者が取得できる方法、すなわち銀行の**オープンAPI**を活用するので**API連携**とも呼ばれ、従来は銀行などに限定されていた金融サービスにグーグルやアマゾンなどのＩＴ企業が参入し、競争が激化しています。

こうした流れは世界の主要国にも波及し（アメリカは出遅れ気味ですが少しずつ進展しています）、カナダ、シンガポール、オーストラリア等に並び、日本でも２０１７年の銀行法改正で２０２０年９月末（当初は5月）までにオープンＡＰＩを実装することが銀行の努力義務として課されました。銀行にとっては、決済サービスをＩＴ産業に乗っ取られるリスクを抱えるので当然乗り気ではありませんでしたが、大競争に巻き込まれることになりました。巨大ＩＴ産業にとっても、今後の規制動向や人々の信頼獲得度合いに決済分野での成否がかかっています。巨大ＩＴ産業は、銀行に比べると、顧客囲い込みの要素が大きいクローズドなネットワークになっていますが、これは**競争法**（日本では**独占禁止法**と呼びます）上の問題になり得ます。

(4) 規制のループホール

一方、既存の決済システムやＣＢＤＣ等がサイバー攻撃を受けた場合、この対策は国のどの機関が担うのでしょうか。中央銀行や安全保障当局、個人情報保護当局など様々な部門が関与しますが、『教養決済』３５４頁は、**決済システムは誰もが管理しているが、実は誰も管理していない**とします。欧州のように、同じユーロ決済圏の中に、欧州中央銀行（ＥＣＢ）、欧州委員会、欧州銀行監督局、欧州各国中央銀行と多すぎる監督官庁がひしめき合って非効率になる場合もあります。そして、海外のノンバンクが規制のループホールを突いて決済に関して国内の銀行よりも巨大化すると、その役割や責任を果たせなくなる中央銀行が続出する可能性があることや、決済システムを支える暗号技術が破られるリスク、国ごとに規制が異なることで国際取引における規制の実効性が失われ得るリスクに警鐘を鳴らしています。

第5章　デジタル通貨のセキュリティとプライバシー

ＣＢＤＣ（中央銀行デジタル通貨）や**暗号資産**をはじめとする様々な政府や民間のデジタル通貨が急速に発展する一方、個人情報の不正収集など**セキュリティやプライバシー**を害する技術上の危険も存在します。たとえば、量子コンピュータへの対策を誤り、耐量子暗号の開発や既存暗号からの耐量子暗号への置き換えに失敗すると、そもそもオンライン認証や決済ができなくなり、大きな混乱に至るリスクがあります。このため、様々な技術的課題がありますが、寶木先生との共同研究で、我々はセキュリティとプライバシーの２つに着目しています。

まず、量子コンピュータの登場により、既存のデジタル通貨暗号が破られる可能性がありますので、現状を把握した上で日本のセキュリティ強化策を検討し、他国にも参考になるような耐量子暗号を新たに開発する必要があります。次に、**ＰＫＩ（公開鍵基盤）**に登録された取引相手を匿名化したまま**本人確認（ＫＹＣ：Know Your Customer）**を行う「ＳＫ４ＳＣ」と呼ばれるプライバシー強化技術を暗号に採用することを提案します。デジタル通貨におけるセキュリティとプライバシーは、トレードオフの関係にあることが出てきます。たとえば、**資金洗浄対策（ＡＭＬ／ＣＦＴ）**においては、無実の方々の個人情報を大量に収集する必要があり、そうした方々のプライバシーが損なわれる可能性が出てきます。一方、プライバシー保護のために個人情報の収集を過度に制限すると、ＡＭＬ／ＣＦＴが弱体化するリスクが残ります。しかし、ＳＫ４ＳＣを採用することで、ＡＭＬ／ＣＦＴに不可欠

トレードオフ
社会的なセキュリティ対策（例：資金洗浄対策）で本人確認を強化するとプライバシーや個人情報保護が損なわれ、逆にプライバシー保護を強化するとセキュリティ対策が不十分になる。このトレードオフを解消するには個人情報の匿名化が有用。

なＫＹＣを匿名化し、トレードオフを解決することができます。以下、この内容をできるだけ簡単に解説します。

1　CBDCを取り巻くセキュリティとプライバシーの様々な懸念

ＣＢＤＣや暗号資産などの国家や民間のデジタル通貨が急速に発展する一方で、**セキュリティ**（ハッキングや資金洗浄など）と**プライバシー**（個人情報やプライバシーの盗取など）に関する懸念は依然として存在しています。

(1)　プライバシー上の懸念

◆CBDCの場合

プライバシーに関する懸念についてＣＢＤＣを例にとって考えてみましょう。これまでの現金とは異なり、消費者の取引情報が収集できてしまうＣＢＤＣではプライバシーに深刻な影響を及ぼします。米国のシェルチン氏（Sheluchin, A. (2022, June 16). A national digital currency has serious privacy implications. The Conversation. 2020）によれば、ＣＢＤＣを導入すれば、中央銀行はこれまで以上に消費者の情報を収集することができるようになります。しかし、これらの個人情報やデータの差押えに関する令状等の扱いは定まっていないのが現状ですので、このままでは令状なしに法執行機関と共有できてしまい、ＣＢＤＣユーザーの個人情報が意図せず搾取される懸念があります。中央銀行を通じた中央集権的な暗号通貨の導入は、民主国家では受け容れ難い過剰な国家管理につながる可能性

取引情報のＡＩ活用

ＣＢＤＣに集まる消費者の膨大な取引情報は、適切な個人情報の匿名化を施し、公平な利用を許すことで、ＡＩによる分析で資金洗浄対策等の公共目的や販売戦略構築等の営利目的など様々に活用できる。

が高いため、注意して見守る必要がありそうです。

◆プライバシーに関する議論の課題

さて、ＣＢＤＣを導入する際、個人のプライバシー保護が重要になりますが、技術的な解決策（例：暗号やゼロ知識証明）や具体的な制度設計案（誰に対し、どの範囲のプライバシーを保護するか）等はこれからの課題です。こうした中、ＢＩＳイノベーションハブセンター長らによる論文（R. Auer他, "Mapping the Privacy Landscape for Central Bank Digital Currencies," Communications of the ACM, March 2023, Vol. 66, No. 3, pp.46-54）は、①プライバシーを重視する利用者、②データ保有者（商人、銀行、決済業者）、③法執行者（中央銀行、金融当局、警察等）という3つのステークホルダー間の関係をめぐり、既存の決済システム（現金、支払ネットワーク、暗号資産）とＣＢＤＣのプライバシー上の課題を探っています。なお、ＣＢＤＣのうち人や政府の裁量余地なく暗号等で自動的に執行するタイプのＣＢＤＣを**ハードプライバシー型ＣＢＤＣ**（以下ハード型）、政府の権限ある機関に一定条件下で支払情報へのアクセスを認めるタイプを**ソフトプライバシー型ＣＢＤＣ**（以下ソフト型）と呼んでいます。

まず、法執行者からみると、犯罪捜査等で必要な情報を入手できない暗号資産やハード型は困ります。次に、プライバシーを重視する利用者からすれば、現在の支払ネットワークは法執行者やデータ保有者との関係で匿名性を確保できない点で課題があり、データ保有者からすると、現金や暗号資産、ハード型は個人情報をプロファイリングして収益機会に活用できない点で問題があります。実際、お

イノベーションハブ　革新的な製品・サービスを生み出し、市場展開する知見を持つ人材糾合の場を指し、国際決済銀行（ＢＩＳ）もこれを設置し、２０２３年の重点項目にＣＢＤＣを掲げている。

金に関する現実的なプライバシー上の定義はないため、プライバシーの保護と犯罪撲滅の間でトレードオフする際にあらゆる懸念に対処するハード型の要件定義は困難です。この結果、筆者はソフト型が望ましく、データ漏洩から支払記録を一括して保護する一方、正当な場合に限って信頼できる政府機関に平文アクセスを可能とする形で設計される（法整備も含む）べきとしています。また、法令遵守や外部攻撃に技術的に堪え得るためのシステム設計や監視を行うには、透明性を確保するため、専門知識を備えた独立機関による検証が望ましいと述べています。しかし、残る課題として、①盗まれたデータの不正利用を防止することは技術的に不可能で侵害の頻度を考えると現実的な脅威であることや、②データの移転が容易に国際化する一方で、ソフト型の国内ルールが及ばない海外を迂回して回避される事態を防ぐのは困難であること、を述べています。

◆法制の変化

一方、プライバシーは近年、法的保護が強化されてきました。伝統的な**プライバシー権**はマスコミから「1人で放っておいてもらう権利」でしたが、コンピュータの登場に伴い、個人情報の収集先に対する「**自己情報コントロール権**」に変容し、各国でプライバシーや個人情報を保護する法整備が進んでおり、日本も2021年のデジタル改革関連法で個人情報保護法を抜本的に改正したところです（岡村久道『個人情報保護法の知識〔第5版〕』日経文庫・2021年参照）。今回の個人情報保護法の改正によりプライバシー保護が強化され、第三者への個人情報の提供は、原則として本人の同意を要することとなりました。ただし、特定の個人を識別できないように個人情報を加工し、当該個人情

プライバシー権の変化
19世紀末に米国で「ひとりで放っておいてもらう権利」として主張され、167の国の憲法（日本国憲法13条など）や人権法で明文保障された。その後、他人に私生活を暴かれないだけでなく、どの情

報を復元できないようにした情報（**匿名加工情報**）については、一定のルールの下で、本人の同意を得る必要はありません。他方、ＡＭＬ／ＣＦＴ（資金洗浄・テロ対策）のように、社会面でのセキュリティ強化の一環で、個人情報収集につながる本人確認義務等も強化されつつあります。この結果、匿名加工情報と認定されるだけの技術的な手当てを行っておけば、セキュリティ強化とプライバシー保護は一見トレードオフの関係に立つものの両立可能です。また、プライバシーを保護しつつセキュリティも強化する技術（後述するプライバシー強化型ＰＫＩなど）の開発も試みられてきました。

◆国家間対立

さて、上記の問題は国家vs国民の国内問題でしたが、中には国家間の対立が絡む深刻な問題もあります。

まず、日米欧で中央銀行デジタル通貨（ＣＢＤＣ）の検討が進む中、先行する中国による日本の個人情報の収集（後述）や通貨主権の奪取が一部で懸念されています（野口悠紀雄『ＣＢＤＣ中央銀行デジタル通貨の衝撃』新潮社・２０２１年参照）。一方、相次ぐ暗号資産交換所のハッキングにおいて、国連等により北朝鮮の関与が指摘されています。国連安全保障理事会の北朝鮮制裁委員会専門家パネルは、２０２０年から２０２１年半ばにかけて北朝鮮のサイバー攻撃で５０００万ドル（約58億円）超の暗号資産を盗取したと２０２２年2月に報告しましたし（２０２１年にも同様の報告）、Chainalysis社によれば、過去5年間に盗んだ合計額は暗号資産だけで15億ドル（約1，710億円）とされています。北朝鮮のような国家を相手に各種制裁措置によって法的に対抗しても効果は限定的

報を誰にどの程度開示し利用を許すかを個人が決めることで有意義な人間関係を結ぶという、より積極的な「自己情報コントロール権」として理解されるに至った。

国家によるサイバー攻撃
公安調査庁ＨＰによると、中国は人民解放軍と国家安全部を中心に「中国製造２０２５」に示した重要産業を標的に攻撃、ロシアは軍や対外情報庁等が情報戦の一環で攻撃、北朝鮮は偵察当局が外貨獲得等の目的で攻撃している。

ですので、ハッキングを防ぐ技術的対策がカギを握ると思われます。

◆米中の危険な国内法

また、外国国家による個人情報の収集が、当該外国の法律で、特定の外国データを収集することを可能にすることで実施される懸念も存在します。たとえば、中国の個人情報保護法は、中国にサービスを提供する中国域外の外国企業にも適用される（3条2項）ところ、33条や34条で国家機関が民間企業の保有する個人情報へのアクセスを認めています。他にも国家による個人情報へのアクセスを認める新法（**サイバーセキュリティ法**、データセキュリティ法等）で、国家機関による民間企業（日本企業の中国法人に加え、個人情報保護法の場合は国外の日本企業も中国向けサービス提供や中国国内の個人情報分析で適用対象）の保有情報へのアクセスを大幅に認めている点で、①日本の**個人情報保護法**28条（外国にある第三者への情報提供制限）やEUの**GDPR（一般データ保護規則）**46条2項に基づく個人情報の第三国への越境移転の十分性認定に抵触する可能性や②米中摩擦に伴い、米国輸出管理規則と板挟みになる可能性が懸念されています（浅井敏雄『中国データ・情報関連法』Next Publishing Authors Press・2021年参照）。

一方、米国にも同様の可能性があり、2018年に成立した米国**CLOUD Act**（Clarifying Lawful Overseas Use of Data Act）により、米国は、米国内に本拠地を持つ企業に対して、米国外に保存されているデータであっても合法的にデータの閲覧・差押え要求を行うことができます。個人情報の越境移動をめぐっては、重要情報の国内囲込み（データローカライゼーション）を図る国々

発展学習
米国CLOUD法に関する詳細な研究として、西村高等法務研究所が「CLOUD Act

（中国等）と自由流通を目指す国々（日欧等）に分かれて対立していますが、上記の法的諸課題についても、個人情報を抜き取られないようにする技術的な解決策が導入できれば、そもそも問題の発生を防ぐことができます。

◆西側の対中牽制

なお、CBDCに関しては、中国の**デジタル人民元**に対する牽制とも報じられる西側の動きがあります。すなわち、2021年10月のG7財務相・中央銀行総裁会議が「リテール中央銀行デジタル通貨（CBDC）に関する公共政策上の原則」を公表し、①金融安定性確保（原則1）や競争確保（原則5）、イノベーション促進（原則9）、金融包摂（原則10）などに加え、②AML／CFTにおけるFATF基準遵守（原則6）、③法の支配（原則2）やデータプライバシー保護（原則3）の厳格な遵守、④安全性・強靭性の確保のための様々な技術の活用（原則4）を挙げました。

(2) セキュリティ上の懸念

◆米国NIST の公式声明

一方、セキュリティ上の懸念については、米国**NIST（国立標準技術研究所）**のHPに以下のような記述があり、耐量子暗号の課題を再認識する必要があります。

「近年、**量子コンピュータ**の研究が盛んに行われています。量子コンピュータは、量子力学的な

（クラウド法）研究会」報告書を公刊し、アップデートも予定している（西村あさひ法律事務所HPから入手可能）。

NIST
NIST（National Institute for Standard and Technology）は米国の商務省傘下の政府機関で、度量衡や計測・計量の標準管理や技術開発等を担い、暗号技術の標準化も行っている。米国政府やそれと関わる民間企業も対応を迫られるため、その影響力は大きく、国際標準化しやすい。

現象を利用して、従来のコンピュータでは困難な数学的問題を解くことができる機械です。もし、大規模な量子コンピュータが実現すれば、現在使われている**公開鍵暗号**の多くを解読することが可能になり、インターネットなどのデジタル通信の機密性・完全性が著しく損なわれることになります。ポスト量子暗号（**耐量子暗号**とも呼ばれる）の目標は、量子コンピュータと古典コンピュータの双方に対して安全で、かつ既存の通信プロトコルやネットワークと相互運用できる暗号システムを開発することです。大規模な量子コンピュータがいつ実現されるかは複雑な問題で、過去には、大規模な量子コンピュータが物理的に可能であるとは明らかでなかったのですが、現在では多くの科学者が単なる技術上の重要課題に過ぎず克服し得ると考えています。技術者によっては、今後20年ほどの間に、現在使われている全ての公開鍵方式を基本的に破るだけの十分大規模な量子コンピュータが開発されるとすら予測しています。歴史的に見ると、現代の公開鍵暗号のインフラを導入するのに20年近くかかっています。したがって、量子コンピュータ時代の到来を正確に予測できるか否かに拘らず、我々は量子コンピュータに対抗できる情報セキュリティシステムの準備を今から始めなければなりません。」

量子コンピュータを利用して、ＣＢＤＣ・暗号通貨等のデジタル通貨に使われている暗号を簡単に解読できるようになれば、デジタル通貨や関連情報の盗取も簡単に行われてしまいます。そうなれば、暗号技術によって安全に支えられてきた現在の金融秩序や法制度（取引法、金融規制、税制、ＡＭＬ／ＣＦＴなど）も崩壊してしまうことになります。それでは困るので、量子コンピュータと互換性のある新しい暗号技術（**耐量子暗号**）の開発が不可欠になります。

◆SK4SCの提案

デジタル通貨に関する技術的な問題は多数ありますが、本章ではセキュリティとプライバシーの2つの問題に焦点を当てます。まず、量子コンピュータの出現により、既存のデジタル通貨暗号は破られるリスクが存在しますので、現状を把握し、他国の参考となるような量子コンピュータに耐性のある新たな暗号を開発し、セキュリティを強化する戦略を検討します。次に、CBDCを発行する中央銀行などのデジタル通貨発行者がプライバシーを強化したセキュリティ技術を採用することを提案します。セキュリティやプライバシーを確保するための技術的な仕組みは様々ありますが、本章では、日本の産総研のグループが開発に携わった「SK4SC（Secure Kernel for Supply Chain）」を用いて具体的な提案を試みます。

SK4SCとは、**PKI（公開鍵基盤）**に登録された取引相手を匿名にしたまま、**KYC**（Know Your Customer）を行う仕組みです。デジタル通貨におけるセキュリティとプライバシーは、前述のようにトレードオフの関係にあることがあります。しかし、SK4SCを採用することで、**資金洗浄対策（AML／CFT）**に不可欠な**本人確認（KYC）**を匿名化し、トレードオフを解決することができます（次節参照）。

◆AML／CFT

なお、このＡＭＬ／ＣＦＴの観点も耐量子暗号と並んで社会秩序のセキュリティをめぐる重要問題です。国連報告(United Nations, "FINANCIAL INTEGRITY FOR SUSTAINABLE DEVELOPMENT," 25 February 2021）によれば、世界の年間ＧＤＰの実に２・７％が資金洗浄されており、国際組織である**ＦＡＴＦ（金融活動作業部会）**が策定した勧告を各国が遵守し、それを相互審査することで改善につなげてＡＭＬ／ＣＦＴが進展してきました。日本も２０２１年６月に採択された**第４次ＦＡＴＦ対日相互審査**で米国、中国、シンガポール、スイスなどの主要国と同様に「重点フォローアップ国」と認定され、様々な改善要求を受けた結果、法整備やシステム開発を含む官民一体の取組みが急ピッチで進んでいます。

(3) 技術的な解決策の必要性

以上、見てきたようにセキュリティとプライバシーをめぐって様々な問題が発生する可能性がありますが、いずれも**法律だけで解決することは難しく、技術的な解決策を併用することで全部または一部の解決につながる可能性があります。**特に取引が瞬時に行われるデジタル通貨においては、時間のかかる法的解決よりも瞬時に実施可能な技術的解決によって直ちに実行するのが有効と考えられます。その結果、技術的に対応できない部分のみ法律が機能を集中すればよく、従来よりも効果的な解決が図れるでしょう。

2 セキュリティとプライバシーを同時に実現する技術的アプローチ

さて、先ほどＳＫ４ＳＣに言及した際、ＳＫ４ＳＣを採用することで、ＡＭＬ／ＣＦＴに不可欠な本人確認を匿名化し、セキュリティとプライバシーのトレードオフを解決すると述べました。この点について、共同研究者の宝木先生から教わった範囲で、技術的な説明を簡単にいたします。

(1) ゼロ知識範囲証明

◆ゼロ知識範囲証明の活用例

暗号資産の中には、高度な暗号技術を用いて匿名性を高め、誰が誰に送金したかを第三者が特定できず、資産状況や取引内容などのプライバシー保護や不正アクセスの防止に優れたものがあります。これらは犯罪に悪用される可能性も高いので、２０１８年のコインチェック事件以降は日本では取り扱われていませんが、海外では取引されています。たとえば、暗号資産ジーキャッシュ（Zcash）は、取引の詳細を第三者が知らなくてもその取引に不正がないことは証明できる「**ゼロ知識範囲証明(Zero-Knowledge Range Proofs)**」（ある知識を持っていることを、その知識に関する情報を伝えずに証明する暗号学上の手法）を、「**リング署名**」（決済時点で複数人で電子署名を行い、その中に取引当事者を紛れ込ませて個人の特定を防ぐ技術）と「ペダーセン・コミットメント」（取引の提供額・受取額を隠す技術）を組み合わせて匿名性を実現しています。また、暗号資産モネロ（ＸＭＲ）は、上記の「ゼロ知識範囲証明」を、「リング署名」に「ステルスアドレス」（送信人と受取人だけが取引を特定でき、他の人はその取引を特定することが難しいアドレス）と「秘匿トランザクション」（取引金額を隠す技術）を組み合わせて匿名性を実現しました。

ゼロ知識範囲証明
暗号学の用語で、ある人が他の人に対して自分の持つ命題が真であることを伝えるのに、真であること以外の知識を何も伝えることなく証明できるやりとりの手法。

範囲証明の例
実年齢（例：35歳）をそのまま答えるのではなく、「20歳以上60歳未満」といった範囲を示すことで代用。

◆プライバシーとセキュリティの両立

すると、CBDCやその他のデジタル通貨についても、こうした高度な暗号技術の活用によって、プライバシーを秘匿したまま、セキュリティも確保できるはずです。たとえば、**資金洗浄対策**（AML／CFT）等で求められる**本人確認**（KYC）を行うことで、セキュリティも確保できるはずです。たとえば、AML／CFT等で求められる本人確認書類には、顧客の年齢などの個人情報が多数含まれておりますが、これを提出する際に年齢を特定するのではなく、一定の範囲内に収まることを証明（範囲証明）する機能があれば、顧客の個人情報を保護できます。そこで、取引の際に必要になる顧客の個人情報（国民ＩＤカード番号、銀行口座残高、暗号鍵など）の証明においては、個人情報を特定せず、加工して相手取引者に開示するわけです。

◆階層化の課題

また、顧客の属性を証明する場合、単一の組織がすべてを証明するのではなく、幾つかの階層ごとに各々証明が行われていくのが一般的です。**階層化**することで、業務内容やデータの保存場所を特定することが可能となり、業務の効率化や組織内で厳守すべき個人情報などの保護・管理が有効に行えるわけです。しかし、証明書を検証する際に、そうした階層チェーンが公開されると、発行者の組織構成や証明書の所有者などの機密情報が漏洩する可能性があり、プライバシー上の懸念があります。

◆DACの活用で解決

そこで、上記の「ゼロ知識範囲証明」の応用として、IBMが**DAC「委任可能型匿名クレデンシャル**（Delegatable Anonymous Credentials）」（証明書発行機関からユーザーに証明書が発行され、ユーザーは検証者へその証明書の保持を匿名で証明できる仕組み）を開発してこの問題を解決しました。DACを使えば、階層チェーンを隠し、証明書の委任と提示の両方でプライバシーを提供することができます。組織内の各部門がどのような情報を扱ったかを他部門に隠すことができるため、組織内の個人情報の拡散防止に有効です。なお、「**匿名クレデンシャル**（AC：Anonymous Credentials）」とは、ある集団のメンバーがその集団を代表して匿名でメッセージに署名することができる署名方式を言います。SK4SCにおける**本人確認**（KYC）の仕組みは、このDACと幾つかの改良技術を用いて、DACを利用する複数の階層組織が1つの取引に対して異なる部分IDを発行し、取引当事者はこれらのIDを集計して他の取引当事者に提示することで属性証明を行うものです。

(2) SK4SCによる公開鍵基盤技術（PKI）の改善

そこで、SK4SCによって従来の公開鍵基盤技術（PKI）をどのように改善するかについて、簡単にご説明します。図表5-1をご覧ください。

◆印鑑登録と似た仕組み

PKIの仕組みは、明治以降、登録制度により公的な裏付けがなされてきた印鑑登録によく似てい

クレデンシャル
認証などに用いるID、ユーザー名、暗証番号、パスワードなどの識別情報の総称。

〔図表５－１　SK4SCによる公開鍵基盤技術（PKI）の改善〕

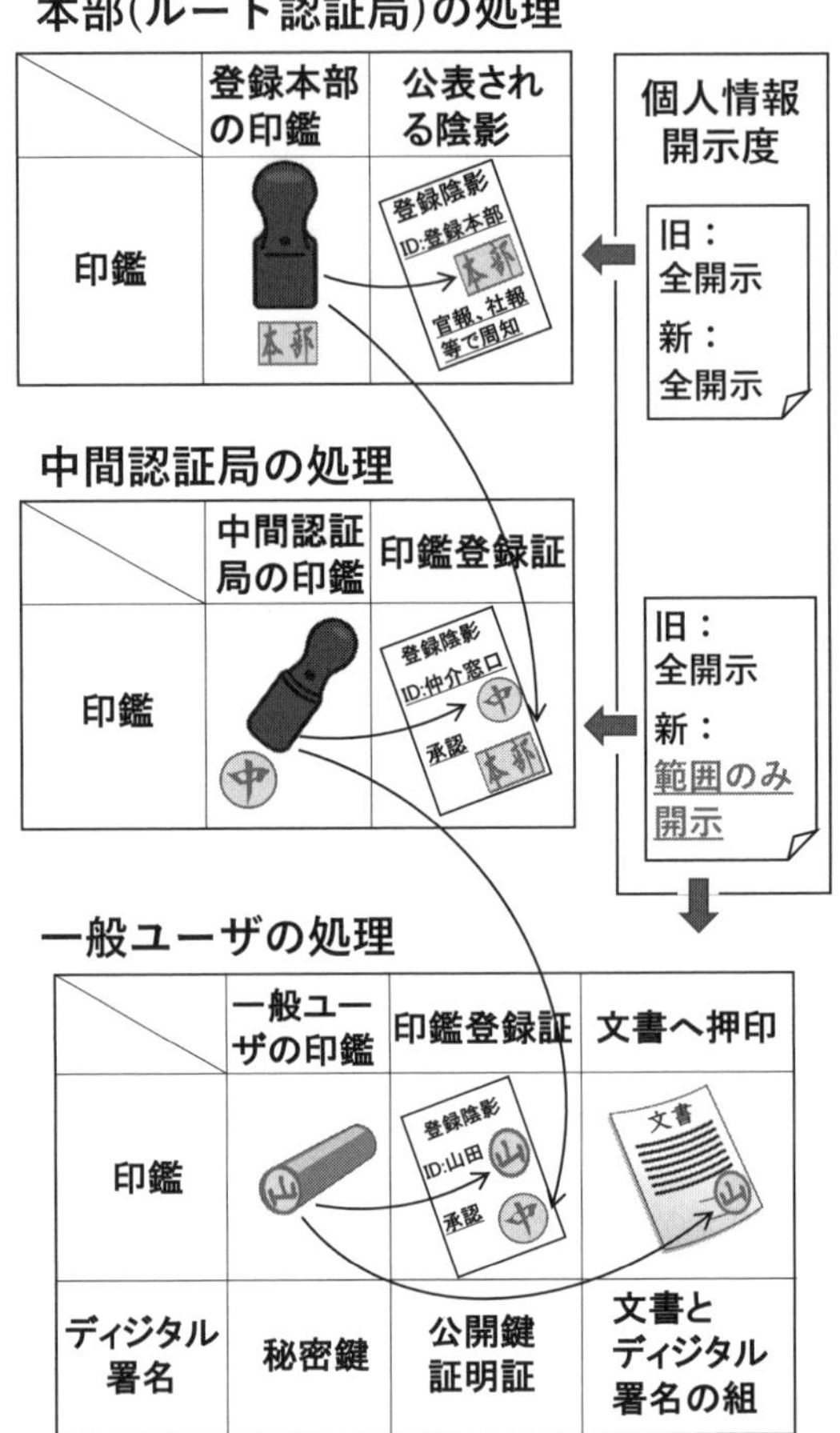

出典：寳木和夫・久保田隆「デジタルマネーのセキュリティ＆プライバシー」国際商事法務50巻３号（2022年）

ます。一般ユーザーの印鑑登録証は、印鑑の陰影に対して該当の役所がお墨付きの印を押したものです（図表5-1の3段目）が、ＰＫＩではこれを公開鍵暗号で実現し、印鑑が秘密鍵、印鑑登録証は公開鍵にお墨付き（デジタル署名）が付されたものになります。このお墨付きは1つ上の機関の印鑑（上位の秘密鍵、図表5-1の2段目）を用いて生成されます。最上位の印鑑（図表5-1の1段目）の信頼性については、特に上位のお墨付きはなく、外部機関による厳しい監査を受けるなど、デジタル証明書以外の手段によって担保されます。

◆DACの機能

さて、従来のＰＫＩにはＲＳＡ暗号等が用いられてきましたが、これらの暗号では、図表5-1の右側に示すように、送信者の個人情報が受信者に開示されるため、プライバシー保護上、問題が生じてしまいます。この課題に対し、ＳＫ４ＳＣでは、ＲＳＡや楕円曲線暗号に代えて「**ゼロ知識範囲証明**」に関する前述の**DAC**という新しい暗号技術を組み入れることで、受信者に対し、送信者の個人情報の多くを隠すことできるようにしました。具体的には、図表5-1の2段目以降に現れる変数の数値は不等式の範囲にあることのみを開示して、かつ、正しく認証できるようにしたわけです。ここでプライバシー保護のために秘匿できるのは中間認証局や一般ユーザーの名前、公開鍵だけではありません。一般ユーザーが作成した文書（図表5-1の3段目）の内容から任意に文字列を選んで墨塗にした上で範囲証明することもできます。

◆SK4SCの役割

SK4SCでは、このようにプライバシーを強化したPKIを活用して、ブロックチェーン上の「アクセス管理AAA」（認証（Authentication）、認可（Authorization）、アカウンティング（Accounting）の頭文字をとった呼び名）を高安全、高効率に実現します。従来、ネット回線業者などが運営する中央コンピュータで一元管理されたアクセス管理AAAをブロックチェーン上の分散処理に置き換えることで、可用性や分断への耐性等のメリットを活かせます。このため、**中央銀行デジタル通貨（CBDC）**における本人確認にSK4SCを採用すれば過剰な国家管理の懸念に対応することができ有益だと思われます（寳木和夫・久保田隆・ウォルゲムトスベン・梅澤克之・小柳洋貴・渡邊創「eKYCにおける安全な失効機能―中央銀行デジタル通貨のプライバシー保護」SCIS2022暗号と情報セキュリティシンポジウム、2022年1月参照）。ただし、後述するように、SK4SCの暗号技術は現時点では強力な**量子コンピュータ**への耐性を持っていません。このため、耐量子型にいかに改良するかという課題が残されています。

3　耐量子暗号の開発状況と今後の対応

(1)　耐量子暗号の開発状況と標準化

◆間近に迫る強力な量子コンピュータの実用化

では、いよいよ本題の**量子コンピュータ**の話に入りましょう。量子コンピュータは、商用利用が予測されるだけでなく、国家安全保障を確保するための戦略技術とも考えられており、世界中で開発競

〔図表5-2　米国の標準化候補（2022年段階）〕

用途	方式名	基本原理	開発機関の所属国（提案時）
デジタル署名	CRYSTALS-DILITHIUM	格子	蘭、独、米、スイス、仏
	FALCON	格子	米、仏
	Rainbow	多変数多項式	米、台
暗号化	Classic McEliece	符号	米、日、蘭、独
	CRYSTALS-KYBER	格子	蘭、独、米、スイス、仏
	NTRU	格子	米
	SABER	格子	ベルギー

出典：寳木和夫・久保田隆「デジタルマネーのセキュリティ＆プライバシー」国際商事法務50巻４号（2022年）

争が激化しています。米国では、連邦政府がＱＩＳ（量子情報科学）の研究開発予算を２０２１年度の７億９３００万ドルから２０２２年度には８億７７００万ドルに増額しましたし、軍（予算は非公開）や企業も多額の投資を行っています。日本や欧州、中国も多額の投資をしてきましたので、強力な量子コンピュータが比較的早期に実現する可能性は高いといえましょう。実際、これまでも開発競争の激しい分野では一気に開発が進むブレークスルー現象がしばしば生じてきました。開発が実現した暁には、１９９０年代から使われてきた現在の「ＲＳＡ暗号」や「楕円曲線暗号（ＥＣＣ）」はいずれ破られることになりましょう。

◆米国ＮＩＳＴの標準化案

そこで、前述の米国ＮＩＳＴ（国立標準技術研究所）は、強力な量子コンピュータの開発が実現する時期が差し迫っているとの予測に基づいて、２０２４年までに量子コンピュータでも解読できない暗号（**耐量子暗号**またはポスト量子暗号と呼ばれます）の米国標準案を策定する予定です。米国標準はこれまでも事実上の世界標準となってきましたので、その影響は大きく、世界各国で従来の暗号を米国標準に準拠させる必要が出てきます。そこで、ＮＩＳＴにおける検討状況を少しご紹介しましょう。２０２２年7月のＮＩＳＴの発表により、標準化候補となるデジタル署名は3方式、暗号化は4方式に絞られています（図表5-2参照）が、いずれもパソコンやＩｏＴ機器他で実用的な性能が得られてきました。そして、２０２４年までにデジタル署名1方式、暗号化1方式に絞られる計画です。

◆様々な耐量子暗号の開発状況

いずれの方式もすでにパソコンやＩｏＴ機器などで実用的な性能を示しており、たとえばCRYSTALS-Dilithiumは、従来の楕円曲線暗号を用いた場合の約20～１００倍の速度で作動し、市販のパソコン（Core-i7 6600U使用）を使った場合にデジタル署名作成に約０・２秒、その検証に約０・04秒かかるとされています。

これらの候補は、さらに検討を重ねて必要に応じて修正もされた後、標準として公開される段取りとなっています。ただし、いったん標準として採用しても予期せぬ事態が生じて暗号が破られるリスクも残ります。現在、**格子型**と呼ばれる暗号方式が量子コンピュータによる攻撃に対して強い耐性を持つとされ、耐量子暗号の有力候補となっていますが、今後の技術進歩によっては状況が変わる可能性もあります。そこで、ＮＩＳＴでは、バックアップとして、格子型ではないが量子コンピュータの攻撃に強い耐性を示すデジタル署名方式と暗号化方式を別途定義する予定です。また、学界では前述の「ゼロ知識範囲証明」を耐量子暗号に改良する試みなども盛んに行われています。

◆**共通鍵暗号の落し穴**

なお、量子コンピュータの攻撃に対する耐性が弱い**公開鍵暗号**方式に対して、２００１年に標準化された**共通鍵暗号方式のＡＥＳ**（FIPS197）は、量子コンピュータを用いても破ることは困難です。ただし、これは共通鍵暗号方式ＡＥＳの安全性が十分であることを意味するものではありません。公開鍵暗号は、古典的な計算（筆算や電卓）に基づく数学的な仮定に基づいて、長い時間をかけて確立されてきたので古典的な計算には強かったのですが、量子計算には強くありませんでした。一方、ＡＥＳなど共通鍵暗号の多くは、長い歴史の中で確立されたのではなく、誰かが突然思いついた数学パズルを解く難しさを利用したものであって数学者の検証時間が短いため、ある日突然、古典的な計算に基づく攻撃手法によって破られる可能性があります。

(2)　ＳＫ４ＳＣの導入手順

◆**耐量子暗号への置換えが急務**

さて、１９９０年代から実用化されてきた**公開鍵暗号**方式によるＲＳＡ暗号や楕円曲線暗号は、現在も世界中の通信・情報処理のハードウェア・ソフトウェアに組み込まれています。しかし、量子コンピュータによる攻撃への耐性が弱く、量子コンピュータが実用化されれば破られてしまいます。これらをすべて直ちに耐量子暗号に置き換えることは難しいですが、強力な**量子コンピュータ**がすぐに

２つの暗号方式
公開鍵暗号方式（例：ＲＳＡ）：暗号化と復号とに異なる鍵を用い、暗号化の鍵は公開できるようにした暗号方式。共通鍵暗号方式よりも安全。
共通鍵暗号方式（例：ＡＥＳ）：暗号化と復号に同一の鍵を用いる暗号方式。公開鍵暗号方式よりも管理の手間がかかるが処理が高速。

実現する可能性も否定できない（実際、米国グーグルは２０２９年までに１００万量子ビットの量子コンピュータを実現する計画を発表しました）ことから、２０２４年の米国量子暗号標準化の発表を待たずに、現時点で対処可能な範囲から暗号変更に備えて対応時間を確保することが重要になります。すなわち、暗号を置き換えるためには公開・非公開のルール変更など様々な準備手続が発生しますし、機器やソフトウェアの変更にも、コスト負担に加えてテストや試行確認などで相当の時間を要します。したがって、量子コンピュータが実用化される前の今から、こうした取り組みを早急に開始すべきでしょう。

◆ＳＫ４ＳＣの耐量子暗号化のステップ

前述したプライバシーとセキュリティを同時に実現するＳＫ４ＳＣで採用される**ＤＡＣ**や「**ゼロ知識範囲証明**」の暗号方式は、学界で耐量子暗号への改良が盛んに研究されてはいるものの、現時点では残念ながら量子コンピュータの攻撃に耐性がありません。では、**耐量子暗号**に今後切り替わる中でＳＫ４ＳＣのような新技術を導入するには、どのような手順を踏んだらよいでしょうか？　私達の共同研究では、以下のような手順を考えました。すなわち、第一段階として「ゼロ知識範囲証明」とＤＡＣを用いてブロックチェーン上でプライバシーを強化した**公開鍵基盤**（**ＰＫＩ**）を実現する仕組みである**ＳＫ４ＳＣ**について、その大枠をホワイトペーパーなどの形で提示し、グローバルに公開します。その後、第二段階としてＰｏＣ（概念実証）を行い、第三段階として強力な量子コンピュータの実現が見えてくるまで（現状では２０３０年頃か２０４０年以降かは不明です）、ＳＫ４ＳＣの試用・

ＰＫＩ
公開鍵基盤(Public Key Infrastructure：PKI)とは、通信の暗号化と電子的な身分証明の仕組みを指し、公開鍵暗号方式や電子署名で用いる公開鍵とその公開鍵の持ち主との対応関係を保証する。

概念実証
概念実証(Proof of Concept：PoC)とは、新たな手法などの実現可能性を探るため、試作開発に入る前に行う検証のこと。

評価を実施します。第四段階として、耐量子暗号が実用化されたらこれまでの暗号を更新するわけです。

(3) 国際標準化への展望

◆国際標準化は重要な国家戦略

一方、**自国の優れた技術や法規則を国際標準化することは重要な国家戦略です**。このため、日本も各種リスクに対する「守り」を固めるだけでなく、**国際標準**を取りに行くような「攻め」に転じることも重要です。諸外国の「攻め」としては、たとえば、①中国はCBDCをめぐって、SWIFTと合弁会社を作って国際ルール形成を展望し、香港・タイ・UAEと国際決済の枠組み作りで協働する合意（2021年2月のm-CDBC Bridge）をしてクロスボーダーCBDCでの覇権を展望していますし、②米国は政府機関が扱う製品・技術のセキュリティ基準（例：NIST SP800-53）を定め、これが日本を含む外国企業にも適用されるなど、様々な動きを見せています。このように主要国は国際標準形成に余念がありません。こうした中、日本も国際ルール形成を主導できないでしょうか。たとえば、**耐量子暗号**に関する技術標準で何か発信できるものはないでしょうか。

◆日本の巻き返し戦略の提案

日本には米国**NIST（国立標準技術研究所）**のような**国際標準形成母体**がありません。民主党政権時代に、研究組織の産業技術総合研究所（産総研）と運用組織の情報処理推進機構の統合を図りま

国際標準化戦略
国際標準化戦略とは、自国の技術や規制を国際標準に反映させることで国際市場での競争力を高める戦略を指す。

したが頓挫した経緯もあります。デジタル庁創設や印鑑の電子署名置換えで再び暗号分野に注目が集まる中、日本の巻き返し戦略について以下のような提案をいたします。

まず、日本の現在の**マイナンバー**は様々な法令上の制約があるため、欧米とは異なり、通常の身分証明には使えません。このため、当面はマイナンバーを使用せずに**公開鍵基盤（ＰＫＩ）**の電子認証に活用し、民間用途を拡大していくことになります。次に、数年後の**耐量子暗号**（格子暗号等）の出現に備え、米国ＮＩＳＴが標準化基準を作成した時点で米国基準に沿って逸早く上記ＰＫＩの暗号関数を格子暗号等に置き換えることを提案します。ここで逸早く対応することで、日本が他のＩＴ先進国に比べて周回遅れであった部分の実装ノウハウを国内に蓄積することができ、暗号技術者層の拡大を図ることができます。その後、比較的小さなアプリケーションに焦点を当てて、日本が最先端の技術を持つ分野（例：ペアリングを用いた匿名認証技術）を世界に先駆けて実用化します。最後に、この実績を元にデジタル庁が標準書を作成して**国際標準化**に努め、国内関係省庁や企業、国外での採用を働きかけるわけです。

第6章　法的貨幣論序説―通貨主権・通貨

これまで憲法に基づく民主的統治や決済の最新動向に焦点を当てて法的な指摘を試みてきましたが、本章では法的な貨幣論にさらに踏み込んで検討していきたいと思います。具体的には、①リブラ構想など通貨主権が問題となる事例や今後問題になり得る事例を紹介し、①国際法や国内外の規制等における通貨主権の課題を紹介・検討し、③国内私法上の通貨の扱いを英国法と日本法について簡単に概観します。

1　通貨主権が問題となる事例

(1)　リブラ構想

◆リブラは既存の法定通貨よりも出来が良い

通貨主権が問題とされた例といえば、2019年6月にフェイスブックが発表した「**リブラ構想**」（ディエムと改称した後、2022年初に頓挫）が有名です。複数の主要国通貨を裏付けに発行されるので、既存の法定通貨よりも価値が安定しています。このため、法定通貨を凌駕し得ます。2019年9月には独仏の財務大臣が共同声明で欧州では認可しないとしたほか、2019年10月のG20では「デジタル通貨は一連の深刻なリスクを生じさせる」との強い懸念が示された合意文書がまとめられて当面は発行を認めない方針が確認されました。同じ10月にはフェイスブックのザッカー

法的貨幣論の具体例
憲法に基づく「中央銀行の独立性」の再定義（**第1章**）、通貨主権の国際法上の再定義（本章や**第9章**など）、通貨のデジタル化に対応した各国取引法の法整備（本章や**第8章**など）など。

バーグCEOが米国下院公聴会で、米国当局が承認しない限りリブラは発行しないと言質を取らされました。各国当局が大変厳しい姿勢をとった理由は、CBDC研究の第一人者である麗澤大学・中島真志教授の言葉を借りると以下のようになります。

「リブラが「通貨」として非常によくできた仕組みになっているから」で、「短期間のうちに、世界中に広く普及する可能性を秘めており、既存の法定通貨やそれを発行する中央銀行の位置づけを低下させ、そしてその背後にある国家の通貨主権を揺るがしかねないとみたからこそ、当局では、こうした厳しい対応を行っているのです」（中島真志『仮想通貨vs中央銀行』新潮社・2020年・17頁）。

◆中央銀行への挑戦？

当局の懸念には、マネーロンダリング（資金洗浄）や利用者保護の面で、銀行とは異なり、十分な規制に服していないという面もありますが、「最も肝心なことは、リブラが目指しているものが『まさに中央銀行である』という点です。…これまで中央銀行が一手に担ってきた通貨の発行、通貨発行益の享受といったことを、銀行ですらない一介の民間事業者が行うことに対しては、当然のことながら各国当局からの強い反発があります。また「そもそも論」として、これまで通貨を発行する権限というのは「**通貨主権**」（**monetary sovereignty**）として国家が有してきたものです。リブラの動きは、この権限を民間企業が握ろうとするものですから、ある意味で国家の権限に対する「**公然たる挑戦**」であるとも言えます。国家が担ってきた権限を一介の営利企業に過ぎないフェイスブックが行使することについては、各国当局としては、到底認めることができないというのが正直なところだと思われ

通貨発行益
中央銀行が通貨発行で得る利益でシニョリッジ（seigniorage）ともいう。たとえば、日本銀行は銀行券（日本銀行から見ると無利子の負債）の発行と引き換えに、保有する有利子の資産（国債、貸付金等）から発生する利息収入を得るが、これらの利益を指す。

ます。…金融システムや通貨の安定のための仕組みに何ら貢献することなく（まったくコストを払わずに）。でき上った各国通貨の信認の上に、自分たちの通貨を発行しようとしている点は「いいとこ取り」と批判されても仕方のない面があります。中銀や当局の努力のうえに胡坐をかいて、リブラを発行しようとしている訳ですから、各国の中銀や当局が厳しく批判するのも無理はないでしょう」（同61～62頁）。

◆国際法上も問題となり得る

ここで問題とされた通貨主権は、主権国家が発行する**法定通貨**（例：ユーロ）の優位性を保つため、競合し得る民間通貨（すなわちリブラ）をいかに規制するかという国内法の側面が強く、それは非常にわかりやすいのですが、G20で議論されたように国際法の側面もあります。このように通貨主権は国内法と国際法の双方で法の規律対象となりますが、イメージしにくい国際法上の通貨主権はいかなる形で議論されるのでしょうか？

(2)　通貨主権が国際法で問題となる例

国際法で**通貨主権**が問題となる例を挙げましょう。途上国などで、米ドルやユーロ等の主要な外国の法定通貨について相手国の承諾なしに自国の法定通貨に法定してしまう動きがあります。これは通貨発行国への影響次第では通貨発行権の侵害という形で国際法の問題となります（このような「**ドル化**」の国際法上の問題を論じた論文として、前掲・グルーソン弁護士の著作があります）し、

2008年に欧州中央銀行はアイスランドによるユーロの一方的自国通貨化の可能性について懸念を表明しました。通貨主権の定義は不明確ですが、その侵害は国際法違反ということで、全体としての法律関係は、不明確なままです。

また、あまり注目されませんが、通貨主権をめぐる国家間の対立が国際法上の問題となった日本の実例に戦後の沖縄があります。1945年4月、米軍は沖縄に上陸して軍政を樹立し、①一切の金銭取引を禁止して物々交換の通貨なし経済が約1年続いた後、通貨交換により法定通貨が、②住民保有の旧日本円からB型円軍票紙幣（B円）等へ（1946年4月）、③B円から新日本円へ（1946年8月）、④B円と日本円の二本立てへ（1947年8月）、⑤B円に統一へ（1948年7月）、⑥B円から米ドルへ（1958年9月）と幾度も変遷し、⑦1972年5月から本土復帰に際して日本円へ移行し現在に至りました（牧野浩隆『戦後沖縄の通貨』ひるぎ社・1987年・17～42頁参照）。このうち⑦の日本円への移行に際し、1971年8月15日のニクソン声明による変動相場制移行の煽りを受け、ドル・円の交換レートが問題となりました。沖縄住民は旧固定相場の1ドル＝360円を要求しましたが、投機ドルの流用防止が困難と判断した日本政府は1ドル＝305円で交換し、1971年10月9日付で確認された日本人（米国等の外国人は対象外）の個人保有のドル現金については差額55円分を補償することとなりました。この補償を事前に聞かされていなかった在沖縄の米国高等弁務官は激怒し、米国の本国政府は日本に対し、沖縄に対して米国には潜在主権があり、米国の軍人・軍属を差別する行為で国際法違反だから破棄せよと公文書で申し入れてきました（川平成雄『沖縄返還と通貨パニック』吉川弘文館・2015年・142～145頁参照）。日本政府は、返還された日に顕在化する日本円の通貨に関して米国に国際法上の潜在主権は及ばない等として突っぱねましたが、通貨主権が一応の問題になった事例です。

(3) 今後問題になり得るデジタル通貨主権

また、通貨主権が今後問題となり得る具体例に、外貨発行のCBDC（中央銀行デジタル通貨）がグローバル化した場合の「デジタル・ドル化」の問題が考えられます。

◆弱小国におけるドル化

第一に、ある国のCBDCがその国の強い影響下にある地域で広範に使われる結果、そうした地域の自国通貨を駆逐してしまい、自国通貨が通貨主権を失ってしまう事態です。既存の紙幣についても自国通貨が弱い途上国等で米ドル等が自国通貨以上に流通する「**ドル化**」はすでに起きています（例：カンボジア国内では現地通貨リエルよりも米ドルの方が通用）が、通貨がデジタル化するとこの流れを加速しかねません（「**デジタル・ドル化**」と呼ばれます）。事実、カンボジアは逸早くCBDCを導入して自国通貨バコンと米ドル（米国には無許可）を提供しています。この背景には、すでにドル化が進行している現状だけでなく、中国の**デジタル人民元**が東南アジア地域で広範に利用される将来を見据えて、現地通貨リエルの通貨主権を守るためであったと言われています（宮沢和正『ソラミツ：世界初の中銀デジタル通貨「バコン」を実現したスタートアップ』日経BP社・2020年・133〜136頁参照）。

ドル化の得失
ドル化には上記の非公式なドル化（カンボジア等）だけでなく、米ドルを自国の法定通貨として導入する公式なドル化（エクアドル、エルサルバドル等）がある。公式なドル化は、インフレを統制しやすくなる一方、米国の政策に左右されやすくなる。

◆デジタル・ドル化の逆襲

第二に、上記で記したバコンのように、通貨発行国の許可を得ずにＣＢＤＣを発行し、それが通貨発行国にも還流して多大な影響を及ぼす場合です。これまでも通貨発行国の許可を得ずに勝手に外国通貨を自国通貨として法定してしまうことはありました（例：エルサルバドルは２００１年から米ドルを法定通貨化）。ＣＢＤＣであれば紙幣よりも素早く還流するリスクがあります。現在のバコンは後述するように、カンボジア国内のみの流通で金額も少ないので問題になりませんが、もしカンボジア中央銀行の一方的な仕様変更により、バコンが国外流通して金額が巨額化したり、他の強国（例：中国）がこれに倣って無許可で外貨を発行するような事態に至れば問題になります。

◆ビットコインの法定通貨化

やや脱線しますが、エルサルバドルは２０２１年からは暗号資産ビットコインも**法定通貨**化しました（Decreto No.57, Ley Bitcoin）。しかし、ＩＭＦは金融の安定性や消費者保護等で多大なリスクを伴い、偶発債務を生じる可能性があるとして見直しを勧告しています。また、日本政府もエルサルバドルのビットコインを資金決済法２条５項１号で暗号資産の除外項目となる外国通貨とは扱っていません（後述参照）。

◆デジタル・ドル化の逆襲問題の本質

さて、カンボジアのＣＢＤＣであるバコンは現地通貨リエルだけでなく、米国の許可なしに米ドルも電子的に発行しています。紙幣におけるドル化とは異なり、**電子化されると、カンボジアがその発行金額や流通範囲も自由に変更できる**ことになりますが、仮に今後バコンが大口化・グローバル化すれば、米ドルの**通貨主権**にも影響を及ぼし得るでしょう。バコンでは問題視されなかったのだからという理屈で、仮に中国のデジタル人民元が米国や日本に無断で米ドルや日本円を電子的に発行したとすれば、米国や日本への影響は多大に及ぶと考えられます。現在の国際法上の通貨主権概念は必ずしも明瞭で迅速な対応に適してはいませんが、デジタル通貨であるＣＢＤＣの世界では従来よりも迅速に普及する可能性があるため、迅速な解決が可能となるように**ソフトロー**による解決メカニズムをG20かＩＭＦの場で用意する必要があるように思われます（第9章参照）。

2　通貨主権をめぐる国際法上の基本事項と「デジタル・ドル化」の法的側面

やや硬い話になりますが、この辺りで、国際法や国内法で通貨や通貨主権がどのように扱われ、議論され得るかを確認することにしましょう（第2章でも言及しましたので、若干重複します）。細かな法解釈は趣味ではないのですが、法的にいかなる扱いが共通認識として存在し、いかなる点何がどのように議論され得るかを知ることは、今後の議論を生産的にする上で避けて通れないからです。なお、法学の世界で通貨法の研究は必ずしもメジャーな分野ではなく、マン教授らが創設し、私も所属している国際法協会通貨法委員会（ＭＯＣＯＭＩＬＡ）などが主な議論の場となってきました。

(1) 通貨主権をめぐる国際法の教科書的理解

まず、国内外の国際法上の教科書的な基本認識を整理しましょう。

◆通貨や通貨主催の明確な定義は不在

国家は、法定通貨の鋳造権や発行権の独占に関して国内法で規定しています（例：通貨の単位及び貨幣の発行等に関する法律、日本銀行法46条）が、通貨法研究の第一人者であるマン教授およびその著作の改訂を担ってきた**プロクター**弁護士によれば、これは通貨主権として、国際法上も**主権平等の原則**（国連憲章2条1項）や**内政不干渉の原則**（同7項）で基礎付けることができ、他国から尊重されます。また、自国通貨に関する金融政策や課税等は当該国の国内管轄に属し、当該国は自由に通貨を規定し、外貨受入れ等を制限できます（Charles Proctor, Mann on the Legal Aspect of Money, 8th, Oxford, 2022の19章（Monetary Sovereignty）参照）。また、プロクター弁護士の最近の論考（David Fox and Sarah Green, Eds, Cryptocurrencies in Public and Private Law, Oxford 2019, 37-42頁（Charles Proctor執筆部分）参照）によれば、国際法に（各国法制度上の産物としての）**通貨**の概念はあるが通貨の定義はなく、**通貨主権**に関しても、ＩＭＦ協定が国家の通貨主権を前提とした書きぶりになってはいるものの、やはり通貨主権の定義や権能については書かれていない、と記しています。さらに、ビットコインなど民間が発行する通貨に関しては、主権国家間の問題を主な対象とする国際法の及ぶところではなく、専ら国内法の規律に服してきたと述べています。

主権平等の原則

国連憲章2条

この機構及びその加盟国は、第1条に掲げる目的を達成するに当っては、次の原則に従って行動しなければならない。

1　この機構は、そのすべての加盟国の主権平等の原則に基礎をおいている。

◆通貨主催の侵害は国際法違反

一方、日本の国際法の専門書には以下のようなことが書かれています。一般国際法上は、国家は**通貨主権**に基づいて自国領域内において他国通貨の使用を規制する権限を持ちます（吉村祥子編『国連の金融制裁：法と実務』東信堂・2018年・44頁参照）。また、外国通貨を通貨発行国の同意なしに一方的に自国通貨として発行したり、法定通貨化する場合、経済規模の小さい国であれば通貨発行国への影響が僅少なので国際法違反になりませんが、通貨発行国への影響次第では**通貨発行権**の侵害があり得ます（酒井啓亘他『国際法』有斐閣・2011年・464頁参照）。実際、欧州中央銀行は、2002年のコソボやモンテネグロが一方的に自国通貨化した際には問題視しませんでしたが、2008年にアイスランドがユーロを一方的に自国通貨化しようとした際には懸念を表明しました。通貨主権の定義は不明確だが、その侵害は国際法違反ということで、全体として法律関係は不明確なままです。

(2) デジタル・ドル化の法的検討

◆通貨主権が問題になる局面

さて、**通貨主権**は、①自国通貨を発行する権限、②自国通貨の切り下げ、③自国内で他国通貨を排除する権限の3局面で登場すると言われています。先に述べた海外ＣＢＤＣの自国への流入（デジタル・ドル化）については、③の自国内で他国通貨を排除する権限が該当し、当該他国通貨の影響力が大きい場合には通貨主権の侵害排除が問題になり得ます。では、仮に中国人民銀行（中央銀行）がデ

一般国際法　すべての国家が遵守すべき国際法（慣習法、条約法）を指し、特定の国家のみを対象とする特別国際法に対する概念。国家間の慣習がほとんどの国で法的意識を持って守られているとき、それが不文律であっても慣習法となる。

ジタル人民元を人民元と日本円で発行し、それが日本に大量流入して日本の通貨主権が脅かされるような場合、日本法を中国に域外適用（法律は自国領内での属地適用が原則だが、例外的に自国領域外に適用すること）して中国人民銀行による発行を止めさせることができるでしょうか？

◆域外適用はできるか

最初に、**域外適用**について簡単に確認したいと思います。国内法は自国領域内で適用すること（**属地主義**といいます）を原則としますが、一定の場合に自国領域外に適用することも国際法上認められております。国家の管轄権には、国内法を制定する**立法管轄権**（大陸法では国会が法律を制定しますが、英米法では裁判所による規律形成もなされるため、これを含めて**規律管轄権**と呼ぶ人もいます）、裁判を行う**司法管轄権**、刑罰等を国内で執行する**執行管轄権**の3つがありますが、各々で域外適用の可否が異なります。このうち執行管轄権は、国外で行うと相手国の同意がない限り内政干渉になるので域外適用はできませんが、司法管轄権は国際事件に関しても広く認められています。議論になるのが立法管轄権で、国際法上は明確な根拠はなく論者によって様々ではありますが、属地主義以外でも、属人主義、保護主義、普遍主義によって根拠づけられていれば域外適用が正当化されると解されています。

◆日本法の不備

本題に戻りましょう。通貨をめぐる重罪（例：**通貨偽造**や紙幣類似の発行）については、**保護主**

域外適用の根拠
立法の適用根拠として、自国領域内か（属地主義、例：刑法1条1項）、自国民を対象とするか（属人主義、例：刑法3条）、内乱罪・通貨偽造罪等の重大な法益侵害か（保護主義、例：刑法2条）、海賊・テロ等の国際社会全体の法益侵害か（普遍主義）、直接、予見可能で実質的効果が自国に及ぶか（効果主義）があり、普遍主義や効果主義は論者によって意見が分かれる。

義に基づく域外適用が国際法上も国内法（刑法2条）上も一応可能ですが、実際に日本法を域外適用するには条文の要件に適合するか否かが課題になるでしょう。たとえば、紙幣類似証券取締法1条1項は「証券ニシテ紙幣類似ノ作用ヲ為スモノト認ムルトキハ財務大臣ニ於テ其ノ発行及流通ヲ禁止スルコトヲ得」としますが、証券＝紙ですので外国のデジタル通貨に適用するのは目的論的解釈ならばできるかもしれませんが、罪刑法定主義（刑罰は予め法律で規定する原則）や文理解釈に照らすと課題が残ります。現行法をデジタル化に対応させる法整備が必要でしょう。

◆法執行の難しさ

仮にそうした課題をクリアし日本法が適用できたものと仮定しましょう。それでも中国人民銀行が発行するデジタル人民元（中国元、日本円）が日本国内で流通する結果、日本の通貨主権を侵害することを理由に現実に発行を禁止させるための法的措置を執行することは必ずしも簡単ではありません。中国人民銀行は、少なくとも中国元については上記①の通貨主権（自国通貨を発行する権限）を主張できますし、日本円についても上記カンボジアのバコンの米ドル発行例を引合いに正当性を主張するかもしれません。いずれにせよ、通貨主権①と通貨主権③の国家主権同士の対立となり、解決困難です。

◆外国通貨の保護範囲

なお、国際法上、外国の法定通貨（外国通貨）の扱いをみますと、ＩＭＦ協定8条で自由な交換が義務付けられるものの、どの程度保護するかは各国の裁量に任されています。日本や米豪等の国内法は外国通貨の**偽造**防止義務を規定しています（例：刑法149条）が、他国通貨システムの安定を保護する義務は国際法には存在しておらず、日本円のデジタル人民元が外国通貨を保護しない第三国で流通した場合には法的保護は乏しく、国際法の未整備が目立ちます。

◆ナポレオンの紙幣偽造

やや脱線しますが。ナポレオンが戦時中にオーストリアなど欧州各国の紙幣を**偽造**した際にも戦時国際法上の責任を問われませんでした（植村峻『贋札の世界史』角川ソフィア文庫・2020年・158頁以下参照）。たとえば、1805～1806年のアウステルリッツの三帝大戦でオーストリアに勝利したナポレオン1世はフランス軍の戦費不足を補うために当時としては高水準の偽造対策を施されていたウィーン国立銀行券を偽造させました。具体的にはフランス占領下にあるオーストリア銀行を接収し、その紙幣印刷所に保管されていた本物の印刷版面を密かにパリに送ってウィーン国立銀行券を大量に印刷しました。若干の色調の相違はあったものの、本物と同じ印刷状態なので簡単には偽造を見抜けず実際に流通しましたが、1810年にナポレオンがハプスブルグ家皇女マリー・ルイズと結婚して仏・墺が縁戚関係になったため、紙幣偽造行為は揉み消され、印刷版面も密かに破壊されました。

刑法149条
1　行使の目的で、日本国内に流通している外国の貨幣、紙幣又は銀行券を偽造し、又は変造した者は、2年以上の有期懲役に処する。
2　偽造又は変造の外国の貨幣、紙幣又は銀行券を行使し、又は行使の目的で人に交付し、若しくは輸入した者も、前項と同様とする。

◆ビットコインの法定通貨化への日本の対応

一方、偽造ではありませんが、外国通貨をある程度保護する日本でも、外国通貨を日本円と同等に扱うわけではなく、国家の裁量範囲を残しています。たとえば、前述のようにエルサルバドルが2021年にビットコイン法を制定して、暗号資産**ビットコイン**を法定通貨化したことが最近話題になりました。暗号資産を通貨として認めるか否かをめぐっては世界的にも賛否両論様々な議論があり、国際通貨基金（IMF）理事会は、金融の安定性や消費者保護等で多大なリスクを伴い、偶発債務を生じる可能性があるとして法定通貨化の見直しを勧告）しています。

日本でもビットコインを資金決済法2条5項にいう外国通貨として扱うか否かが国会で審議されました。資金決済法はビットコインのような暗号資産を規律する法律ですが、外国通貨に該当すれば同法の適用対象外になってしまいます。政府は2021年6月の国会審議（内閣参質204第114号）で、「資金決済に関する法律（平成21年法律第59号）第2条第5項第1号における外国通貨とは、ある外国が自国における強制通用の効力を認めている通貨と解されるところ、ビットコインについては、公開されているエルサルバドルのビットコイン法においてその支払を受け入れる義務が免除される場合が規定されており、当該外国通貨には該当せず、同項規定する暗号資産に該当しているものと考えている」との見解を示し、結論的に外国通貨としては扱わず、同法の適用対象としました。

◆迅速な紛争解決メカニズムの必要性

再び本題の設例に戻りましょう。たとえばこの問題を国際司法裁判所で長期間審議するとして、日本円版デジタル人民元の方が日本円ＣＢＤＣよりも強ければ、その間にデジタル人民元が日本で席巻してしまうでしょう。ＣＢＤＣのようなデジタル通貨の場合は、他国での普及速度が紙幣よりも速い可能性があるため、私はＧ20等の場でソフトロー合意によってお互いの通貨主権を尊重することと、有事の際に迅速に機能し得る通貨主権同士の競合解決ルールを制定することが望ましいと考えます（詳しくは第９章参照）。さらに、通貨の事実上の通用力は、国家の法的強制力をもってしてもなかなか統制できません。したがって、まずは紛争が生じないように、自国の法定通貨がきちんと機能するように最大限努力すると共に、国家間で法定通貨に関してきちんと住み分けておく必要があります。

3　国際法や規制における通貨主権の見直し提案と私見

以下、伝統的な**通貨主権**概念を見直して、現代の国際金融に適合するものに作り替えようとする学者の提案を２つ紹介し、その後、私見を述べたいと思います。

⑴　ジンマーマン博士の見解

まず、前述した**ジンマーマン**博士の研究書（Claus D. Zimmermann, A Contemporary Concept of Monetary Sovereignty, Oxford, 2013）が通貨主権について以下のように説明しています。

◆通貨主権の唯一の根拠

すなわち、国際法で通貨主権に言及する場合は、１９２９年の常設国際司法裁判所の判決（Serbian

Loans Case, 1929, PCIJ, Rep. Series, A no 20, at 44）で、国家は当該国通貨の規制権限を有する点を一般法原則として認めた点（"It is indeed a generally accepted principle that a state is entitled to regulate its own currency."）を唯一の根拠としてきました。また、国際法の通貨主権概念は、国家権力が非常に弱かった時代に通貨に関する国家権能を事後的に正当化する概念として機能した古い概念だそうです。このため、通貨主権はこれまでは通貨・金融に関する国家の権能を名目的に示すものとして捉えられ、**国際慣習法**や国際条約（**ＩＭＦ協定**４条・８条等）が対応可能な国際問題もごく小さな部分にとどまってきました。

◆世界金融危機の教訓

しかし、２００８年の世界金融危機にみるように、現代の国際金融システムは他国の金融危機が容易に伝播する**相互依存性**を高めており、従来の通貨主権に関する国際法の枠組みでは対応できなくなっています。そこで、各国は、お互いに協力して国際金融上の要請（金融システム安定や資金洗浄対策、説明責任、透明性等）に対応する必要性を認識し、これらは**ハードロー**（法的拘束力を持つ規範を指し、条約などが該当）よりは**ソフトロー**（法的拘束力を持たない規範を指し、G20首脳合意やモデル原則等が該当）のかたちで共有され、上記要請に叶うように各国が協力して法規制を整備するようになりました。すなわち、現在の国際金融システムは国際条約だけで規律される小さな世界ではなくなり、**ソフトローや各国の国内法（公法・私法）が大きな役割を果たすハイブリッドな性格を持つシステムに変容**しました（詳細は第２章３参照）。こうした流れを受けて、ジンマーマン博士は通

国際司法裁判所規程38条1項

裁判所は、付託される紛争を国際法に従って裁判することを任務とし、次のものを適用する。

a　一般又は特別の国際条約で係争国が明らかに認めた規則を確立しているもの

b　法として認められた一般慣行の証拠としての国際慣習

c　文明国が認めた法の一般原則

d　法則決定の補助手段としての裁判上の判決及び諸国の最も優秀な国際法学者の学説（以下、略）

貨主権を捉え直す必要性を説きます。すなわち、国際法上の通貨主権概念も、現状に合わせて国際的な政策協調に向けた規範的な概念として構築し直すべきと主張されます。こうした見解は、ソフトローであるバーゼル合意やＦＡＴＦ勧告に従って各国の法規制が収斂していく現在の国際金融システムの実情に対応したものであり、妥当な認識と言えるでしょう。

(2) 通貨主権の再構築に関するミュロー研究員＝クルスター准教授の提案

以上みてきたように、国際法における通貨主権概念は明確な内容に乏しく、金融の実態にもそぐわない状況にあります。

◆金融統治能力に着目

そこで、政治学者のボストン大学・**ミュロー**研究員とアムステルダム大学・**クルスター**准教授の最近の論考（Steffen Murau, Jens van't Klooster, "Rethinking Monetary Sovereignty: The Global Credit Money System and the State", Cambridge University Press Online 2022参照）は、**シャドーバンキング**（銀行ではなく証券会社やヘッジファンド等が行う金融仲介業務）の拡大に焦点を当て、主権国家体制に基づいた現行国際法の通貨主権概念が単に国家が自国の通貨を発行し規制する能力を名目的に示すものにとどまるのを改め、金融グローバル化の時代に国家が実際に何ができるか（金融統治能力）に焦点を当てた効果的（effective）な通貨主権概念を構築すべきと説きます。

◆シャドーバンキングやオフショアも視野に入れる

すなわち、伝統的に国際法が採用してきた通貨主権概念のように、各国中央銀行が発行する法定通貨にだけ焦点を当てるのではなく、実際にはそれよりも遥かに金額の大きい、国の規制下にある民間銀行による**信用通貨**と、国の規制下にはない**シャドーバンキング**が発行する民間通貨も広範に含めた概念に作り替えるべきと主張します。こうした民間銀行やシャドーバンキングによる信用通貨の創造は、国内の規制が及ばない**オフショア市場**で行われることも多いわけですが、国家がこれらを効果的に統治し、公的な通貨と公的経済政策上の目標を達成する能力をもって通貨主権とすることを提唱しています。

彼らによれば、従来の通貨主権概念は主権国家の**内政不干渉原則**を掲げていますが、法定通貨の発行国は自国通貨の発行規制権限は持っていても、海外で自由に規制を離れて流通するオフショア・マネーを実際には統御できません。また、前述の1929年の常設国際司法裁判所の判決を法的な通貨主権の根拠とする結果、通貨主権は、対内的には①国家による通貨発行権、②国家領域内における当該通貨の使用規制権、③国内政策目的達成のために金融政策を行う権利として、対外的には為替レートの設定権として言及されてきましたが、現代の国際金融を視野に入れると、これだけでは範囲が狭すぎると主張します。

◆伝統概念では捉え難い現代の国際金融

すなわち、現代の国際金融は、日本円、米ドルなどの通貨ごとに、①公的通貨（中央銀行準備金と

信用貨幣（信用通貨）
手形・小切手、銀行券、預金通貨など、信用を基礎として流通する貨幣代用物。金本位制の下での金貨のように、額面金額が素材価値と一致し、貨幣制度の基準となる本位貨幣の対概念。

現金）、②民間の公的通貨（公的保護下にある銀行預金、ＭＭＦ等）、③民間通貨（公的保護下にない銀行預金、ＭＭＦ等）という3部門が規制下にある国内市場とそうした規制の及ばないオフショア市場に存在しており、しかも各国の通貨は力関係が異なる**階層構造**にあります。この結果、伝統的な通貨主権概念を維持したままですと、①国家領域内に視野を限る結果、広大なオフショア市場や民間通貨が視野から外されてしまう上、②各国通貨を同列に扱う結果、国際金融市場における通貨間の階層構造（通貨間の力関係は厳然として存在し、世界最大の覇権通貨である米ドルの強い影響の下、準覇権通貨であるユーロ・日本円・英ポンドが連なり、その下に豪ドル、伯（ブラジル）レアル、韓国ウォン等、さらに下に中国元、露ルーブル等の通貨が連なる事実上の各国通貨の階層構造があり、日々力関係が変化している）に適切な考慮が払われません。さらに、③民間通貨やオフショア市場を無視する結果、伝統的な通貨主権概念は国家による通貨発行権の重要性を過大視してしまうおそれがあり（実際、ユーロ導入で独自の通貨発行権を喪失したオランダに、国際金融上の地位を低下させたという事実はない）、④この結果、伝統的な通貨主権概念は経済政策の良し悪しを判断する視野を狭めてしまう問題があります。このため、ミュロー研究員とクルスター准教授は、伝統的な国際法上の通貨主権概念を放棄すべきと説きます。

◆金融統治という新概念

そして、新たな通貨主権概念として、経済政策上の目的を達成するために「**金融統治**」（①公的通貨の支配、②民間の公的通貨の規制、③民間通貨の管理）の道具を用いる国家の権限と規定し直すことを提唱しています。これにより、伝統的な通貨主権概念が見落としてきた3部門全体に目を配れるし、従来は同一視されてきた各国通貨間の力関係を加味してより適切な金融政策が遂行できる、としています。

(3) 通貨主権の再構築をめぐる若干の私見

◆方向性は賛成

伝統的な通貨主権概念が現代の国際金融に適合せず、新たな概念の組み直しが求められていることについては衆目の一致するところであり、①ジンマーマン博士がいう国際金融上の**ソフトロー**上の要請（金融システム安定や資金洗浄対策、説明責任、透明性等）にも対応できる規範構築や②ミュロー研究員とクルスター准教授がいう経済政策上の目的を達成するために「**金融統治**」（①公的通貨の支配、②民間の公的通貨の規制、③民間通貨の管理）を政策指標として掲げる主張も、方向性としては妥当で、私も大いに評価します。

◆紛争解決規範が必要

しかし他方で、具体的な法規範を定立するには、どちらの提案も未だ抽象度が高すぎるように思えます。国際司法裁判所の場で国家間の主張が衝突した場合にいずれが正しいかを司法判断するには、より具体的なメルクマール（違反した場合の制裁を含む）を設定し、各国主権の線引きをする努力が今後は必要になるでしょう。

たとえば、ジンマーマン博士の言う金融システム安定や資金洗浄対策等は、すでにFSBやFATF等の国際金融に関するソフトロー枠組み（**第2章3参照**）によって担保されている部分を除いてみた場合、国家間の法的紛争を解決する基準となり得るでしょうか。たとえば、A国とB国の各々の金融システム安定に資する政策が相矛盾する場合（例：A国の量的緩和がB国からみると為替介入に映る場合）、どの程度まで相手国と協調する義務があり、どの程度まで自国の都合を優先すべきかの線引きは、具体的な要件が明確でないと不可能なように思えますが、ジンマーマン博士やミュロー研究員とクルスター准教授の提案では、そうした意味での法的な要件・効果は示されていません。

したがって、たとえば**中央銀行デジタル通貨（CBDC）**で外貨を発行し（例：バコン）、それがクロスボーダー化して巨額決済に用いられるような場合（例：デジタル人民元が米ドルや日本円を発行して海外流通させた場合）に備えて、G20によるソフトロー合意等の形で紛争解決や紛争予防に関する規範形成を検討する必要があるように思います（**第9章参照**）。

4 通貨の取引法における扱い

一方、公権力や規制が関与せず、当事者間の**私的自治**が原則となる国内法（私法、取引法）では、法定通貨とは別に次々と登場してくる新たな民間通貨をどのように扱ってきたのでしょうか。以下、英国と日本の文献、すなわち①英国のグリーソン弁護士が最近公刊した書籍（Simon Gleeson, The Legal Concept of Money, Oxford, 2018）と、②日本銀行金融研究所が1995年に公刊した論文（前出54頁・古市峰子（1995年））の内容を簡潔に紹介し、小括したいと思います。英国法（イングランド法）は、他の法律に比べて国際取引（特に金融や海運・保険）において契約準拠法とされることが非常に多く、通貨と取引法との関わりをみるのに適しています。また、日本法も我々にとって身近な法律ですのでみてみましょう。

(1) グリーソン弁護士の英国法に関する説明

◆通貨の定義は不在

英国の著名弁護士である**グリーソン**氏は、ジンマーマン博士の貨幣分類（前述）によれば「社会決定説」に属すると思われる体系書（前記参照）を著し、膨大な裁判例等で実証し、注目されます。彼によれば、英国において**法は、何が通貨であるかを定義せず、通貨とされた場合の帰結のみを示している**とのことです。**通貨**の定義は困難ですが、経済学に言う貨幣の三機能や中央銀行発行といった要素をすべて備える必要はありません。たとえ強制通用力を持つ法定通貨であっても、相手方が受領に不同意であれば実際に使えないので、「**貨幣法制説**」（貨幣がお金としての価値を持つ根拠として、それが多くの人が手に入れたがる価値の高い商品だからという説明〈**貨幣商品説**〉に対し、法律や命令などで貨幣として定めたからお金は流通するのだという説明を貨幣法制説と呼びます）は正しくないと主張されます。

◆社会慣行が法を規定

また、徴税権を持つ国家は法定通貨を創出できますが、法定通貨だけでは民間の支払需要をすべて満たすことができないので、約束手形や銀行預金など民間の信用貨幣がそれを補完してきた歴史的経緯や裁判例を実証的に説明します。日本法とは異なり、英米法では国会だけでなく裁判所も積極的に法規範を形成しますが、裁判所の判決が貨幣を決めるのではなく、時代の変化に応じた社会的コンセンサスの所在を映すのみであって、むしろ**社会慣行が法を規定**してきたとします。過去に約束手形が登場した際も、裁判所で有価証券法理（譲渡性原則）が即座に作られたわけではなく、商人慣行に多大な考慮を払って徐々に形成されており、**通貨は社会の歴史的産物**であると結論付けています。なお、裁判所ではなく国会で条約や法律を立法する場合も、一般に法制度は社会的受容がないと機能しませんので、国会での立法活動においては**人々の未来の行動を予測し、最小コストで不確実性を排除する役割を法は担ってきた**とされます。

◆ビットコインの扱い

翻って**ビットコイン**については、**これを通貨とする法もないが通貨としない法もない**ことを指摘した上で、事前に通貨か否かを決める規範はなく、社会慣行に目を向け、社会が通貨として扱うならば、裁判所はそれに法を適合させることになると説明されています。また、19世紀的な区分ではモノ（動産）としての現金とカネ（金銭債権）である支払指図を別物とみなしていましたが、今日では社会慣行に従って通貨として同一の扱いをしており、**法ではなく社会慣行が通貨を定めてきた**とします。たとえば、現金紙幣は実体のあるモノで銀行預金はカネでしたが、銀行預金の決済システム上はモノが移動したように扱われるし、社会慣行上もそう解される場合があります。

このため、銀行預金口座にある現金に実体がなくてもカネではなくモノであると解し、返還対象として扱う裁判例が英米法上は可能です（なお、この点は日本法は英国法とは若干異なり、日本法上は紙幣のような現金は「物としての個性を有さない」として支払った現金が特定できた場合でも物権的返還請求権を認めないのが通説ですが、英国法では擬制信託（constructive trust）や衡平法上の先取特権（equitable lien）の法理により返還できます）。そこから、グリーソン弁護士は、仮にこの預金の対象が紙幣ではなくビットコインの場合、社会慣行上も紙幣と同様に扱われているのであれば、ビットコインに所有権を認める解釈は十分可能になると結論しています。

(2) 日本銀行金融研究所論文の日本法に関する説明

次に、日本法についても日本銀行金融研究所の前掲・古市論文を手掛かりにみてみましょう。日本法においても、現金、金銭、**通貨等について統一的・整合的な法的定義はありません**。また、**通貨**とほぼ同義の「金銭」の定義をめぐり、①法定通貨（日本円の現金）に限る見解と②銀行預金等の民間通貨を認める見解が両方とも存在しています。しかし、この論文では、デジタル通貨の登場を視野に入れれば、法律により強制通用力を付与されたもののみを視野に議論することは適当ではなく、強制通用力のある法定通貨に類似した機能を持つ民間の支払手段（銀行振込、手形・小切手、プリペイドカード等）にも目を当てるべきであるとしています。これら民間通貨は、取引参加者合意の下、支払手段として広範に社会に受容され、通貨としての取引にはほとんど支障がありませんが、若干の相違点（弁済による債務の消滅時期や匿名性等の点で法定通貨とは異なります）が残っています。なお、有価証券とは異なり、通貨は何らかの権利を表象したものではなく、刑法も有価証券と通貨は区別しているため、両者は法律上別物と考えられています。

(3) 小括

◆日英ともに社会慣習が法を規定

こうしてみると英国法も日本法も**通貨**に関する法的定義は存在せず、取引法における法定通貨と民間通貨の扱いは社会実態に合わせてほぼ等しく行われており、通貨に関する社会慣習が法を規定してきた側面の方がその逆よりも強いと言えそうです。したがって、取引法分野では日英ともにある程度はデジタル通貨に対応可能です。

◆日本法よりも英国法の方が柔軟

ただし、規律定立機能を国会と裁判所の双方が担う英国法に対し、国会だけが担う日本法では、法律の建付けに伴う法定通貨と民間通貨の扱いの差が残り、物権的返還請求権をめぐっては英米法の方が日本法よりも柔軟な解決を導きやすい面があります。また、**ビットコイン**をめぐっても各国の対応は分かれています。たとえば、ビットコイン等の暗号資産が交換所からハッキングされた場合、その交換所の倒産手続の下で保有者が暗号資産の所有権に基づいて取戻しを主張できるかをめぐっては、日本やスペインのように所有権を否定する国（たとえば、東京地裁平成27年8月5日判決（LEX/DB25541521）、スペイン高裁２０１９年判決（STS 326/2019））とオランダや英国のように所有権を肯定する国（たとえば、アムステルダム地裁２０１８年判決（NL:RBAMS:2018:869（2018）、英国高裁２０１９年判決（UK High Court AA v Persons Unknown [2019] EWHC 3556（Comm）；[2020] 4 W.L.R. 35））が分かれています。

暗号資産は国際取引も多いため、各国の私法上の扱いはなるべく同じ方が良いのですが、こうした相違はビットコインに対する社会の受容度の差というよりは、むしろ母法の建付けの差が影響しているように思われます。たとえば、日本では諸外国よりも厳格な所有権の有体性要件を定める日本**民法85条**（ドイツ民法に由来）の存在により、英米や他の大陸法諸国よりも柔軟な解決が導きにくい状況にあります（詳細は**第8章**参照）。こうした中、日本の国会の立法活動においては、人々の未来の行動を的確に予測し、最小コストで機敏に不明確性を排除していく必要性が従来以上に高まっています。さらに、取引法からは脱線しますが、従来の現金とは異なってデジタル通貨には個人情報が付帯する結果、デジタル通貨をめぐる法整備においては、個人情報保護やＡＭＬ／ＣＦＴ等の様々な法的課題にも対応しなくてはなりません。国際基準に合わせたＡＭＬ／ＣＦＴ法制構築においては、日本が「**立法事実の偏重**」により機敏な国内立法が困難である点も指摘されており、日本法を国際社会の変化に機敏かつ柔軟に対応できる体制づくりも重要になるでしょう。

立法事実
立法事実とは、法律の制定に際して法律の合理性を支える社会的な事実のこと。立法の必要性を説明する合理的根拠とされるが、他方で将来の変化に備えた立法のように現時点の立法事実が存在しない場合には立法の阻害要因にもなる。

第7章　法律以外の貨幣論がもたらす法律への示唆

◆法学・経済学の貨幣論

新たに登場したデジタル通貨は、これを通貨として扱うか資産として扱うかで法的対応は当然異なります。しかし、前章でみたように、一般に法律に**通貨**の定義規定は置かれておらず、通貨とされた場合の帰結のみが記されています。そして、通貨は時代環境に応じた社会慣行で定まる面が強く、将来を見越して法律に定義規定を置くことも難しい状況にあります。一方、経済学でも、通貨と認定された場合の一般的特徴（例：貨幣の三機能〈貨幣単位、交換媒体、価値貯蔵〉）や通貨の起源（例：貨幣商品説、貨幣法制説）、通貨の範囲（例：マネーサプライ統計上の代表的指標であるM２＋ＣＤ）は多くの教科書で説明されてきましたが、やはり何が通貨かを明確に定める定説は存在しません。

◆貨幣論の新たな潮流

しかし、歴史学では最近、通貨の起源をめぐって従来の教科書的説明（たとえば、物々交換から発展して通貨が誕生したとする経緯）の反証となる史実が解明され、通貨の起源を１つに求めるのではなく複数に求める多元論が増えてきました。また、**通貨主権**に関しては、国際金融の環境変化に応じて様々な課題や提案が出てきたことはすでに述べた通りです。他方、経済学では最近、従来は少数説であったフリードリヒ・ハイエクの**貨幣発行自由化論**が再び注目され、**法定通貨**のような通貨の国家

マネーサプライ指標
マネーサプライ（通貨供給量）の代表的指標はM２＋ＣＤ。Ｍ１：現金通貨＋預金通貨、Ｍ２：Ｍ１＋準通貨（定期預金等）、Ｍ３：Ｍ２＋貯金＋金銭信託、ＣＤ：譲渡性預金。

独占に対する疑問が呈示されています。法的貨幣論と同様の問題意識は経済学や歴史学等の他の学問でも探求されているはずですが、そこではいかなるアプローチがなされ、法的貨幣論に対していかなる示唆をもたらし得るのでしょうか？

そこで、デジタル通貨を念頭に置いた最近話題になった法学以外の貨幣論を簡単に紹介し、法学的アプローチに対する示唆を探ろうと思います。その上で、改めてデジタル通貨に対する法規制の在り方を考えることとします。

1 ハイエクの貨幣発行自由化論

(1) 主な内容

最初に紹介するのは、**ハイエク**の**貨幣発行自由化論**です。法学博士でもあるノーベル経済学賞者のフリードリヒ・ハイエク教授は、１９７６年に公刊した『貨幣発行自由化論』（フリードリヒ・ハイエク（村井章子訳）『貨幣発行自由化論〔改訂版〕』日経ＢＰ社・２０２０年（原著Friedrich Hayek, Denationalisation of Money: The Argument Refined, The Institute of Economic Affairs, 1976）参照）の中で、政府が貨幣（通貨）価値の下落を隠蔽できないようにするために、政府による通貨発行の独占権を廃止し、市場における民間の通貨発行者の競争に委ねる提案を行いました。経済学の主流派意見にはなりませんでしたが、ビットコインなどの**デジタル通貨**の登場と共に再び注目を集めています。

法学博士の経済学者

ハイエク以外に、ウィーン大学法学部卒で法学博士取得後に著名な経済学者になった例は、カール・メンガー、ヨーゼフ・シュンペーターなど多数存在。

◆自由競争で生まれる「理想の通貨」

経済学者の名古屋大・斎藤誠教授の巻末解説（前出・フリードリヒ・ハイエク（2020年）321〜322頁参照）によれば、ハイエクの議論は、①通貨の範疇を非常に幅広く考えた上で、②様々な通貨が併存する中、**「理想の通貨」**は通貨価値が安定し交換・支払・価値貯蔵機能をバランス良く備えた通貨を指し、③複数の銀行が競って発行する「理想の通貨」と非発券銀行に投融資を許さない**ナローバンク制度**が実体経済を支える点に特徴がある（紙幅の関係で金融政策に関するハイエクの議論は除きます）そうです。

◆「理想の通貨」は民間通貨なのか

しかし、斎藤教授は③の「民間発券銀行間の競争に委ねれば、「理想の通貨」が自然と生まれてくるというハイエクの予想は、暗号通貨の長いとはいえない歴史を振り返るかぎり、あまりに楽観的すぎないであろうか。民間の発行主体は、そもそも儲かりもしない「理想の通貨」創出なんて関心がない」と疑問を呈された上で、民間よりはまだ政府の方が信頼できるのであって、むしろある国の中央銀行が発行する暗号通貨が国際金融における通貨覇権を制しようとする動き（私には、中国のデジタル人民元を暗示するように思えました）を警戒すべきと説いています（332〜333頁参照）。

◆私見

この点は私も懸念があり、仮に競争を勝ち抜いた民間通貨にすべてを任せ、公租公課もそれで賄う

ナローバンク
米国ブルッキングス研究所のライタン氏が提唱した概念で、銀行決済の安全性を確保するため、銀行の資産内容を規制して貸付などの投融資活動を禁止する考え方を指し、対民間融資業務を預金業務から分離した決済専門銀行を指す場合もある。

場合、税金の支払にデフォルト（債務不履行）の可能性のある民間通貨を充てることになりますが、それではデフォルトが発現すれば政府や経済の混乱を招く可能性が危惧されます。現在は法定通貨での支払を強制されているのでデフォルトの可能性がなく、そうした混乱の可能性は除去されています。他方、法定通貨が国家独占のうえに胡坐をかかないように民間通貨と競争させることでモラルハザードを防ぎ、利便性等を向上させて「理想の通貨」を目指すことは望ましく、その点のハイエクの認識は妥当と考えられます。政府が通貨のうち法定通貨を担う一方で、民間通貨も排除せず、法定通貨も交えて自由に競争させることで、法定通貨を「理想の通貨」に導くことが期待できるでしょう。

◆法学博士ハイエクの貨幣法制史観

一方、『貨幣発行自由化論』は、詳しく見ていくと法学的観点からも大変興味深い著作です。ハイエクによれば、政府の**通貨発行独占権**はローマ時代に確立し、君主特権の最も重要な一つとされました（以下第3章）。政府の役割は当初は通貨に使われる金属（金・銀・銅）の重量と純度の証明にありましたが、中世になると、通貨に価値を与えるのは政府の布告であるとの不合理な思い込み（**貨幣法制説**）が広まり、概ね法原理に引き継がれました。政府は、鋳造費用を上回る通貨を発行することで通貨発行益を得られるため、通貨発行量を裁量的に決定するようになり、金属貨幣に加えて紙幣が登場することで、政府が通貨価値の下落を国民から隠蔽してきました。過去のインフレの大半は政府が自己利益のために仕組んだもので、刑罰をもって悪貨を押し付けてきました（13世紀の中国では官営紙幣の受取拒否は死刑に処され、絶対君主制の下では民間通貨の発行は一切禁止されたそうです）

（第4章）。国家による通貨供給を必然と考えるのは不合理な思い込みであり、法定通貨の厳密な意味は、政府発行貨幣によって債務が返済された場合、債権者はその受け取りを拒否できないということ（**強制通用力**）だけであり、法定通貨を示す特別な法律は不要で、**契約法**で債務をどの通貨で返済するかを裁判所が決められることを契約法で定めれば十分であると主張しました。また、貨幣は自然発生的に存在しており、民間通貨の方が好まれることもあると指摘しています（第5章）。さらに、「貨幣と貨幣でないものとの間に明確な区別はない」し、「貨幣とそれ以外の物とをはっきり区別する法的擬制（みなし規定）も、貨幣的現象の特徴に関する限り、正しくない」としました（第10章）。

(2) 法的示唆

いずれもこれまで検討してきた貨幣に関する特徴を鋭く捉えており、首肯できる点が多いのですが、「法定通貨を示す特別な法律は不要で、**契約法**で債務をどの通貨で返済するかを裁判所が決められることを契約法で定めれば十分である」とするハイエクの主張に対しては、若干の疑義を持ちました。すなわち、この提案は、**私的自治**が支配する契約法だけを想起すれば成り立ちます（民間通貨は商慣習として契約法に取り込むことも可能）が、税金・罰金・財政など政府が大口当事者となる公法分野や労働者保護政策（例：労働基準法24条1項「賃金通貨払の原則」で法定通貨による給与払を義務化）を念頭に置けば、やはり**法定通貨**は依然として必要になるように思います。また、国家の統治権保持の観点から通貨主権の重要性を考えた場合、法定通貨と民間通貨との自由競争でいずれも同じ利便性を持つならば、法定通貨を示す特別な法律の存在により、法定通貨に若干の優位性を与えること

労働基準法24条1項
賃金は、通貨で、直接労働者に、その全額を支払わなければならない。ただし、法令若しくは労働協約に別段の定めがある場合又は（以下、略）。

は、十分合理性を持つものと考えます。

2　岩井克人教授の自己循環論法説

(1)　主な内容

日本では、前述した経済学者の**岩井克人**教授による貨幣論（岩井克人『貨幣論』ちくま学芸文庫・1998年参照）が有名です。そこで、この主張についても若干紹介しましょう（岩井克人『経済学の宇宙』日経ビジネス人文庫・2021年参照）。

◆自己循環論法説

貨幣（通貨）は交換の一般的媒介物ですが、それでは貨幣はなぜ貨幣として機能しているのでしょうか？　従来は、①人々の広範な欲求の対象となる特別の商品だから、として経済の実体的構造に根拠を求める**貨幣商品説**（カール・メンガーら）と、②法律で貨幣として指定されているから、として経済の外にある権力に根拠を求める**貨幣法制説**（アリストテレス、ゲオルク・クナップら）が存在しました。しかし、岩井教授は、貨幣商品説も貨幣法制説もどちらかのみで説明しきれるものではなく、実際の歴史上も反証が可能だとします。すなわち、①貨幣の起源となる商品は多種多様で、ヤップ島の巨石や単なる電子情報ですら貨幣になることが可能であり、販売・購買可能性が高い商品だから貨幣になるとは限らず、商品が貨幣として使われること自体がその商品の販売・購買可能性を高める側面があるし、②和同開珎のように法制で貨幣として指定されても流通しなかった例、中世・日本で中

アリストテレス
アリストテレス（紀元前384～322年）は著書『ニコマコス倫理学』で、貨幣が共同体を構成する人々の申合せ又は社会的合意によって人為的に創造されたとみなした。古川

国からの輸入銭（唐銭・明銭）が広く流通した例、18世紀のマリアテレジア銀貨がエチオピアで20世紀後半まで流通した例のように、法制の根拠なく外国で流通した例が歴史上存在しました。その上で、貨幣は他人に貨幣として受け容れられているという予想の無限連鎖で支えられており、貨幣として使われるから貨幣であるとする**自己循環論法説**を唱えています。

(2) 法的示唆

貨幣の起源は多元的なので、岩井教授の言う自己循環論法は第2章で紹介した小林慶一郎慶大教授も指摘するように、法定通貨には当てはまりませんが、民間の信用通貨や預金債務には十分説得的です。その上で、法的アプローチへの示唆を探るとすれば、①政府自ら管理する通貨（**法定通貨**）を人々が受容するための促進材料にはなるので法定する意味はあること、②しかし、それだけで完全に管理することは不可能（例：ハイパーインフレ下の政府紙幣）で、ハイエクが紹介した刑罰による強制も成り立たないこと、③この結果、民間通貨を許容し、刑罰による強制を伴わない現状の扱いとなると推察されること、が挙げられるように思います。

3 フェリックス・マーティン氏の貨幣論

(1) 主な内容

次に、2008年の**世界金融危機**後に発刊され、世界的に話題となったフェリックス・**マーティン**氏（エコノミスト）の貨幣論（フェリックス・マーティン『21世紀の貨幣論』東洋経済・2014年

顕「アリストテレスの貨幣起源説」甲南経済学論集58巻1・2号57～98頁（2017年）参照。

（原著Felix Martin, MONEY: The Unauthorised Biography From Coinage to Cryptocurrencies, Vintage Books, 2013）参照）を紹介しましょう。

◆新しい貨幣論の呈示

本書は6000年の歴史を紐解いて貨幣論の定説に異議を唱え、「貨幣の根底にある信用と清算のメカニズムこそがマネーの本質」だとし、「**譲渡可能な信用**（もしくは債務）」を**貨幣**（**通貨**）とし、**貨幣はモノではなく社会的技術**（思想・習慣）だとします。また、貨幣の3要素も定説（貨幣単位、交換媒体、価値貯蔵）とは異なり、①**普遍的な経済的価値**、②**会計制度**、③**譲渡の分権化**だとし、①が最も重要で、その**経済的価値の「標準」は民主政治（公平性や政治的正義）で決めるべき**とします。この点で**第1章**で紹介したベイトマン先生の憲法学上の分析とも通じるものです。

◆中央銀行の独立性より正当性ある民主政治

彼によれば、古代には貨幣は統治の道具として君主が「**標準**」を定めていましたが、中世欧州では君主と国民の間で貨幣鋳造益の再配分が争われ、銀行業の登場で民間通貨が大規模に流通し始めると民間の銀行家が優勢になりました。その後、中央銀行（イングランド銀行）の創設により、銀行家と君主が貨幣鋳造益をめぐって「大和解」しましたが、その後の貨幣観は貨幣の「標準」を誤解したまま後世に広まりました。すなわち、「貨幣の標準を柔軟に変える必要がある（金融政策の目標は統治であって標準測定ではない）」としたジョン・ローの思想（彼によればこちらが正解）を受け入れず、

貨幣と民法

民法では、貨幣を商品（＝有体物）とみる従来の考え方に基づいて金銭に所有権（物権）を観念した（第8章1の先例1参照）が、制定当初、無体物のデジタル通貨の登場は予期していなかった。一方、民法は債権も観念しており（金銭債権）、貨幣を「譲渡可能な信用」と捉え直した場合でも債権や債権譲渡に関する規定で一応対応できる。ただし、債権譲渡の対抗要件等は適宜見直す必要があろう。

制度構築の選択肢

1　憲法改正：従来の三権に次ぐ第四権（貨幣権）を制度化

「貨幣の標準を固定しなければならない（中央銀行の任務は標準の測定で統治ではない）」とするジョン・ロックの思想が広まりました。ゆえに今こそ、「**中央銀行の独立性**」に基づくインフレ・ターゲティング信仰を改め、「**正当性ある民主政治**」が金融政策の目標達成に関与すべきとした上で、銀行の過度なリスクテイクの規制やナローバンク制度を導入することを主張します。

⑵ 法的示唆

金融政策をめぐっては、①他の政策と同じく統治（「**標準**」の政策的な決定）か裁判所のような専門技術（「標準」の技術的な測定）か、②規制根拠は民主政治の正当性か中央銀行の専門性・独立性か、が議論されてきましたが、現状は戦間期ドイツのハイパーインフレの歴史的経験等から専門技術・中央銀行の専門性・独立性の選択肢を採る国（欧米・日本を含む）が多いのが実情です。実際、彼の提案通りに統治・民主政治の正当性を選択した場合、民主政治が日々の金融調節で迅速・的確な判断を生むためには第1章のベイトマン先生の分析が示すように多くの課題をクリアする必要が出てきましょう。しかし、貨幣（通貨）をモノ（紙幣・硬貨等の有体物）ではなく「譲渡可能な信用（もしくは債務）」と定義した点は妥当であり、実際、法律も民間通貨（例：預金通貨）を債権譲渡や相殺等の決済法理に当てはめて処理してきました。したがって、通貨の法的な扱いを考える上では、通貨法に限定せず、決済法制全体を視野に入れる必要があると言えましょう。

し、通貨当局による財政規律強化への提言権などを付加した四権分立の新体制を構築（大掛かりで実現困難か）。

2　独立行政委員会：中央銀行を公正取引委員会のような独立行政委員会に位置づけ、アカウンタビリティや透明性の確保に関する法的責任を従来よりも明確化。

3　若干の法改正：「中央銀行の独立性」を維持しつつ、アカウンタビリティや透明性の確保に関する法的責任を従来よりも明確化（実現可能性が高く、英国上院の審議もこの方向性。金融政策の評価軸をいかに構築するかが課題）。

4　デイヴィット・オレル氏の貨幣史

(1)　主な内容

最後に数学者デイヴィット・**オレル**氏の貨幣史に関する著作（デイヴィット・オレル（角敦子訳）『貨幣の歴史』原書房・２０２１年（原著David Orrell, A Brief History of Money.：4000 Years of Markets, Currencies, Debt and Crisis, Welbeck Publishing, 2020）参照）を紹介しましょう。彼によれば、**貨幣は数と物の二面性を持ち**、歴史上は①信用に依拠した貨幣である**信用通貨**（古代メソポタミア、中世の為替手形）と②商品に依拠した貨幣である**商品通貨**（古代ギリシア・ローマでは金属、アステカ族はカカオ豆）が両方存在し、17世紀にイングランドで硬貨不足が生じた結果、多様な信用制度（売掛債権、株式、債券、預金、融資等）が発達し、その後、信用通貨のインフレ懸念からイングランド銀行が王室のお墨付きを得て中央銀行機能を果たすに至りました。

◆物々交換は実在しなかった

また、経済学の教科書では貨幣の登場以前は物々交換経済だったと説明されてきましたが、彼の説明ではそれは実在しません。アリストテレスは、硬貨は物々交換の中で自然発生したと説明しましたが、むしろ硬貨が使えなければ**信用通貨**に切り替えるのが一般的で（例：ヤップ島の巨石）、政府の関与は不要でした。なお、カピール・セガール（小坂恵理訳）『貨幣の「新」世界史』早川書房・２０１８年（原著Kabir Sehgal, COINED: The Rich Life of Money and How Its History Has Shaped

信用貨幣（信用通貨）：再掲
手形・小切手、銀行券、預金通貨など、信用を基礎として流通する貨幣代用物。金本位制の下での金貨のように、額面金額が素材価値と一致し、貨幣制度の基準となる本位貨幣の対概念。

US, Grand Central Publishing, 2015) も「債務こそお金の前身だった。…硬貨が発明される何千年も前から、古代メソポタミアでは利息付きの融資が存在していた」と指摘しています（123頁）。

◆数字の使用と硬貨の発行

さて、**貨幣を特別な存在にしたのは数字の使用**で、紀元前3000年頃の古代シュメール時代には貨幣概念（国家保証に基づく数字でシュケルという計算単位。証文はあるが硬貨は不在）、負債（利息を含む）、税金、法的処理（破産、債務免除等）を含む機能的な金融制度が存在しました。硬貨が最初に登場したのは紀元前7世紀のリュディア（現トルコ）で、紀元前600年にはギリシア都市国家の大半が自国硬貨を製造するようになり、**貨幣供給と法定通貨化が独立国家の特性**となりました。紀元前356～323年にはアレクサンドロス大王のアレクサンドロス硬貨ができ、250年間使われました。当時の硬貨は、日常生活の必要性よりも膨大な戦費（軍への支払、補給）の供給を要する国家の必要性と関連していました。金・銀・銅貨が国家の権威を明示する役目を果たしましたが、国家はしばしば硬貨の改鋳で純度を落とすことで通貨発行益を稼ぎました。

◆信用貨幣（信用通貨）への切り替え

他方、中世は硬貨が不足し、それを埋め合わせるために小切手、為替手形、銀行券といった債務証書が支払手段（**信用通貨**）として使われました。イスラム世界では、金貸しは禁じられていましたが、利益分配や料金請求は認めていたので信用証券や約束手形が発達し、信用制度が成立・発展しました。

通貨発行益（再掲）
中央銀行が通貨発行で得る利益でシニョリッジ（seigniorage）ともいう。たとえば、日本銀行は銀行券（日本銀行から見ると無利子の負債）の発行と引き換えに、保有する有利子の資産（国債、貸付金等）から発生する利息収入を得るが、これらの利益を指す。

この背景には7世紀にインドでゼロが発明されて負の数が発展したこと、12～13世紀のイタリアでアラビア記数法が普及し、1494年に複式簿記が考案されたことが影響しています。中世のテンプル騎士団は旅行小切手の原型を用い、1295年にはマルコポーロが約束手形を中国から欧州に紹介し、フィレンツェの商人が為替手形を開始しました。その頃、金貸しに関してもタブー意識が薄れ、1397年にメディチ家はメディチ銀行を創設するに至ります（紙幅の関係で、その後の貨幣史は省略）。

(2) 法的示唆

オレル氏による、①貨幣（通貨）に数（信用貨幣）と物（商品貨幣）が両方存在した点や②民間の信用制度の発展にやはり数字が大きく影響した点の指摘や実証は、大変興味深いものです。翻って法律では、従来は債権を中心とする決済法理が主に数の通貨（例：預金通貨などの**信用通貨**）に対応し、物権を中心とする所有権法理が主に物の通貨（例：硬貨）に対応してきました。現在はデジタル通貨の登場に伴い、物の概念に無体物であるデジタル資産をどう組み入れるか（例：日本**民法85条**の改正要否）という問題に直面しています。

また、オレル氏は、経済学は何が貨幣かには答えず価格のみに着目し、数学化した点を指摘しています。この点は法学も同じく何が貨幣かには答えず、法定通貨に便宜上限定したり「経済学と同一」として社会慣習や経済学任せであった感があります。グリーソン氏の指摘にもあるように、法はもっぱら貨幣とされた場合の要件・効果を定めてきました。

5　デジタル通貨導入を見据えた法的課題

その他、社会学的な貨幣論もありますが、前述したので省略します。さて、これまでみたように様々な学問が通貨（貨幣）にアプローチする中、法学ではいかなる検討課題があるのでしょうか？デジタル通貨をめぐる法的課題について、本書のこれまでの検討をまとめると共に、新たな課題を指摘したいと思います。

◆通貨主権概念の再構築（国際法）

まず、**国際法**に関しては、主権国家の通貨発行権の正当化を企図した現行の**通貨主権**概念を国際金融の実情に合うように再編成する必要性があり（前述）、具体的な国家間対立解決に向けたメルクマールを提示する必要があります（第９章参照）。たとえば今後、各国が発行するＣＢＤＣをめぐって通貨主権同士が競合する事態への対応をめぐっては、現行の通貨主権概念だけでは解決原理が示されないため、私見では、Ｇ20におけるソフトロー合意を活用してルール形成を図る必要があると考えます。

◆日本法の建付けの見直し（国内法）

他方、**国内法**については、ハイエク等の分析を通じて学んだように、民間通貨を一切排除する選択肢は不適切で、①**通貨主権**を確保する観点から**法定通貨**を通貨法で保護する一方、②社会慣習上人々に受容されている民間の**信用通貨**（例：銀行預金）には適切な規制（例：銀行規制）を課した上で自由な競争を促し、法定通貨と同レベルの取引法で対応してきました。将来、デジタル通貨が人々に多く受容された場合にも、取引法は柔軟に対応し得るようですが、前章でみたように、日本法は英国法とは異なり、**法の建付けを見直すべき部分**（例：**民法85条**が無体物を所有権の対象から除外する点）**も存在**します。

◆暗号資産は通貨になり得るか

では、デジタル通貨のうち、①発行体が存在せず民間で採掘され、②ＣＢＤＣやステーブルコインとは違って法定通貨を裏付け資産とせず、③法定通貨ではない独自の通貨単位を持つビットコインのような暗号資産は、投資商品としてはともかく、支払決済手段としての通貨になり得るでしょうか？一部では暗号資産で給与払する例もありますが、現時点では銀行預金等と同等の通貨とは言い難いように思います。ビットコインは価格変動が激しすぎて計算単位としての信頼性に欠き、投資用の金融商品ではあっても決済手段としての有用性に乏しく用途が限られる点で、現時点では通貨として社会的に十分受け入れられたとは言い難い状況にあります。また、匿名性が高いので国家の監視の目が届かず、犯罪に用いられることも多いのが実情です。

実際、暗号資産は当初、仮想通貨と呼ばれてきましたが、国際金融規制（ＢＩＳ等。資金洗浄を担うＦＡＴＦでは仮想通貨の用語使用を継続）や日本の２０１９年資金決済法改正では、価格変動が激しく決済目的よりは投資目的で多用される点に鑑み、**通貨**という用語を避け、**暗号資産**（crypto assets）と呼び変えた上で規制を構築してきました。また、法定通貨の通貨主権確保やＡＭＬ／ＣＦＴ・脱税対策、資金逃避回避等の観点から、暗号資産を禁止する国（例：中国）も増えており（Library of Congress, Regulation of Cryptocurrency Around the World: November 2021 Update参照）、現在も国際社会全体で規制強化の方向にあります。

◆分散型金融という新たな課題

しかし、規制によって十分な安全性が確保され、社会慣習上も広く受け入れられれば、将来的には通貨になり得るでしょう。ただし、規制の手法が難しいケースも出ています。たとえばビットコイン等を用いたブロックチェーン上の金融システムである**分散型金融**（ＤｅＦｉ）では、規制対象となる交換所等が存在しない場合もある（ただし、現状は実質的な管理者が存在することが大半）ため、交換所を規制することで規制を及ぼしてきた従来のやり方を見直す必要性も認識され、目下金融庁の「デジタル・分散型金融への対応のあり方等に関する研究会」等で検討中です。

◆技術的課題も重要

また、デジタル通貨ではハッキング対策などのセキュリティ対策も重要で、プライバシーを保護しつつＡＭＬ／ＣＦＴ対策で求められる本人確認を果たす技術的仕組みや、近未来の量子コンピュータ開発を視野に入れた耐量子暗号開発戦略が必要になります。国家といえども勝手に個人情報にアクセスできないようにする必要がありますが、その点で自国の国内法だけでなく、国家による情報収集を

分散型金融
ＤｅＦｉ（decentralized finance、ディーファイ）とも呼ばれ、取引所や銀行、仲買人のような中央集権的な金融仲介者に頼らず、ブロックチェーン上のスマート・コントラクトを利用して行う新たに登場した金融形態で、高金利の反面、リスクも高い。

定めた米国ＣＬＯＵＤ　ＡＣＴや中国インターネット安全法の運用にも目を光らせておく必要がありましょう。

第8章　デジタル通貨と日本法

◆有体性とは

ビットコインやテザーなどの暗号資産やＣＢＤＣ（中央銀行デジタル通貨）といった新たな決済手段の法整備をめぐっては、資金洗浄対策（ＡＭＬ／ＣＦＴ）など様々な問題が検討されてきましたが、本章は民法上の**有体性**（**有体物**として認められるか否か）に関する問題を改めて論じることにします。

すでに何度か触れましたが、ここでいう有体性とは、日本法の下で暗号資産やデジタル通貨が**民法85条**（「この法律において「物」とは、有体物をいう。」：母法であるドイツ法も同じ文言）に規定する有体性を満たさないので、所有権や寄託の対象にならず、法的保護の対象外となるか否かという問題です。なお、ドイツはｅＷｐＧ（電子証券法）の中で一部のデジタル通貨を動産として扱うことで対応しました。有体性の要件は国によって異なり、諸外国では所有権の対象物とする立法例や裁判例もありますが、日本では、これから詳しく述べますようにビットコインについて有体性を満たさないので所有権や寄託の対象外とした裁判例があります。実は、暗号資産と同様に、デジタル人民元等のＣＢＣＣもテザーのような２０２２年資金決済法改正で取扱いが認められた法定通貨担保型ステーブルコインも、いずれも物理的な客体が存在しないため、有体性の点で同じ課題を抱えています。そこで、本章は最近の裁判例を手掛かりにテザーやＣＢＤＣの有体性について簡単に検討します。

なお、日本など63か国が加盟して国際商取引のルール作成を行う私法統一国際協会（ＵＮＩＤＲＯ

有体性要件の国別相違
要件が緩い法制の例：英米法、一部の大陸法（仏・蘭など）
要件が厳しい法制の例：一部の大陸法（独・日・西など）

IT）は、2020年に「デジタル資産と私法」がテーマのワーキンググループを設置し、デジタル資産の譲渡などの論点について議論してシンプルかつ妥当な内容を持つ基本原則をまとめる予定です（2023年3月にパブリックコメントを締め切りました）が、こうした動きに合わせて日本の民法85条も改正される可能性があります。もっとも、将来の動きは読めないので、本章では日本の現在の国内法に焦点を当ててみていきましょう。

以下、裁判例・学説等を元にテザーとCBDCの有体性の有無を検討したいと思います。

1 裁判例

ビットコインについて争われた下級審の裁判例では、以下の判断がなされてきました（傍線は私が引きました）。

(1) 先例1：東京地裁令和2年3月2日判決（金融・商事判例1598号42頁）

第三者からの不正アクセスによりビットコインが不正送付されたとして、交換業者を相手に、ビットコインを寄託の目的物とする寄託契約の債務不履行に基づく損害賠償等を請求した事件です。裁判所は訴えを棄却し、有体性について以下のように述べ、**金銭**のみ例外を認め、電子化株式や仮想通貨（暗号資産）の寄託可能性を否定しました。ただし、本判決が認めた金銭の例外を考慮すると、ビットコインとは異なり、法定通貨の紐付けのあるテザーやCBDCは金銭との類似性が高いのでさらなる検討余地があると考えられます。

「寄託契約は、物の保管を目的とする契約であるところ（民法657条）、民法上、物とは有体物のことをいい（民法85条）、有体物とは、空間の一部を占めて、有形的な存在のものをいうと解されるのに対し、ビットコインを含む仮想通貨は、電子的方法により記録される財産的価値であるにすぎず（資金決済法2条5項1号）、空間の一部を占める有形的なものではないことが明らかである。したがって、ビットコインを含む仮想通貨は有体物とはいえず、仮想通貨を寄託の目的物とする寄託契約は成立し得ないものである。これに対し、原告は、原則として物としての個性を有さず、単なる価値そのものと考えられている金銭や、現在では上場企業のものは全て電子化されている株式を寄託の目的物とする寄託契約が成立することから、ビットコインを含む仮想通貨を寄託の目的物とする寄託契約が成立すると主張する。しかし、民法上、金銭は、その高い流通性や代替性等の性質から一般の動産とは異なる取扱いが行われるものの、紙幣や貨幣に紐づけられる有体物と解されていることから、寄託の目的物となると解されるものである。また、株券が発行されていない株式について、これを寄託の目的物とするという実務上の取扱いが確立していることを認めるに足りる証拠はない。したがって、金銭や株式についての実務上の取扱いとの比較から仮想通貨が寄託の目的物となるという帰結は導かれず、原告の上記主張は採用することができない。」

⑵　先例２：東京地裁平成27年8月5日判決（LEX/DB25541521）

交換業者マウントゴックスの破産管財人を相手に、ビットコインの所有権を基礎とする破産法62条の取戻権に基づく引渡しや不法行為に基づく損害賠償を顧客が請求したが、有体性を欠くのでそもそもの所有権がないとして棄却された事件です。以下のように判示されました。なお、後の検討で重要になりますが、暗号資産ビットコインとは異なり、テザーやＣＢＤＣには発行体があり、**法定通貨**の裏付けを持つので、所有権の対象となるための２要件（有体性と排他的支配可能性）のうちの排他的支配可能性はありますが、もう１つの要件である有体性については、暗号資産と同じ問題を抱えています。

「所有権の対象となるか否かについては、有体性及び排他的支配可能性（略）が認められるか否かにより判断すべきである。…ビットコインには空間の一部を占めるものという有体性がないことは明らかである。…ビットコインが所有権の客体となるために必要な有体性及び排他的支配可能性を有するとは認められない。したがって、ビットコインは物権である所有権の客体とはならないというべきである。…寄託物の所有権を前提とする寄託契約の成立も認められない。したがって、原告は本件ビットコインについてその所有権を基礎とする取戻権を行使することはできない。…原告に本件ビットコインの所有権が認められない以上、これを侵害したとの不法行為も認められない。」としました。

２　学説および外国の状況

(1)　学説の状況

一般向けの書籍で学説をとうとうと展開するつもりはないのですが、法学者の間でどのような内容を議論しているのかを紹介する意味はあると思いますので、簡単にご説明します。

◆民法85条の解釈

民法85条をめぐっては、通説は**有体物**に限ると解していますが、所有権の客体となるための2要件を排他的支配可能性に一本化して、エネルギー等の**無体物**も所有権の対象となる物となり得るとする有力説があります。確かに、刑法では電気を物に含めるのに罪刑法定主義の観点から立法（刑法245条）を要しましたが、罪刑法定主義ほどには民法85条で問題になる物権法定主義は厳格ではなく、類推解釈（拡張解釈）も許されると解されています。このため、必要に応じて物に関する規定を無体物にまでは類推することは可能ですが、無体物ですらないとも言えそうな**暗号資産**の情報やデータの集合体について類推することに対しては、ハードルは高いと考えられてきました（山野目章夫編著『新注釈民法1』有斐閣・2018年・787～789頁（小野秀誠執筆部分）参照）。

しかし、暗号資産ビットコインを念頭に、有体物でない暗号資産の寄託や所有権を成立させるべく、一部の学説は、先例2が示した有体性と排他的支配可能性の二要件を緩和する解釈を試みてきました。今後、デジタル化が進んで暗号資産が一大産業となるとすれば、暗号資産保有者の所有権が認められた方が都合がよいからです（ただし、現在でも実務上は準債権として運用され、一定の保護は存在します）。

◆様々な学説

一般にビットコインには特定の発行体が存在せず、取引当事者間の具体的な意思の合致がないので、人の人に対する請求権である債権とは構成し難く（ゆえに準債権として扱われます）、民法85条の有

2つの法定主義

罪刑法定主義：どの行為が犯罪となり何の刑罰が科されるかは、既定の法律によってのみ定められるとする近代刑法の基本原則（憲法31、39条）。

物権法定主義：法定されたもの以外に、物権を当事者間の合意で創設してはならないとする原則（民法175条）で、慣習法上認められる例外（水利権など）もある。

体性要件を満たさないので所有権の客体や寄託物でもなく、知的財産権の客体でもありません。このため、①明確な法的性格を定めず当事者間で合意された規範に従うとする合意説（法的合意とみなし得ない点が課題）、②支払移転や帰属の観念を容れず排他的に利用可能な事実状態に財産的価値を認める事実状態説（法理論的に困難な点が課題）、③物権同様の構造を持つ点で条理を法源に保有者の法的保護を図る準物権説（有体性の欠如が課題）、④仮想通貨の財産的価値は保護に値するので物権法の規律を適用すべきとする物権説（条文から相当離れた類推解釈である点が課題）等が主張されてきました。しかし、いずれも課題含みであるため、⑤財産権の移転を本質的要素とする売買契約の対象なので、排他的な帰属関係が認められる財産的利益を広く包括する概念（物権だけでなく債権なども含む）である「**財産権**」に該当し、その移転には所有権に基づく返還請求権と同様の規律や通貨としての法的性質を反映した規律が妥当すべきとする解釈（財産権説、森田宏樹・金融法務事情2095号14頁参照）が最も有力です。ただし、この解釈も要件・効果が不明確で民法の条文で明確に位置付けられたわけでもないため、私は立法で解決する方が望ましいと考えています。実際、この財産権の考え方とも近い「優先権（proprietary rights）」を規定して倒産手続等からの優先弁済を定める前述のＵＮＩＤＲＯＩＴ原則案が成立して各国で幅広く受容されれば、その方向で民法改正がなされる可能性は高いでしょう。

◆暗号資産の預託の法的性質

なお、暗号資産はウォレットと呼ばれる取引口座に預託し、受託者に移転等を指図することで間接

日本法の選択肢

1　立法なしで解釈だけで対応：学界で有力な財産権説を裁判所が採用するかは不透明で法的予測可能性が欠如。当事者は、信託の活用などで契約対応することが望ましい。

2　ＵＮＩＤＲＯＩＴ原則に基づく立法化：支配可能性ある電子記録（an electronic record which is capable of being subject to control：原則2⑵）であれば倒産手続から保護されるため、犯罪に使われやすい暗号資産なども一律に保護される点をどう考えるか。

3　特別法の制定または民法85条改正：所有権として保護すべ

的に支配する場合が多いです。この預託は契約上の債権関係で、その管理形態をめぐっては、①信託説（受託者に多少の裁量がある場合）と②準寄託説（受託者に裁量がない場合。有体物に対するものではないので民法６５７条の寄託ではないが便宜上準寄託と呼称）、③寄託説（有体物だとみなす先例２の原告の立場）が存在します。倒産会社であるマウントゴックスの顧客との取引約款をみると、受託者としてマウントゴックスに一定の裁量があるため、私は**信託**説を採っています。信託法理を活用して暗号資産を分別管理して交換所やウォレットに信託すれば（実際、資金決済法上も分別管理が求められています）、暗号資産に所有権が認められたのと同様の保護が図られるため、実務上はうまく回ると考えられます。

(2) 海外の動向

◆国ごとに異なる要件

一方、海外の裁判例をみると、日本と同様にビットコインの所有権成立を認めなかった裁判例（EUのSkatteverket v Hedqvist（C-264/14）EU:C:2015:718など）と認めた裁判例（蘭NL:RBAMS:2018:869、英AA v Persons Unknown [2019] EWHC 3556（Comm）；[2020] 4 W.L.R. 35など）に分かれています。この相違は各国法の法的要件の強度を反映したものです。したがって、同じ大陸法諸国でも、日本よりも物概念が広範で有体性要件がないか緩い国（例：オーストリア民法２８５条「人の使用に資するものすべて」、フランス民法も独日よりは緩い状況です）があり、日本の旧民法も実は無体物を物としていました（旧民法財産編６条「物に有体なる有り無体なる有り」）。したがって、

き暗号資産を特別法で明示。併せて、民法85条にただし書を付加して有体性原則の例外を明示（私見）。

外国法の図書館
日本には東京大学法学部図書室内に外国法令判例資料室（旧外国法文研センター）があり、海外だとロンドン大学高等法院（IALS：Institute of Advanced Legal Studies）が有用である。いずれも手続を踏めば一般の外部者の利用が可能。

この有体性をどう規定すべきかは、デジタル通貨法制整備の一環として日本が今まさに立法上解決すべき重要課題なのです。

◆暗号資産に対しては厳しい姿勢をとる国も多い

しかし、同じデジタル通貨でも暗号資産、ステーブルコイン、ＣＢＤＣと色々ある中で、どこまで法的保護の対象とすべきでしょうか？　取引法上は支配可能性があれば広く法的保護を与えた上で、必要ならば規制法で規制すれば良いとの見解が有力で、前述のＵＮＩＤＲＯＩＴ原則案（詳細は第9章参照）もその方向に見えます。しかし、私見では、十分な規制下にないデジタル資産に安易に所有権を認めると、有体物に比べて公示機能が弱くなりがちなので取引の安全を害する上、憲法で保障された個人の財産権保護と国家の金融規制権との対立を惹起すると危惧しています。ここには政策判断が重要になります。実際世界的には、２０２１年に中国が暗号資産取引を違法として全面的に禁じるなど、犯罪の温床となり得る暗号資産の「負の側面」が以前よりも強く意識されるようになっています（２０２２年11月のＦＴＸ破綻事件以降、規制強化の流れに至ったことは前述の通りです）。

２０２１年11月時点で暗号資産を厳格に禁止する国が9（中国・カタール・エジプト等）、暗黙に禁止する国が42（トルコ・インドネシア・サウジアラビア等）に至っています（前掲・Library of Congress, Regulation of Cryptocurrency Around the World: November 2021 Update参照）。また、米国では法的ルールの明確化が遅れてきましたが、２０２３年に入って暗号資産を貨幣の定義から明確に除外する米国サウスダコタ州の法案（"An Act to amend provisions of the Uniform Commercial

原則案の英語原文

Principle 2 (2)：'Digital asset' means an electronic record which is capable of being subject to control.

Principle 3 (1)：A digital asset can be the subject of proprietary rights.

Principle 19 (1)：A proprietary right in a digital asset that has become effective against third parties under Principles law or other law is effective against the insolvency representative, creditors, and any other third party in an insolvency proceeding.

Code"：HB1193、最新の状況はhttps://legiscan.com/SD/bill/HB1193/2023から入手可能）が提出され、州知事が拒否権を発動して注目されました。暗号資産の推進派から批判が根強いようですが、統一商法典（ＵＣＣ）における貨幣（money）の定義を国内外の法定通貨に絞った（""Money" means a medium of exchange that is currently authorized or adopted by a domestic or foreign government."）上で、その除外対象に法定通貨でない電子媒体を明示し、暗号資産は貨幣ではなく、ＣＢＤＣは貨幣となる内容になっています。

◆日本の今後

さて、２０１８年1月の**コインチェック事件**以降、日本は暗号資産取引に対して規制色を強めていますが、①ＡＭＬ／ＣＦＴや脱税防止等の観点から規制を強めるべきか、②産業育成の観点から規制を緩和すべきか、の匙加減の判断は難しく、前述のように現在は２０２２年11月の**ＦＴＸ**破綻事件を受けて世界的に規制強化の流れにあります。他方、暗号資産取引についてビジネス発展を進める立場からは、イギリスやスイスが先行して取引法の法整備をしていますので、それが参考になりましょう。

私自身は、暗号資産には様々なものがあって中には詐欺的なものや犯罪に多用されるものもあるため、支配可能性さえ満たせば暗号資産のすべてを私法上保護すべきというやり方では危ういと考えています。すなわち、最初は法定通貨そのもののデジタル化であるＣＢＤＣと十分な規制下にあるステーブルコインや暗号資産についてのみ法的保護を図り、国家が自国内で流通する通貨の安全性に責任を持つことが重要と考えます。

コインチェック事件
日本の大手暗号資産交換所のコインチェックが不正アクセスにより約５８０億円分の仮想通貨ＮＥＭを盗取された事件。北朝鮮傘下のハッカー集団＝ラザルスによる犯行とみられている。

3　テザーやCBDCの有体性

さて、現在の裁判例に従った場合、2022年資金決済法改正で日本の暗号資産交換所でも取扱いが認められた法定通貨型**ステーブルコイン**であるテザーや、法定通貨をデジタル化したものである**中央銀行デジタル通貨（CBDC）**については、**金銭**すなわち**法定通貨**との連動性が高いので、暗号資産とは異なり、前掲・先例1でみた金銭類似性を満たし、所有権の対象とみなしてよいでしょうか？この問題を若干検討したいと思います。

(1)　テザーの有体性

すなわち、先例1でみたように、**金銭**については有体物でなくても様々な特性を考慮して**所有権**が例外的に認められています。では、金銭と同様に流通性・代替性が高く、米ドルに紐付けられるテザーは金銭類似性が認められ、寄託の目的物となり得るでしょうか。賛否両論があり得ますが、私は難しいように思います。

先例1は、テザーよりも歴史が古く、法律上も明確な規定を持つ完全電子化株式の寄託に関し、実務上の取扱いが未確立だとして**有体性**を否定しています。また、テザーは米ドルとの等価交換を謳って発行されますが、発行額面と同額の米ドルの見合い資産を保有しているかについては疑問視されています（前述のように、米国では連邦レベルの規制が不在でした）。また、テザーの仕組みはビットコインのブロックチェーン技術に依拠し、誰でもいつでも容易に創作できますので、金銭として安定的に存在してきたとは言い難いように思われます。以下、先例1が示した**金銭**の要件に従って、テザーがこれを満たすかどうかをみてみましょう。

まず、「流通性・代替性等の高さ」ですが、従来は電子化株式と違い、テザーは国内の暗号資産交換所では扱えませんでした。2022年の資金決済法改正で、テザーのような海外発行のステーブルコインは暗号資産交換所が流通額面と同額の見合い資産を保有することで取り扱えるようになりましたが、この要件を満たすか否かは実際に流通してみないとわからないように思われます。

次に、「紙幣・貨幣への信頼ある紐付け」ですが、電子化株式とは異なり、日本円ではなく外貨である米ドルに紐付けがあり、しかも「信頼」については、価格操作等の疑惑も報じられてきましたので、未だ満たすとはいえません。もちろん、今後の流通や米国の規制構築次第という面もありましょう。

最後の「実務上の取扱いの確立」という点ですが、2009年開始の電子化株式に対し、テザーの開始は2014年であり、電子化株式で商慣習として認められなかったものを、それよりも若いサービスであるテザーについて認めるにはハードルが高いように思います。

こうしてみると、現在の裁判例の立場に立った場合、テザーに金銭類似性を認めることは難しいように思います。

(2)　CBDCの有体性の検討

◆有体性を認めやすいが、立法で明確化すべき

一方、日本銀行が導入を検討している**小口取引**の**CBDC**はどうでしょうか？　**トークン型**（いわば銀行券の電子化とも位置付けられるものであり、金銭的価値が組み込まれる媒体を、銀行券のような紙媒体でなく、電子的なデータであると捉えるもの）の日本円ＣＢＤＣを想定した場合、テザーと違って自前の堅固なシステムが構築されますし、ＣＢＤＣは法定通貨そのものですので、「流通性・代替性」や「信頼ある紐付け」については文句なく満たすでしょう。すると、寄託の目的物とする「実務上の取扱いの確立」の有無が鍵となるように思います。新しくスタートするＣＢＤＣの実務上の取扱いが確立するまで、どの程度の時間がかかるかは未知数で、導入当初に**ＣＢＤＣが民法85条**でいかなる扱いを受けるかは不透明ですが、ある程度定着すれば、ＣＢＤＣが金銭と同等の扱いを受けるべきなのは当然でしょう。しかし、取引の透明化を高めるには、やはり曖昧な法解釈に頼るよりは立法で明確化した方が良いように思います。

◆公的文書も立法を想定

一方、ＣＢＤＣを発行する場合には、ＩＭＦや日本銀行の報告書を読む限り、**口座型**（日本銀行のパイロット実験では、この口座型を採用。ただし、最終的に口座型かトークン型かは未決定）であれ**トークン型**であれ、法改正が予定されています。いずれの場合も発行の根拠法が必要になりますが、現金の電子化であるトークン型の場合は、それに加えて取引法の整備も必要となります。したがって、法的透明性確保や物権法定主義の理念に照らせば、日本法の有体性概念も、類推解釈の余地を残す曖昧な解決ではなく、立法で明確に解決しておく方が望ましいと考えます。

口座型とトークン型
口座型は支払者がその口座の保有者か否かを確認することで支払決済を行うが、トークン型ではそのトークンが本物かを否かを確認することで支払決済を行う。ゆえにトークン型では第三者が口座を管

4　民法85条・日本銀行法46条の改正提言

そこで、立法論に移ります。日本の法学では一般に**立法論**よりも**解釈論**が好まれる傾向にあります（解釈論の方がプロ好みのテクニックが活きますし、戦後日本が長らく安定してきたことも背景にあります）が、デジタル化が進む変化の激しい現代では、そうも言っておられません。むしろ法学が様々な立法論を呈示し、実務や経済学等の他の貨幣論アプローチから、その優劣を議論していただくことが、法的予見可能性を高め、日本社会を正しく導くのではないでしょうか。以下に話す私の立法論も当然に異論があり得ますが、議論の端緒になればと願っています。

(1)　問題の前提確認

さて、問題の前提を確認しましょう。暗号資産や中央銀行デジタル通貨（ＣＢＤＣ）は、**有体物**でも**無体物**ですらないとも言えそうなデジタル情報です。そして、英米法圏や一部の大陸法圏（例：墺・仏・蘭）とは異なり、日本を含む一部の大陸法諸国（例：独西）では、所有権の対象を**有体物**に限定するため、デジタル情報が所有権の対象として保護されない可能性が生じます。たとえば日本では、ドイツ民法90条由来の民法85条の文言（「この法律において「物」とは、有体物をいう。」）に従い、所有権や寄託の対象を有体物に限定する説が裁判所によって採用されていますし、通説でもあります。

なお、繰返しになりますが、刑法１４８条（「１項：行使の目的で、通用する貨幣、紙幣又は銀行

理しなくても当事者間のみで決済でき（Ｐ２Ｐ決済）、災害時に役立つとされる。

券を偽造し、又は変造した者は、無期又は3年以上の拘禁刑に処する。2項：偽造又は変造の貨幣、紙幣又は銀行券を行使し、又は行使の目的で人に交付し、若しくは輸入した者も、前項と同様とする。」）にいう「貨幣、紙幣又は銀行券」には、ＣＢＤＣは含まれないと解されており（「『中央銀行デジタル通貨に関する法律問題研究会』報告書」日本銀行金融研究２０２０年6月号参照）、ＣＢＤＣ導入の際には**罪刑法定主義**に従い、ＣＢＤＣを明示的に含める法改正が必要と考えられます。これに対し、民法85条の関わる**物権法定主義**は類推解釈も許容しますので、無体物にまではこれを拡張する解釈も有力です。しかし、これをさらにデジタル情報に拡張する類推解釈には反対も根強く、前述の裁判例（①東京地裁令和2年3月2日判決、②東京地裁平成27年8月5日判決）はこれを否定します。また、ＩＭＦ論文（Wouter Bossu, Masaru Itatani, Catalina Margulis, Arthur Rossi, Hans Weenink and Akihiro Yoshinaga, "Legal Aspects of Central Bank Digital Currency: Central Bank and Monetary Law Considerations", IMF Working Paper, WP20/254, November 20, 2020の42頁参照）は、トークン型ＣＢＤＣ（デジタル情報自体に金銭的価値があるものとして流通させる仕組み。例：カンボジア）が紙幣・貨幣と同じ私法上の地位を得るとは限らないと警告しています。

(2) 法改正の要否

さて、暗号資産の実務に目を向けますと、仮に**民法85条**の改正をしなくてもデジタル情報を**信託**に付せば所有者の権利は保護されています。しかし、大半が交換所経由取引である**暗号資産**の場合（２０１９年資金決済法改正で暗号資産交換所は暗号資産の代り金の信託保全義務を負い、暗号資産

2つの法定主義（再掲）
罪刑法定主義：どの行為が犯罪となり何の刑罰が科されるかは、既定の法律によってのみ定められるとする近代刑法の基本原則（憲法31、39条）。
物権法定主義：法定されたもの以外に、物権を当事者間の合意で創設してはならないとする原則（民法１７５条）で、慣習法上認められる例外（水利権など）もある。

そのものの信託保全も望ましいとされました）とは異なり、**トークン型**ＣＢＤＣは個人間を点々流通しますので、信託に付されない場合が多いと考えられます。**ＣＢＤＣは法定通貨**の一種として発行されますので、私法上も紙幣と同等の地位が与えられるべきですが、**口座型**ＣＢＤＣ（個人や企業の保有残高が中央銀行口座で管理される仕組み。例：バハマ）が銀行預金に類似して既存法制に適合的なのとは異なり、トークン型ＣＢＤＣでは新たにデジタル情報に対する**所有権**を観念する必要が出てきます。

日本の場合、民法85条の改正を伴わずに、デジタル情報も含める大幅な類推解釈で裁判所がトークン型ＣＢＤＣの所有権を観念するならば、判決の中で暗号資産やステーブルコインと何が異なるのかの基準をわかりやすく示す必要があります。しかし、それが他の裁判所の判決でも踏襲されるか否かは未知数で、最高裁判所で確定判決として先例拘束性を持つまでは、法的安定性や予見可能性を損ねてしまいます。国際取引や複数国に跨る金融商品の組成においてデジタル情報を明確に保護する国々からは、日本の法的リスクに対する懸念も出てきかねません。英米のように裁判所による法創造機能が高くない日本では、やはり立法によって法的透明性を高めた方が望ましいはずです。

その際、所有権保護の対象範囲をどこまで絞るか（十分な規制下にある暗号資産等も含めるか）については議論の余地がありますが、少なくともＣＢＤＣについては法定通貨でありＧ20等の場で国際的流通が検討されていることに鑑み、主要国が「有体性要件の緩和」に努めることが望ましく、前出のＵＮＩＤＲＯＩＴ原則が各国に受け入れられれば、法統一のモデルローとして機能し得るでしょう。

法改正の選択肢
デジタル通貨に対しては、ＵＮＩＤＲＯＩＴ原則を受け入れて財産権を立法化する可能性が高いが、私見では民法85条にただし書を付して、別途法律で認めたものにだけ所有権を認める方が良いと考える。なお、法改正なしに財産権を法解釈で認める方法もあり得るが、立法や裁判例の裏付けがないため、法的安定性に欠ける。

(3) 法改正のあり方

◆民法：大原則変更かただし書か

では、日本の場合、いかなる法改正が望ましいでしょうか？ **民法85条**の方から見ていきましょう。諸外国の例をみると、たとえばオーストリア民法285条は所有権の対象を「人の使用に資するものすべて」としています。しかし、このように大原則を変えてしまうと既存の法秩序との整合性確保が大変になりますし、詐欺的なICOやマイナーなオルトコイン等の暗号資産まで含まれてしまうため、限定列挙式で所有権を認めるデジタル通貨に絞りをかけるのが良いと考えます。

そこで、2021年施行の中国民法典115条（「物には不動産および動産が含まれる。法律により権利を物権の客体とする旨が定められている場合には、当該定めによる。」：會我法律事務所の和訳を参照）のように、「ただし書」を付する方法を採用すべきでしょう。中国法では「法律の明示の定め」を要件としていますが、日本法では法律がある場合（例：無体財産権法）だけでなく、明示規定がなくても慣習上寄託物とされる場合（例：金銭）があるため、これを含める必要があります。

◆日本銀行法：上位概念は円か日本銀行券か

他方、**CBDC**（デジタル円）が実現した暁には、これを**法定通貨**に位置付ける必要性もあります。この点、前出のIMF論文44～45頁のモデル立法案や中国人民銀行法改正案19条では、通貨（例：人民元）を上位概念として、その中に物理的方式（紙幣）とデジタル方式（CBDC）を含める内容となっています。そこで、国際的平仄から、日本銀行法46条も同様のやり方で、「1．日本銀行は、銀

ICO
ICO(Initial Coin Offering：新規暗号資産公開）は、暗号資産の新規公開を指す。株式を上場するには多くの手間やコストがかかるのに対し、ICOではそれがないため、円滑な資金調達が可能とされる。

オルトコイン
Alternative Coinの略で、ビットコイン（BTC）以外の暗号資産の総称。

行券およびデジタル円を発行する。2．前項の規定により日本銀行が発行する銀行券（以下「日本銀行券」という。）およびデジタル円は、法貨として無制限に通用する。」（傍線部を付加）と改正することを提案します。

通貨ではなく紙幣（日本銀行券）を上位概念とすることも考えられますが、①円に言及する法律は3452本なのに対し、日本銀行券に言及する法律は僅か15本しかなく、②紙幣は日本銀行法で、貨幣は「通貨の単位及び貨幣の発行等に関する法律」で規律されるほか、③貨幣に関する同法2条が「通貨の額面価格の単位は円とし」と規定して紙幣にも踏み込む内容を持っていることから、円を上位概念とした方がスムーズな建付けになるでしょう。

◆日本銀行法だけで十分か

さて、皆さんは、**日本銀行法**でCBDCを**法定通貨**に位置付けさえすれば、すでに**金銭**とみなされるから民法改正は不要ではないか、と疑問に思うのではないでしょうか？　すなわち、法定通貨の規定があれば、それだけで金銭と同等の私法上の地位を確実に得られるのではないか、と。有体性を基準に考えると答えはそう単純ではありません。

まず、**金銭**は**有体物**である紙幣・貨幣に紐付けられますが、CBDCは紙幣・貨幣と同じ法定通貨ではあるものの、**有体物**の紐付けはありません。また、上記先例1の裁判例は、有体性を認める要件に「実務上の取扱いの確立」を挙げていますが、慣習として確立するだけの時間を経ずに、新たに登場するCBDCが本要件を直ちに満たすのは、困難なように思います。実際、前掲IMF論文42頁も、トークン型ＣＢＤＣについては、たとえ法定通貨として位置付けた場合でも、紙幣・貨幣と同じ私法上の位置付けを確保すべく追加的な検討を要すると警鐘を鳴らしています。

では、トークン型ＣＢＤＣが所有権の対象となる旨をどこに規定すべきでしょうか。法定通貨と規定する日本銀行法か、私法秩序の基本法である民法か、いずれでしょうか。私見では、**民法85条**にただし書を新設するのが望ましいと考えます。すなわち、(3)でみたように、日本民法85条にただし書（「ただし、法律・慣習により権利を物権の客体とすることが可能な場合や本邦法貨については、その限りではない。」）を加えることを提案します。このただし書は、**物権法定主義**が一定の類推解釈を許す伝統的理解に沿っており、無体財産権や金銭に関する従来の扱いとも一致しますが、日本の**法定通貨**（本邦法貨）を明示する結果、トークン型ＣＢＤＣにも及ぶことが明確化されています。一方、ビットコインなどの主要な**暗号資産**は未だ上記先例1の「実務上の取扱い」を確立していないため、所有権の対象とするには別途法律の規定を要するものとします。なお、法改正がない現状でも暗号資産を法的に保護したい取引当事者は、前述の信託保全をすれば足りるわけです。

外国の法定通貨を外した理由は、エルサルバドルのようにビットコインを法定通貨にする国がある中、これを無条件に日本の法貨と同等に扱うと日本の法的安定性を害するため、法律・慣習によって別途扱いを判断しようというわけです。外貨（外国の法定通貨）については、これまでも取引法上は円貨とは局面ごとに異なる扱いをしてきました（たとえば、外貨と円貨は法定相殺の要件である同種性を満たさないとされてきました）ので、特段の齟齬はないように思います。

予想される反論

1　民法85条はすでに例外を許容しており（例：無体財産権）、法改正は不要（私見：中国並みに明示した方が法的に明確）。

2　日本が口座型を採用した場合、トークン型は考慮不要（私見：海外ＣＢＤＣはトークン型もあるため、両方対応できる方が望ましい）。

第9章　デジタル通貨と国際法

国家は**法定通貨**の鋳造権や発行権の独占に関して**国内法**で規定しています（例：日本銀行法46条、紙幣類似証券取締法）が、これは**通貨主権**（monetary sovereignty）として**国際法**上も**主権平等**や**内政不干渉**の原則（国連憲章2条1項・7項）で他国から尊重され、自国通貨に関する金融政策や課税等は当該国の国内管轄に属し、当該国家は自由に通貨を規定し、外貨受入れ等を制限できます（第6章参照）。通貨主権は**リブラ構想**でも話題になりました（第6章1⑴参照）が、**CBDC（中央銀行デジタル通貨）**でも注目され、２０２０年秋の主要国中央銀行報告書は、**デジタル・ドル化（digital-dollarization）**に伴って自国通貨が勢いを失い、他国通貨に取って代わられ通貨主権を失うリスクを指摘しています（主要国中央銀行（日銀を含む）・国際決済銀行報告書「中央銀行デジタル通貨：基本的な原則と特性」２０２０年10月9日の「２．３．２通貨主権の保護」参照）。

◆デジタル・ドル化の将来的なリスク

本章は、カンボジアのＣＢＤＣであるバコンが、現地通貨リエルに加え、米当局の許可なしに米ドル決済を提供する点に注目します。発行国の許可なしに一方的にドル化を行う際の法的分析については何度か言及したグルーソン弁護士の先行研究（M.Gruson, "Dollarization and Euroization: An International Law Perspective", European Business Law Review, Vol.13, pp.103~122, 2002参照）

他章と第9章の関係
デジタル・ドル化問題をめぐり、第２、４、６章では問題呈示と国際法上の概念を整理し、第9章では具体的なＧ20合意提案やバコンをめぐる問題の詳細を記載。

を手掛かりに、繰返しになりますが、もう少しだけ詳しく考えます。

なお、誤解のないように述べますが、現在のバコンに米国の通貨主権を脅かすおそれはありません。しかし、通常のドル化と違ってデジタル・ドル化ではカンボジアが一方的に付利や増札を行おうと思えばできるため、将来これを実施して米ドル版バコンの信用創造につながれば、米国の金融政策に悪影響を与えます。また、カンボジアに倣って、たとえば中国が米中摩擦下にあって米国の金融制裁回避を図る目的で、デジタル人民元に米当局の許可なしに米ドル決済や日本円決済も付加すれば、カンボジアよりも遥かに経済的影響が大きくなるので問題は深刻化します。中国や韓国等のＣＢＤＣが日本当局の許可なしに一方的に日本円も提供して円化し、付利・増札すれば、日本の金融政策にも当然悪影響を及ぼし得るので、日本としても全く無関心ではいられないと思います。しかし、前述したように通貨主権を守る法的対抗措置は解決に時間を要するので実効性に乏しく（第6章参照）、デジタル化に伴うスピードの速さにより短期間で通貨主権が奪われるリスクも存在します。そこで本章ではＧ20かＩＭＦの場で新たなソフトローによる紛争解決枠組みを作ることを提案します。

その後、問題状況が生じ得る根拠やカンボジアの状況、日本国内の統治能力の限界について補足説明を行います。

◆UNIDROIT原則案とブロッキング提案

また、本章の後半では、①第2章などで前述したＵＮＩＤＲＯＩＴ原則案の概要を説明し、②海外の暗号資産交換所の域外監督をめぐってＤＮＳブロッキングの導入を提案します。いずれも国際関係

予想される反論
現実には中国がドルや円を発行する可能性は低い（私見：現状はそうだが、予期せぬ事態に備えて法を整備するのが主眼である）。

ブロッキング
ブロッキング(blocking)は強制遮断措置を指し、インターネット通信業

を規律する広義の国際法（国際関係法）に属する話ですが、国際法は国家間の規範（国際公法）を指すことが多いです。このため、厳密には国際関係に関わる国内法（ブロッキング提案の場合）や国内法の法統一を図るための立法モデルであるソフトロー（UNIDROIT原則案の場合）の話であることにご注意ください。

1　グルーソン弁護士による「ドル化」問題の整理

◆国際法で問題になる一方的なドル化

グルーソン弁護士によれば、**ドル化**やユーロ化には、①外貨・外債・外貨預金等を自国民が大量に保有する非公式な場合（国家の行為ではないので国際法の対象外。例：カンボジア、バハマ）と②国家が公式に外貨を法定通貨とする公式な場合があり、公式な場合はさらに、③相手国の合意を得ずに一方的に行う場合（例：エクアドル：この場合は国際法上の問題が生じ得ます）、④相手国の合意を得て行う場合（例：パナマ）、⑤相手国が立法等で承認しており、特に個別の合意がなくても許可される場合（例：EU加盟前のモンテネグロのユーロ導入）、⑥国連安全保障理事会の決議による場合（例：東チモールの米ドル導入）があります。なお、過去のドル化をめぐる二国間交渉においては、通貨発行益・中央銀行の最後の貸手（LLR）機能・金融政策に関して検討されてきました。

◆正式な異議の有無が決め手

さて、今回のバコンの米ドル決済は中央銀行（＝国家）が一方的に行うから③に該当し得ますが、

者などがネットを通じて出入りする情報を監視し、アクセス先への接続を拒否・遮断することを指す。

グルーソン弁護士は③について、**内政不干渉の原則**により米国やＥＵが異議を行ったか否かを発行国の公式な対応によって判断すべきとします。その上で、①当該通貨が国際通貨として幅広い汎用性を持ち、②他国のドル化に抵抗していなければ、異議を放棄したと認定できるとし、米国は放棄、ＥＵは放棄していないとしました。また、米ドルほど流通していない通貨を持つ国々は、ドル化やユーロ化・円化等により通貨の信認や自国経済に潜在的に悪影響が及び得る場合（例：シンガポールの円化、ノルウェーのユーロ化）にはドル化への異議を国家が公言することにより、内政不干渉の原則により異議申立てが可能になると結論付けています。

◆ソフトロー枠組みの必要性

この考え方に従うならば、仮に中国・韓国ＣＢＤＣで日本円が無断で日本国内で提供された場合、事後の異議だけでは間に合わない可能性があります。このため、**クロスボーダーＣＢＤＣ**間のデジタル・ドル化問題が現実に生じ得る事態に至った場合には、予め異議を国際的に公言しておくことが一応考えられますが、他国の日本円ＣＢＤＣが日本の**通貨主権**を脅かす事態においてはすべてが時間との闘いで、短期間のうちに他国に日本国内の通貨覇権を奪われるリスクも想定できます。このため、国際司法裁判所における長期間の訴訟を通じた国際法上の解決だけでは心許なく、主要国間で迅速な紛争解決を可能とするソフトロー枠組みを構築すべきと考えられます。

上記への疑問
グルーソン弁護士の意見に対しては、内政不干渉の明確な要件・効果が存在しない結果、仮に異議申立てを公言しても国家実行として認められるだけの法的確信に乏しく、空振りに終わるのではないか（私見）。

2　G20におけるソフトロー枠組み形成の提案

◆私の提案内容

様々な枠組みが考案し得ますが、私は、中国・ロシア・韓国等を含めたG20かIMFの場で合意できれば望ましいと考えます。**デジタル・ドル化**では、①強大国のCBDCが弱小国の通貨主権を脅かすケースが主に想定されてきましたが、本書で検討したような、②国力の大小にかかわらず、外貨発行のCBDCが通貨主権を脅かすケースへの対策も考慮する必要があります。すなわち、「**自国通貨に加えて他国通貨をCBDCで提供する場合は、当該他国の承認を必要とする**」との規範をG20内で合意した上で、同規範に違反した場合は、被害国（G20構成国以外も含む）の申立てにより、**FSB**（G20の事務局）の立会いの下で両国が協議し、決裂した場合は「**G20構成国は、他国通貨を提供した国（G20構成国以外も含む）に対し、CBDCの相互交換を一斉に中止する**」とする**ソフトロー**上の枠組みを合意し、G20諸国の間で遵守する対策を提案します。

◆申立てしない自由も存在

自国通貨を他国CBDCで発行された国では、申立てを行うか否かの自由を有するため、従来の米国のようにドル化を容認する政策が採られており、自国の通貨主権に大した影響がないと判断すれば、申立てを行わないでしょう。仮にカンボジアのバコンで日本円を提供されて日本国内に還流しても、恐らく日本は申立てを行う必要に迫られませんが、中国・韓国が行った場合であれば、申立てを行う

G20よりもIMFか

2023年7月15日付日経新聞報道によれば、IMFがG7・G20と協力してCBDCを多国間で取引・決済できる共通基盤の実現を目指して検討中で、デジタル人民元等による国際通貨のブロック化を防ぎ、各国金融当局が取引を監視する予定。私の提案では加盟国の多いIMFだとG20よりもソフトロー合意の成立が困難と考えたが、むしろCBDCの国際共通基盤を提供するIMFの方が成立する可能性が高くなった。

ことで国際司法裁判所よりは迅速な解決が図れそうな気がします。また、協議を円滑に進めるには、通貨主権を脅かし得る詳細なメルクマールを予め明定しておく必要があり、関係する通貨当局の知恵が求められるように思います。

◆ドル化の問題は他人事ではない

もっとも、CBDCの導入すら決まっていない現状では、クロスボーダー決済での活用はかなり先の検討課題であって、そもそもCBDCに絡んだ「**デジタル・ドル化**」の議論にどの程度現実味があるかは未知数です。また、法学はとかく現在や過去の確実な事象について分析することが中心で、将来生じ得る可能性を大胆に議論することは少なかったように思います。しかし、経済学等ではかなり先の将来を展望して分析することは普通であり、法的貨幣論をこれから構築する上でも、法的視点から将来のリスク管理を議論することで他の貨幣論アプローチとの対話を是非深めたいところです。このため、本章で検討した将来の生じ得る事態が必ずしも絵空事ではないことを示すため、改めて本問題が生じ得る可能性についてみてみたいと思います。

◆ドル化の新たな展開

従来の「ドル化」の問題は、力の強い通貨（例：米ドル、フェイスブックのリブラ構想）が海外の自国通貨の弱い国で通用力を増す問題として弱小国（例：カンボジア）の通貨主権の問題として捉えられてきました。このため、国際的に有力な日本円を擁する日本には縁遠く、むしろカンボジアのような途上国には高い問題意識を持たれていました。しかし、今回想定したケースは従来の「**ドル化**」とは異なり、発行国の許可を得ずに、自国ＣＢＤＣで自国通貨と外国通貨の双方を発行することに伴い、弱小国に限らず様々な発行国の通貨主権が脅かされた場合にいかなる法的処理が可能か、という問題を考えました。

◆デジタル化による質的変化

これまでも発行国の許可を得ずに外国通貨を自国通貨にする問題（例：エルサルバドルの米ドル法定通貨化、アイスランドのユーロ導入の動き）は存在しましたし、それに関する分析を試みたのが前述のグルーソン弁護士です。しかし、デジタル化で紙幣がＣＢＤＣに変わった状況で外国通貨を自国のＣＢＤＣ上に載せて発行すると、紙幣の世界ではできなかった付利・増札・海外流通等の仕様変更ができてしまいます。

そんな非常識なことは生じないと思うかもしれませんが、カンボジアの**CBDC**である**バコン**は自国通貨に加えて米ドルも発行しており、しかも米国の許可を得ていません。今後のバコンの仕様変更（付利や増札、海外取引、大口取引等）次第では、米国の通貨主権にも悪影響が及び得ます。もっとも、カンボジアの経済規模を考えればまず大丈夫でしょう。しかし、カンボジアと同じことをより経済力のある国、たとえば中国が行い、日本に許可を得ずにデジタル日本円を日本で提供したら、どうでしょうか？　日本の通貨主権が脅かされるリスクが発生するわけです。

デジタル・バンクラン　デジタル化による質的変化の一例に、２０２３年に米国の地銀破綻で生じた新種の銀行取付け騒ぎ（bankrun、バンクラン）がある。銀行の経営不安情報がＳＮＳ等で瞬時に拡散し、ネット上で預金も瞬時に引き出された結果、流出速度が加速し、従来とは異なり、銀行経営者も金融当局も対応が追いつかなくなった。

◆カンボジアの危機意識

実際、バコンの稼働開始が２０２０年と非常に早かった背景には、自国通貨リエルの**通貨主権**を確保したいカンボジアの思惑があり、①ドル化されている現状（現状で自国決済の7割が米ドル）からの早期脱却と、②中国のデジタル人民元が本格稼働すると東南アジアの中国元化が進むと予想される事態への対抗、という面があったことはすでに述べたところです（宮沢和正『ソラミツ：世界初の中銀デジタル通貨「バコン」を実現したスタートアップ』日経ＢＰ社（２０２０年）１３３〜１３６頁参照）。

３　バコンによる米ドル決済の提供

◆バコンとは

ここでカンボジアの**バコン**についても説明しましょう。カンボジアでは銀行口座保有率が低い（22％）一方、スマホ普及率は高い（１５０％）ため、**金融包摂**（すべての人が低コストで基本的な金融サービス（信用や貯蓄、保険、決済、送金など）を利用できるようにする取組み）などを目的に２０２０年10月に逸早くトークン型ＣＢＤＣのバコン（現地通貨60％、米ドル40％）の正式運用を開始しました（詳細は、National Bank of Cambodia, "Project Bakong: Next Generation Payment System", June 2020などを参照）。

カンボジア中央銀行が民間銀行を通じて間接発行する**ブロックチェーン**決済であり（日本企業ソラミツが技術開発）、他の民間決済手段の導入を禁止し、キャッシュレス手段をバコンに統一していま

新興国のセキュリティ

新興国の幾つかは日本や欧米企業の技術協力を得て逸早くＣＢＤＣを実用化したが、先進国ですら様々な技術課題（量子コンピュータ対策を含む）の解決に腐心する中、新興国ＣＢＤＣのセキュリティは万全といえるのだろうか？

す（日本とは異なり、他に有力な民間決済がなかったからできた面もありましょう）。小口決済だけでなく企業間・銀行間送金にも使える上、高速・大量処理、プライバシー保護に優れ、端末紛失時にも本人確認を行えば再び利用できます。米ドル決済の提供については、米国当局の許可を得ていませんが、カンボジアの対外説明によると、国内流通の7割が米ドルという**ドル化**の状況に合わせて電子決済手段を提供したとのことです。その実態はトークン型米ドル**CBDC**の提供と変わりませんが、現地通貨か米ドルの銀行券との交換のみで同額のＣＢＤＣを発行でき（利用上限は1日５００ドル、銀行口座と紐付けると５０００ドルでいずれも米ドルは半額まで）、銀行預金からバコンへの交換はできませんので、現時点では信用創造を伴わず、米国の**通貨主権**の法益侵害はないといえます。しかし、将来的には以下の点で米国の通貨主権を侵害する可能性があると考えます。

◆仕様変更リスク

まず、従来の紙幣は米国が発行してきましたが、今回の**CBDC**はカンボジアが米国に無断でデジタル発行する点です。この結果、カンボジアは付利・増札・海外アクセス・大口利用の拡大など、将来の仕様変更を自由に行えるようになりました。現在のバコンは、付利も増札もなく、カンボジア国内での利用にとどまり、少額の利用が中心なので、信用創造の規模が限定的であり、米ドルの信認に及ぼす影響は少ないです。しかし、いまやカンボジアは、通貨発行国である米国の許可を得ずに、これらの仕様を自由に変更できます。今後、各国でＣＢＤＣが発行されＣＢＤＣ同士の国際競争が進めば、ＣＢＤＣの商品性を高めるために付利や増札、海外アクセス・大口利用の拡大を伴う仕様変更を行い、世界中の米ドルの信認低下に悪影響を及ぼし得る信用創造に至る事態も予想できます。

◆他国が追随するリスク

次に、今回の問題はカンボジアにとどまりません。カンボジアのように、すでに流通している米ドルに電子決済を提供しただけならば**内政不干渉**の原則に当たらないとすれば、自国民が自国内に大量の外貨・外債・外貨預金等を保有するケースは他国においても枚挙にいとまなく、大口ならばオフショア市場やユーロ市場、小口でも国内のドル預金や外債など様々に存在するので、様々な国々で外貨CBDCを提供することが理屈上可能になってしまいます。

たとえば、カンボジアよりも経済規模の大きい中国や韓国・シンガポール等による米ドルや日本円のCBDC発行を促してしまうかもしれません。中国にとっては、デジタル人民元を通じて米ドルCBDCを自家発行できれば、人民元の国際化にも資するし、冒頭で紹介した地政学上の見地からみれば米国金融制裁を回避する有効な手段になり得ます。また、中国・韓国にとっては、日本円CBDCを自家発行できれば、自国通貨の通貨価値安定に資する上、日本国内に数多い在日同胞の便宜にも資することになります。仮に中国・韓国等で米ドルや日本円のCBDCが自家発行されて米国や日本に還流すれば、米国や日本の通貨主権に与える影響はカンボジアの比ではありません。

◆システム接合のリスク

さらに、信用創造以外にも問題があり、途上国が発行する米ドルCBDCと米ドルとの交換に伴って生じる**セキュリティ**や**プライバシー**の抜け穴が信認低下をもたらす危険性があります。いかに強固なCBDCシステムを構築しても、システムの実装局面や民間電子マネーを介在する段階でセキュリティの抜け穴は生じ得ますし、外国人を含む個人情報を国家が収集可能とする国内立法（例：中国サイバーセキュリティ法、米国CLOUD法）を持つ国のCBDCとの交換によりCBDCに付記された個人情報が外国国家によって収集されるリスクも広がります。

◆若干の補足

一方、仮に日本国内の中華街でデジタル人民元が広範に利用されたり、日本円がデジタル人民元の一部として提供され、結果的に日本の通貨主権が脅かされた場合、日本法の通貨偽造罪等の域外適用によって対応は可能でしょうか？　**第6章**で検討しましたように、現行の日本法はデジタル化に未対応で、仮に域外適用できたとしても発行元の中国の中央銀行（中国人民銀行）に対する法執行が難しい状況です。では、日本国内に還流する日本円ベースのデジタル人民元の利用者に対して刑罰を科すことが可能だと仮定した場合、日本の通貨主権確保に繋がるでしょうか？　若干補足したいと思います。

◆国内統治能力の限界

これは国内における金融規制の統治能力の問題なので、日本の努力次第で可能なようにも思えます。**第1章**のベイトマン先生の憲法学、**第2章**の小林教授の経済学、**第7章**のマーチン氏やオレル氏の分

三人寄れば文殊の知恵
CBDCは初の試みで将来のリスクを正確に予測することは困難。ゆえに様々な知見を広く集める必要があるが、私見では、英国当局は様々な専門家の意見を幅広く聴取するのに対し、日本の当局は一握りの専門家だけで議論を完結しがちな点が残念である。

析が示す通り、国家や法定通貨が金融統治力を支える源泉であることは疑いないでしょう。しかし、陰で流通する事態をどの程度抑制できるかは見通せず、次に述べるように、歴史上は社会における貨幣の流通を法権力で統制しきることはできませんでした。第4章でみた『教養決済』は「決済は実は誰も管理していない」とし、第6章でみた貨幣法（たとえば英国グリーソン弁護士）も「社会慣習が法を決める」としており、国内で刑罰をもって日本円ベースのデジタル人民元の流通を阻止しようとしても完全には統治しきれないでしょう。実際、「**貨幣法制説**」に基づいて法定通貨の受入れを拒む者に刑罰を科す法制が欧州に存在しますが、専門家の多くはその実効性を疑問視しています。

歴史上は、和同開珎は国家が通貨として指定したものの地方では流通しませんでしたし、日本の中世には中国からの輸入銭（例：唐銭、明銭）が幅広く流通しましたが、法定通貨ではありませんでした。こうした例は世界中に多々存在し（例：18世紀のマリアテレジア銀貨はエチオピアで20世紀後半まで流通）、やはり力の強い国家やメタ（Facebook）のようなデジタルプラットフォーマーがデジタル通貨を自由にクロスボーダー発行する前に、通貨主権の交通整理を可能とする国際ルールを定めておく必要があると考えます。

4　UNIDROIT原則案の概要

◆各国の法統一に向けたモデル原則

すでに説明したように、UNIDROIT（私法統一国際協会）がデジタル資産・私法プロジェクト（Digital Assets and Private Law Project）を進め、デジタル資産の財産権を認める原則案を

UNIDROIT原則（案）19(1)

原則19：倒産がデジタル資産の所有権に及ぼす影響

(1)　原則法またはその

2023年1月に公表し、パブリックコメントを募集して取りまとめました。この原則案は、デジタル資産について私法上の扱いを明確化して予見可能性を高める19の法原則を定めています。その目的は、各国法の内容をできる限り統一することでデジタル資産の国際取引を円滑化することにあり、特定の技術（たとえばブロックチェーン）に関する取引に限定されずに幅広く適用されます（**技術中立性**）。各国は、これを自国法の内容に取り込むことを期待されています（ただし、消費者保護法等は本原則の影響を受けません）が、導入の有無や導入方法は各国の裁量に任されています。では、その内容を簡単に説明しましょう。

◆暗号資産に財産権を認める要件とその場合のルール

まず、第2章でみたように、暗号資産に**財産権**を認め得るとした原則3(1)（「デジタル資産は財産権（proprietary rights）の対象となり得る」：A digital asset can be the subject of proprietary rights.）が最も中心的な規定です。デジタル資産のうち財産権の対象になるのは、**支配可能性**がある場合に限られます（**支配**〈control〉の定義は原則6、暗号鍵や口座番号等の支配を認める要件の詳細は原則7参照）。日本民法の扱いと比べますと、排他的支配可能性と有体性の2要件を必要とする通説に対し、排他的支配可能性の1要件だけで足りるとする有力説がありましたが、その考え方に近いようです。その他、財産権の対象になった場合の譲渡ルールは原則8～9と原則14～17に規定されています。また、暗号資産交換所のような預託先（カストディアン）の義務等は原則10～13に規定されており、倒産時の扱いは原則19で規律されます。

他の法律に基づいて第三者に対して有効となったデジタル資産の財産権は、倒産手続において、倒産代理人、債権者、およびその他の第三者に対して有効となる。

私見では、①所有権よりも広い概念であるproprietary rightsの内容が国ごとに異なる結果、法技術面で国際取引に混乱を生じないか、②公法でビットコインを禁じる国々（中国など）からすれば、対世効を生じ得るproprietary rightsを他国がビットコインに認める点で自国に不利益を感じる可能性はないか、が若干気になるところですが、いずれにせよ、より多くの国々がこの原則に従って自国法を整備すれば、完全ではないにせよ、かなり法統一が進むと考えます。

◆当事者自治を重んじる準拠法決定ルール

次に、国際取引でどこの国の法律が適用されるか（国際私法）を原則5が定め、①デジタル資産に適用される法（準拠法）が明示される場合はその法に従い、②それがない場合はデジタル資産のプラットフォームに明示される法に従い、③いずれもない場合は幾つかの立法上の選択肢（たとえば法廷地の国際私法ルールに従う）を用意する形で、契約当事者の意思を尊重する「**当事者自治の原則**」による規律を呈示しています。なお、デジタル資産ではなく伝統的な資産（動産や不動産）の場合、国際私法ルールでは、契約当事者の意思ではなく客観的な密接性で準拠法を決定し（客観的連結）、最も密接な関連性を持つ場所（最密接関係地法）を探った結果、目的物所在地法によって物権（所有権）が定まるとするのが一般的です。しかし、有体物でないデジタル資産にはその場所がないので、客観的連結ではなく当事者自治の原則にしたのでしょう。

5　海外の無登録暗号資産交換業者に対するブロッキング導入

さて、前述した日本の統治能力の話との関連で、海外の無登録暗号資産交換業者に対する規制の話を付言しましょう。海外の大手暗号資産交換業者**バイナンス**（香港で設立され、現在はマルタ島に本拠地を置く）は世界中で営業していますが、営業国で登録を行わず、営業地での規制にも服していません。この結果、自国内の無登録営業に対し、日本の金融庁は2度にわたり警告を発しました（２０１８年3月、２０２１年5月）し、英・独・シンガポール等でも問題視されてきました。しかし、こうした警告は制裁が伴わないため、域外監督の執行力向上策が課題として指摘されてきました（もっとも、鋭い批判を受けてバイナンスもイタリア、スペイン、ドバイで免許を取得し、日本の登録も検討中と報道されています）。

では、こうした海外の無登録業者に対する規制の実効性を高めるため、何が必要でしょうか？　私はブロッキングを導入すべきと考えています。以下、海賊版サイト対策を比較しながらこの問題を簡単に検討します。

⑴　比較対象としての海賊版サイト対策

参考になるのが海賊版サイト対策で、ＥＵや韓国等でインターネット・サービス・プロバイダ（ＩＳＰ）が一定要件下でアクセス遮断（**ブロッキング**）を行う仕組みが導入されていることから、日本でも２０１８年4月に政府の提言に盛り込まれました。しかし、憲法学者等による「表現の自由」や

バイナンス
２０１７年設立の世界最大の暗号資産交換所で全世界にサービスを提供してきたが、日本以外でも米・英当局等との間で様々な問題を生じてきた。２０２３年6月には、米国ＳＥＣが証券取引法違反でバイナンスを提訴し、英国ＦＣＡはバイナンスが英国での事業免許を取り消したことを公表した。

「検閲の禁止」、「通信の秘密」（憲法21条および電気通信事業法４条）の侵害を根拠とした違憲論が根強く、導入は見送られています。ただし、この違憲論に対しては、憲法学者の中にも疑問視する見解（大日方信春「海賊版サイト・ブロッキングの憲法適合性」法律時報93巻２号82～87頁参照）があるようです。

(2)　無登録営業対策の場合

では、海賊版サイト対策とは異なり、無登録営業に対するブロッキングではいかがでしょうか？　これは思想内容等の表現物を対象としないため、海賊版サイトで問題となった「表現の自由」や「検閲」は問題にならず、憲法上の障害は少ないと考えます。最高裁判例（最判昭和59年12月12日民集38巻12号１３０８号）によれば、「検閲」の対象は「思想内容等の表現物」だからです。せいぜい外国法人の「営業の自由」の問題にはなりますが、外国法人であるバイナンスを内国法人と同じ登録制に服させるのだから、内国民待遇の原則上も問題は生じないと思います。

◆ブロッキングの3方法

一方、ブロッキングの方法はどこまでならば許されるでしょうか？　海賊版サイト対策の審議においては３つの方法が検討されました。すなわち、①**DNSブロッキング**（ユーザーがリクエストしたＵＲＬに対してＩＰアドレスを返さないことで該当サイトへの接続を阻止する方式、児童ポルノ対策で導入済）、②ＵＲＬブロッキング（該当サイトのファイルを検知する特殊な装置をＩＳＰ内に設置してファイル単位で接続を遮断する方式）、③IPブロッキング（該当するサーバーのIPアドレスをルータや専用装置で遮断する方式）の3つです。このうち①はURLを変更することで回避が容易である一方、②は莫大なコストがかかり回避策も存在します。他方、③は回避策がない代わりに同じIPアドレスを使用する他のサイトにまでオーバーブロッキングを招きやすく、通信障害も生じやすいので実際の導入は困難であるとされています。また、中国はキーワード検閲をかけており②に近いとも解されますが、これは日本をはじめとする自由主義体制では「検閲禁止」と「通信の秘密」（憲法21条2項）に反してしまうので採用し難い状況です。さらに、海賊版サイト対策とは状況が異なり、無登録営業ではバイナンスのURLが頻繁に変更される事態は想定しにくいので、無登録営業対策の件では①のDNSブロッキングが妥当と考えます。

◆私の提案

すなわち、金融庁は警告に従わない海外暗号資産交換所に対してDNSブロッキングを実施します。仮に当該交換所が規制回避でURL変更したら、その事実を公表した上、変更後の新アドレスに対してDNSブロッキングをかける対策が考えられましょう。URL変更すれば顧客も離れるし、評判低下リスクも負うため、頻繁に変更することは難しいでしょう。また、仮に実際にブロッキングに至らなくても、「伝家の宝刀」として規制手法の一つとして備えておくことで、無登録営業の抑止効果は期待できます。

第10章　貨幣と金融制裁

貨幣はときに武器に代わる国家間の攻撃手段（武器）として機能しますが、それが金融制裁です。第4章で扱った『教養決済』も「決済が武器になるとき：金融制裁と地政学」という刺激的な項目を設けています。2022年2月に始まったロシアのウクライナ侵攻に際しても、国際法を遵守しないロシアに対し、日本を含む西側主要国が様々な金融制裁を実施しています。もっとも、2005年の対北朝鮮制裁（Banco Delta Asiaの米ドル取扱い停止）以来、日米欧で多用される**金融制裁**も予想したほど強力ではなく、**SWIFT**からロシアを締め出し、ロシア中央銀行やオリガルヒ等の**資産凍結**を行い、2023年に入ってもロシアのFATF加盟を停止し（北朝鮮・イランと同様に、対抗措置の適用が要請されるブラックリストに将来ロシアを加える可能性も議論されています）、米国OFAC（後述）は対ロ制裁を強化しましたが、ロシアの戦意はなかなか衰えません。ロシアが資源国で金や石油・天然ガスを中国・インド等に売却することで対抗したほか、暗号資産等を迂回した金融制裁の抜け穴もあって、ロシアの武力侵攻を思い止まらせるだけの効果は未だありません。

◆米ドル覇権を前提とした強力な米国の金融制裁

しかし、武力で対抗すると大惨事に至るリスクがあるため、金融制裁は比較的有効な対抗手段と考えられています。特に基軸通貨＝米ドルの覇権構造を前提とする米国の金融制裁が強力で（第4章3

SWIFT（再掲）
スイフト（SWIFT：Society for Worldwide Interbank Financial Telecommunication）は国際銀行間金融通信協会で1973年創立の非営利組織。金融機関間で国際金融取引のメッセージをやり取りするプラットフォームで、ベルギー金融当局の監督下にある。

参照）、２００５年に米国が北朝鮮の米ドル取扱い銀行（マカオのバンコ・デルタ・アジア）に対して実施した米ドル取扱い停止措置が典型例です。ここで外国の民間銀行がいきなり出てきましたが、金融制裁においては制裁対象の取引の一翼を担う内外の民間銀行に対して様々な法令上の義務（制裁対象との取引禁止や知り得た情報の報告義務等）を課し、高額の制裁金や米ドル取引停止措置を通じて強力な圧力をかける点に特徴があります。現在の国際金融の仕組みは、銀行を介した米ドル取引であれば一旦ニューヨークにある米国の**コルレス銀行**を経由して行われます。このため、米国は国内の民間銀行に対して、制裁対象と取引する外国の民間銀行に対する米ドル取引を禁じることで自国の管轄権を拡張し、本来であれば自国法の管轄に入らない外国の民間銀行をも規制できてしまうのです（**二次的制裁**）。したがって、二次的制裁は域外適用そのものではありませんが、域外適用と同様に国内法の影響が域外に及びます。両者を厳密に区分しても良いのですがわかりにくくなりますし、新聞等では域外適用と呼ばれることも多いので、以下ではこれも**域外適用**と呼ぶことにしましょう。

◆米国の行き過ぎに伴う懸念

実際、イラン・北朝鮮等に対する米国法に基づく金融制裁が米国以外の国々の民間銀行に適用される結果、英仏や日本などの西側同盟国の民間銀行に対して、米国**ＯＦＡＣ**が多大な米国法令の遵守義務を課し、その義務違反に多大な制裁金を科す事例が相次ぎました。たとえば、２０１４年にＯＦＡＣはフランスの**ＢＮＰパリバ銀行**に対し、制裁対象国との取引を行ったとして89億ドルもの高額な罰金等を科したため、外国の民間銀行の経営を圧迫するほどの過度な措置が国際金融システムを不安定

コルレス銀行
コルレス口座を開設した相手方の銀行。コルレス口座とは、Ａ国のＰ銀行がＢ国のＱ銀行と契約を結ぶことで開設し、相手銀行のための受取りや支払、金融取引処理のために開設する口座を指す。

ＯＦＡＣ規制
米国の財務省外国資産管理室（ＯＦＡＣ）が外交政策・安全保障上の目的で行う規制で、

化させかねない点が懸念され、最後は米仏両大統領の直談判にまで至りました（後述参照）。結局米国は折れず、欧州では米ドル一極体制に対する疑念が増し、ユーロの国際化を進める誘因にもなっており、ＣＢＤＣの開発においてＥＵが米ドルへの対抗に積極的な一因にもなっています。このように、米ドルの覇権構造を前提とした米国法の広範な適用は大変強力ですが、その行き過ぎに対して法的正当性を疑問視する動きは以前からありました。最近では米国も域外適用を自制する傾向にありますが、金融制裁に絡むＯＦＡＣ規制は例外で、未だに積極的な域外適用を行っています。

金融制裁の武器としての貨幣のうち、最も強力なものは基軸通貨である米ドルですので、本章は米ドルを用いた金融制裁を念頭に置いて、金融制裁の国家による履行とその課題について、米国の制裁関連法令を日本法と対比しつつ課題を検討します。

◆金融制裁の定義

検討に入る前に、金融制裁を定義しましょう。**金融制裁**とは、国際法規の違反国に対して科せられる金融的手段による制裁をいい（いわば一次的制裁ですが、上記の二次的制裁も含みます）、経済制裁の一分野に属します。①国連が行う金融制裁と②各国が行う金融制裁がありますが、国連が行う方はロシアを含む五常任理事国の結束がないと機能しにくく、多くの場合に欧米vs中露の対立図式となって、効果的な金融制裁につながる国連安保理決議を行うことは困難です。また、仮に決議しても履行しない国も多いのですが、日本も協調を求められることが多く、日本と関係の薄い国への制裁に関しては米国との厄介なお付き合いの側面もあります。

米国の指定する国・地域や特定の個人・団体等に対して取引禁止や資産凍結等の措置を講じている。

制裁と国際法

今般の対露制裁はＧＡＴＴ21条やＧＡＴＳ14条の安全保障例外に照らし、ロシアの重大な国際法違反への対抗措置として正当化される。また、国際法違反の責任を負うロシアの個人や団体の金融資産の凍結は、国際通貨基金（ＩＭＦ）に通告すれば国際法上正当化される。ただし、国際法違反をしていない国に経済的威圧を行うのは国際法違反となる。

◆金融制裁の手段

金融制裁の制裁手段には、制裁対象となる個人や組織の**資産凍結**、投融資の禁止、特定活動に寄与する資金移転禁止、銀行のコルレス関係や支店開設等の規制、**SWIFT**等の通信の遮断、ＦＡＴＦ等のメンバー資格の停止、制裁違反を行った外国銀行の自国金融市場からの排除等、様々なものがあります。また、金融制裁の種類には、①安保理決議による場合（国連憲章25条・41条）、②安保理決議がない場合やこれを補完する目的で国際協調による有志連合（マルチ制裁スキーム）が行う場合、③1国が単独で行う場合があります。核不拡散条約に違反して水面下で核開発を続けてきたイランに対する制裁（２００２年～現在）は①、②、③が交互に現れた典型事例です。

さらに、２０２２年2月以来のロシアのウクライナ武力侵攻に対抗する対ロシア制裁では、ロシア中央銀行の海外口座を凍結する新たな金融制裁の手法も採用されました。しかし、この点は**主権免除**（外国政府や中央銀行は外国の裁判権に服しない原則）との関係で問題になり得るため、本章後半ではこの点を法的にみてみましょう。

◆本章の内容

すなわち、本章では、まず米国からみた金融制裁の実態について書かれた書物（J. C. Zarate, Treasury's War, PublicAffairs, 2013）の内容を紹介し（第1節）、次に金融制裁に関する国内法について、米国法を中心に日本法との対比を交えて解説します（第2節）。その後、国家による履行の法的課題（域外適用）を整理し、金融制裁の実効性確保をめぐる諸課題を考えた後（第3節）、今般の

発展学習
金融制裁について様々な角度から検討した書物として、吉村祥子編著『国連の金融制裁―法と実務』東信堂・２０１８年参照。

対ロシア経済制裁をめぐり、対抗措置の有効性と主権免除について検討します（第4節）。

1　米国による金融制裁の実態

米国で定評ある金融制裁の分析書であるサラーテ氏の書いたこの本には、米国の金融制裁に関する考え方が端的に示されていると言われており、国際金融に携わる実務家・専門家の必読文献になっています。そこで、この内容を簡単に紹介します。サラーテ氏は、G・Wブッシュ政権時代に財務省次官補（テロリスト金融・金融犯罪担当）や大統領次席補佐（テロリズム対策・国家安全保障担当）を務め、9・11テロ以降の対アルカイダ・イラン・北朝鮮等の金融制裁を指揮した経験を持ち、金融制裁を「**新種の戦争**」と位置付けています。

(1)　9・11テロ以降の民間銀行の協力確保

まず、サラーテ氏によれば、2001年の9・11同時多発テロ直後の対アルカイダ金融制裁は即座に行う必要があったため、制裁を導入してしまってから徐々にその仕組みを精緻化したそうです。その際、制裁対象の銀行取引情報（過去のテロ容疑者への制裁だけでなく、将来のテロの未然防止にも有用）をいかに米国政府が入手するかが最初の課題となり、国際送金インフラであるSWIFTの協力を得るべく腐心しました。金融制裁の効果を上げるには、金融取引の一次情報を扱う民間銀行の協力が必要ですが、他方で民間銀行は顧客情報については守秘義務を課されています。では、守秘義務を外してテロ対策に協力させるにはどうしたら良いでしょうか？　著者によれば、9・11テロ以降、

「疑わしい金融取引」を見過ごすことが民間銀行の「**評判低下リスク**」につながると認識させることが民間銀行の協力を得る上で役立ったそうです。

◆米国が重視するＬＦＳ

次に、金融制裁が機能する前提として、米ドルが世界の基軸通貨であり、ニューヨークが世界の金融中心地となる「正当な国際金融システム」（Legitimate Financial System：以下ＬＦＳ）の存在を指摘します。しかし、米国がＬＦＳで制裁を強化すればするほど、国際金融システムに拠らないネットワークの構築（例：中央アジアや北アフリカの両替商等による広範な地下金融ネットワークであるハワラ）や米ドル以外の取引（例：プリペイドカードや暗号資産ビットコイン）を増やす反作用を招きます。その動きの中心に中国とロシアがあり、ＬＦＳ上の制裁の効果を弱めているそうです。また、制裁でＬＦＳから隔離された国同士が結び付きを強める動き（例：イランと北朝鮮）にもつながっています。現在も、金融制裁でＬＦＳから除外されたロシアが、中国・インド等との連携を模索し、同じく隔離された北朝鮮などとの結び付きを強めています。また、冒頭で紹介しましたように、ＣＢＤＣが国際化すると、将来的には米・中の二極または米・中・欧の三極に国際金融システムが分断されるとする地政学的な専門家予測もあります。

(2)　イラン・北朝鮮に対する金融制裁

まず、対イラン制裁においては、サラーテ氏はイラン産の原油の輸入禁止が鍵であったとしています。欧州や日本を含むアジア諸国はイランから原油を多く輸入しており、有効な制裁を行うにはイラン産原油に代わる原油を調達する必要がありました。各国が足並みを揃えて禁輸に移行してからも、イランの長期戦略である核開発を完全に断念させるには至っていません。

◆金融制裁は万能ではない

一方、サラーテ氏は2005年の対北朝鮮制裁、すなわちマカオの**バンコ・デルタ・アジア**（Banco Delta Asia：ＢＤＡ）に対する制裁にも関与しました。北朝鮮はＢＤＡ以外にも中国銀行等の中国系銀行と多くの取引がありましたが、制裁の対象銀行選定に当たっては、①ＢＤＡは小規模ながら北朝鮮にとっては中核的な銀行であった点、②中国に対し、これ以上、北朝鮮と取引を続けるならば次は制裁対象にするとの警告を伝えられる点を考慮したそうです。しかし、金融制裁によっても制裁対象国の方針は変えられず、北朝鮮は制裁後も弾道ミサイル打上げや最初の核実験に踏み切ってきたため、金融制裁が北朝鮮を追い詰め、逆効果をもたらしたのではとの議論もあります。そして、金融制裁は軍事等を含む外交手段の一つに過ぎず、万能ではないと主張します。ＬＦＳを前提とする制裁は、北朝鮮のようにＬＦＳに関与の薄い国に対して効果は限定的で、むしろ小国であるが故に、制裁を科されても鎖国状況や制裁の抜け穴取引で十分生き残りが可能になってしまう面があるとされます。これを現在のロシア制裁でみると、金融制裁はやはり万能ではありませんが、大国であるロシアは資源大国であるがゆえに持っている様々な対抗策を総動員して生き残っている面がある点は注意が必要です。

⑶　今後の課題

サラーテ氏は、金融・経済が国家安全保障上の重要な手段となった今日、国家を対象とする制裁だけでは不十分で、イスラム国（ＩＳＩＳ）のような非国家への対処を考える必要があり、他方で、ＬＦＳに依存しない金融取引が増加し、サイバー空間が今後新たな主戦場になり得ると指摘します。その上で、米国の課題は、①世界の基軸通貨としての米ドルの覇権的地位を保つこと、②中国に過度に投資依存する米国経済の構造的リスクに対処すること、③サイバー空間での優位性を確保すること、とした上で、米国の影響力を保持するための国家経済安全保障戦略を構築し、民間企業と連携してその遂行能力を高めることだとしています。

◆現在も基本的に変わらない米国の政策認識

以上のようなサラーテ氏の認識は、米国外交では現在に至るまでほぼ一貫して共有されているものとみられます。たとえば、アジア通貨危機直後の日本のアジア通貨基金（ＡＭＦ）構想に対する米国の強硬な反対やその後のＡＢＡＣ（ＡＰＥＣを補完する財界会合）の議論をみても、中国のロシア支援やデジタル人民元に対する警戒度をみても、米国は米ドル覇権に影響し得る動きに対しては官民挙げて敏感です。目下、米中摩擦が激化していますが、サラーテ氏の10年前の分析状況と現在では、構造的に大きな違いはなさそうです。

2　金融制裁に関する米国法の規制内容

次に、金融制裁に関する米国法の規制内容について、①我々に馴染みのある日本法と比較した場合の特徴、②米国法の体系の順に見ていきましょう。

(1)　日本法との比較

まず、日本の代表的な金融制裁関連法は**外為法**（外国為替及び外国貿易法）です（ほかに国際テロリスト財産凍結法も存在）。外為法16条1項によれば、国際社会の努力に寄与する目的で制裁を科すことができます。以下、米国法と比較した場合の主な特徴をみていきましょう。

◆米国の柔軟な法体系

米国法と比較した特徴の1点目は法体系の相違です。まず、日本の外為法は、国際約束、国際の平和、我が国の平和・安全を規制要件とする（外為法16条1項参照）のに対し、米国の金融制裁の主たる根拠法である米国国際緊急経済権限法（ＩＥＥＰＡ：International Emergency Economic Powers Act（合衆国法典50編35章））は１７０１条で国家安全保障上の脅威があれば何にでも適用できる（"any unusual and extraordinary threat ... to the national security, foreign policy, or economy of the United States."）ため、日本法は米国法に比べるときめ細かな対応が困難です。次に、日本の外為法は、居住者vs非居住者、本邦・外国、支払・資本取引・役務取引という建付けになっており、こ

外為法16条1項
主務大臣は、我が国が締結した条約その他の国際約束を誠実に履行するため必要があると認めるとき、国際平和のための国際的な努力に我が国として寄与するため特に必要があると認めるとき、又は第10条第1項の閣議決定が行われたときは、～中略～支払をしようとする居住者若しくは非居住者又は非居住者との間で支払等をしようとする居住者に対し、当該支払又は支払等について、許可を受ける義務を課することができる。

れが規制の潜脱を助長しやすくなっています（例：外国人が6か月いると居住者）。さらに、サイバー攻撃や人権侵害への関与者の位置付けが不明である点や、金融資産以外の財産（船舶等）の資産凍結が困難な点、通信（ＳＷＩＦＴ接続）の遮断の根拠規定が不在といった課題が存在（なお、銀行関係の制裁は銀行法で対応）し、柔軟な法体系である米国法に比べて、日本法は硬直的であり、それが実効性のある金融制裁を困難にしてきました。

◆米国法で認められる広範な域外適用

特徴の2点目は域外適用の範囲です。日本法は外為法５条に規定があり、日本法人の外国支店の行為は一部のみ規制します（米国やＥＵでは全部）が、米国法は、たとえばＣＩＳＡＤＡ（イラン包括制裁法）により米国の銀行に対し、ＳＤＮと重要な取引を行ったり幇助した外国金融機関との取引制限・禁止を命令できるなど、非米国人の米国外での行為の規制（二次的制裁）を含む広範な域外適用が可能です。

◆罰則が厳しい米国法

特徴の3点目は罰則の多寡です。日本法は懲役3年以下・罰金１００万円以下（目的物の価格の３倍が１００万超なら当該価格の3倍以下（外為法70条1項）とするのに対し、米国ＩＥＥＰＡは民事罰で25万ドルか違反取引額の2倍の高い方を上限とし、刑事罰で禁固20年以下罰金１００万ドル以下とするほか、**ＯＦＡＣ（米国財務省外国資産管理室）**による業務改善命令や法定最高罰金額、民事制

外為法５条
この法律は、本邦内に主たる事務所を有する法人の代表者、代理人、使用人その他の従業者が、外国においてその法人の財産又は業務についてした行為にも適用する。本邦内に住所を有する人又はその代理人、使用人その他の従業者が、外国においてその人の財産又は業務についてした行為についても、同様とする。

裁金が科され、さらに各種連邦・州当局の罰金等がこれに加わる結果、巨額で厳しい制裁が科されます。たとえば、ＢＮＰパリバ銀行に対する制裁事件（２０１４年）では、米国司法省は、米国の金融制裁違反（イランやスーダンの顧客に送金）を理由に外国銀行であるＢＮＰパリバ銀行（フランス）に対して89億ドル（９０００億円）もの罰金を科し、ニューヨーク支店等のドル決済業務を最長1年間禁止しました。フランスは米仏大統領の直談判まで行って不当な域外適用だと抗議しましたが、実際に厳しい制裁が科される結果となりました。他にも英国ＨＳＢＣ銀行や日本の三菱東京ＵＦＪ銀行など、様々な外国銀行に制裁が科されてきました。

(2) 米国法の体系

◆米国法の階層構造

次に、金融制裁に関する米国法の体系についてみてみましょう。まず、主な根拠法は前述のＩＥＥＰＡで、非常時に大統領に資産凍結など金融経済取引を規制する権限を付与する内容の基本法です。その下に、①法令（たとえばイランに対してはIran Sanctions Act of 1996〔ISA〕、Comprehensive Iran Sanctions, Accountability and Divestment Act of 2010〔CISADA：イラン包括制裁法〕など）、②大統領令（たとえばEvecutive Order 13622 of 2012（外国金融機関を規制）など）、③連邦規則（たとえばIranian Transactions and Sanction Regulations〔ITSR, 2013〕など）が存在します。

◆強力なＯＦＡＣ

一方、主管官庁である**ＯＦＡＣ**（**米国財務省外国資産管理室**：Office of Foreign Assets Control）の規制概要を概観してみましょう。ＯＦＡＣ規制は、イラン等の国別に取引を全面的に禁止し、**制裁対象者**（**ＳＤＮ**：Specially Designated National）を指定してＳＤＮの資産を凍結するものです。ＯＦＡＣ規制では、禁止される取引の範囲に曖昧さを残し、様々な解釈余地を残しています。たとえば、「米国人との関与」は、取引実行者が米国人以外でも米ドル決済を行えば認定し、直接取引以外に間接取引（例：ＳＤＮの取引相手方との取引）も禁止しているほか、米国人に禁止される行為を幇助することも禁止し（例：ITSR560.28条）で、制裁違反を実際に知らなくても知るべき理由（常識的な調査で容易に入手可能な情報の存在）があれば禁止されます（**ＯＦＡＣガイドライン：OFAC Economic Sanctions Enforcement Guidelines**）。

◆外国企業に頭の痛いＯＦＡＣ規制の例

さらに、単独の場合だけでなく複数のＳＤＮが合計50％以上所有する法人を規制しており、所有が50％未満でも相当な比率を所有したり、重役がＳＤＮの場合も規制対象となります。ＯＦＡＣの罰則は上記ガイドラインで詳細に規定されていますが、その判断要素には、意図的または無謀な行為、法令違反の認識、経済制裁の目的への悪影響、管理体制・違反発覚後の対応等が挙げられています。二次的制裁の対象とされる外国企業（特に金融機関）にとっては、法執行されることもリスクですが、法執行に至らなくてもマスコミや議会が絡んで嫌疑をかけられるだけで**評判低下リスク**を負うため、

ＯＦＡＣ規制の匙加減が経営に大きく響く結果となってきています。

3　国家による履行の法的課題

さて、米国の国家による制裁の履行をめぐって検討すべき法的課題が幾つか存在します。

(1)　制裁対象者の人権保障

まず、国連安保理決議が制裁対象国の一般市民の負担を抑えるスマート・サンクションを志向するのに対し、米国は、むしろ一般市民の負担を考慮せず従来型の包括的禁輸措置を強化する方向で動いている点です。米国では前掲サラーテ氏の主張にもある通り、米国の覇権維持を目的とする官民挙げた国家戦略に基づき、金融制裁を新種の戦争と位置付けているため、そうした制裁対象となる外国人に対する人権保障への配慮は希薄で、総動員体制と言わんばかりに金融制裁の中に民事制裁、刑事罰、行政罰がすべて関わっています。さらに、米国の規制当局（ＤＯＪ〈司法省〉、ＯＦＡＣ等）が米国法に基づいて米国内で訴追する際、制裁対象となる外国人・企業は事実上、裁判所で訴追の不当性を争う機会を奪われています。すなわち、訴追の事実がマスコミ報道され、長期に亘る司法手続に参加すれば、通常の企業やビジネスマンは評判低下リスクに耐えきれません。そこに米国の当局がＮＰＡ（**不起訴合意：Non Prosecution Agreement**）やＤＰＡ（**起訴猶予合意：Deferred Prosecution Agreement**）による和解をもちかけ、厳密な証拠に基づく事実認定や裁判所の十分な審査なしに高額の制裁金を科し、厳しい罰則を科すことで決着することが普通に行われています。

このやり方は、実際には犯していない罪を行ったことにされる危険性が大きく、適正手続保障や制裁対象者の人権保障の観点からは問題が大きいといえます。

(2)　域外適用と同種の効果

次に、域外適用の側面についてみると、立法管轄権の域外適用に関し、属地主義を基本として属人主義、保守主義、普遍主義、効果主義といった域外適用の論拠を慎重に検討する欧州や日本とは異なり、米国では、国際法の法理は未発達とする認識の下で、世界中に米国の管轄権を及ぼし得る米国国内法上の域外適用と同種の効果を及ぼす仕組みを作り上げています。

◆米国法の過大な域外適用

たとえば、国際基軸通貨である米ドルを用いた取引でありさえすれば、米国域外で行われる送金取引（例：東京のX社が銀行送金でフランクフルトのY社に米ドル送金）であっても米国法を適用します。この法的根拠が属地主義か何主義なのかは明らかでありませんが、ニューヨークにある米銀の米ドル・コルレス口座をカバー取引で電子的に通過する点に着目すれば属地主義とも解し得ます（ただし、事案との関連性に鑑みれば、コルレス口座所在地よりも当事者所在地に裁判管轄権を認める方が適当でしょう）し、テロ対策と同様に国際社会の共通利益の保護目的であると考えれば普遍主義が考えられ（ただし、実態は米国の覇権維持に向けた国家戦略的行為なので該当すべきではないでしょう）、米ドルの通貨主権や信認確保が目的と考えれば保守主義を主張し得る可能性もあります（ただ

域外適用の根拠(再掲)
域外適用の根拠として、自国領域内か（属地主義、例：刑法1条1項）、自国民を対象とするか（属人主義、例：刑法3条）、内乱罪・通貨偽造罪等の重大な法益侵害か（保護主義、例：刑法2条）、海賊・テロ等の国際社会全体の法益侵害か（普遍主義）、直接、予見可能で実質的効果が自国に及ぶか（効果主義）があり、普遍主義や効果主義は論者によって意見が分かれる。

し、通貨偽造のような強い保護目的がある事案でなければ認めるべきでないと思われます）。

◆管轄権を広げる米国法上の仕組み

なお、他にも米国管轄権を広げる米国法上の仕組みとして、米国人との**共謀**（conspiracy）という形で外国法人・個人を処罰したり、米国国内法のMail & Wire Fraud（**郵便通信詐欺**：他人から金銭や財産を奪う目的で詐欺のスキームや策略を考え、その実行のために、州際または国際的な配達手段や電子通信を使用する行為を処罰するもの）を介して外国法人・個人を処罰する場合があります。

◆域外適用への法的対抗手段は限られる

さて、サラーテ氏のいうＬＦＳを前提に米国が過剰な制裁や域外適用を行った場合や、国連で自国の影響力を行使して自国の利害関係を押し出した制裁を強行しようとする場合、それを抑制できる手段はあるのでしょうか？　法的には、米国以外の国家は、米国法の効力を減殺する対抗立法を行ったり、米国裁判所に域外適用等に反対する意見書（**アミカス・キュリエ・ブリーフ**：Amicus Curiae Brief）を提出したり（独占禁止法の域外適用事案で欧州諸国が実施）、**国際司法裁判所**に提訴すること（イランが米国を相手取り、米国による経済制裁を米国とイランの友好関係条約や国家機関の免除などの国際法に違反すると国際司法裁判所に提訴した例あり）が考えられます。しかし、実際には対抗立法は深刻な対立を助長しやすく、意見書が米国の意思決定に影響を与えるか否かは米国次第であり、国際司法裁判所に提訴しても、国際法の法理が未発達な上、仮に米国に不利な判決が出た場合でも、州政府の決定等はなかなか縛れないなど、問題が残ります。

◆経済的な対抗策

そこで、経済的な対抗策も想定されます。すなわち、米国による域外適用や金融制裁に対する米国以外の国家・企業等が行う対抗策としては、①国際基軸通貨である米ドルの利用を忌避し、ユーロや日本円、中国元等の代替通貨の利用を増やすか、②暗号資産等の新たな金融手段を活用するか、③現在ロシアがしているように金・原油・天然ガス等の天然資源の売却を拡大するなどです。これはサラーテ氏が指摘するLFSの不安要素でもあり、米国が不当な金融制裁を行う際には抑止原理として働く可能性があります。また、前述BNPパリバ銀行事件のように、米国の金融制裁当局（OFAC等）が米ドル決済を支える外国銀行を痛めつけてしまうと、米ドルの金融システムを不安定化させることにつながり、同じ米国の金融政策当局（FRB等）の政策目的との不調和を来すことから、米国内の当局間の政策調整ニーズも抑制原理として機能し得るでしょう。

◆執行管轄権の問題

一方、最近では立法管轄権だけでなく**執行管轄権**の域外適用の問題も生じています。すなわち、サイバー空間での犯罪に対応し、米国FBIが海外に無断でスパイウェアを設置して犯罪捜査を進める点（たとえば、2013年に**ダークウェブ**における違法取引サイトを摘発した米国シルクロード事件）への対応が最近注目を集めました。立法権の域外適用ならば属人主義等の一定根拠に基づく域外

抜け穴対策
2022年5月、日本政府は暗号資産（仮想通貨）が経済制裁の抜け穴となることを防ぐ外為法改正を施行し、暗号資産交換業者に顧客の支払等が制裁対象でないか確認する義務を課した。

適用の余地がありますが、この域外適用は執行権の域外適用なので一般には認められず、無断で外国領内にスパイウェアを設置する行為は主権侵害で違法となるはずです（この懸念を回避するためか、その後の事件では関係国が共同捜査を行っています）。しかし、国際法上の間諜行為はサイバー空間では場所的要件を満たさない（有力説）ため、結局は法的責任を問えません（河野桂子「サイバー空間を通じた監視活動の法的評価～間諜行為、主権侵害と人権法（プライバシー侵害）の観点から～」防衛研究所紀要19巻2号（２０１７年３月）49～69頁参照）。

米国ボストン大学・ガプール教授の論文（Ahmed Ghappour, "Searching Places Unknown: Law Enforcement Jurisdiction on the Dark Web", Vol.69, Stanford Law Review, April 2017参照）によれば、米国のサイバー犯罪の８割は海外発なので、現場捜査員が相手国の許可なしにスパイウェアを設置する事態が生じやすいとした上で、米国法の課題（連邦刑事手続規則41条の改正により、従来必要であった外国での捜査に裁判所の許可が不要になった点）と国際法の課題（実体法・手続法の明確な区分が必要な点）に加えて、捜査・執行機関の自己規制や議会によるチェックの必要性を説いています。

(3) 金融制裁をめぐる米国と日欧の相違

さて、本章１にサラーテ氏の米国目線による金融制裁の実効性確保の課題を紹介しましたが、これを日本目線で見た場合はどうなるでしょうか？　日米欧等の金融制裁に共通の課題としては、①規制対象となる個人・団体の特定が困難であること、②国際金融システムにアクセスしない国（例：北朝鮮）には効果が薄弱であること、③対象国の一般市民や制裁実施国への負荷が大きいこと、④金融機関のリスク回避行動を助長し、正常な金融取引を阻害すること（たとえば、厳しいＡＭＬ／ＣＦＴ規制に対する銀行のコンプライアンス負担が嵩む結果、銀行のリスク回避（de-risking）を助長し、アフリカ諸国から送金サービスが撤退する金融排除が増加）、⑤銀行を使わない送金経路の開拓が進むこと（たとえば、暗号資産やブロックチェーン取引の拡大で取引が匿名化され、金融機関のフィルタリング機能が低下する危険性があることなど）が挙げられます。こうした中、米国との相違は、米国がＬＦＳを成り立たせる米ドル一極集中の確保を国家戦略として推進するのに対し、日本や欧州はこの一極集中に伴う弊害（たとえば、米国の過度な域外適用に伴う自国企業のコンプライアンス負担の過多や弱体化、国際金融システムの不安定化等）への対応が課題になる点です。

4　対ロシア制裁をめぐる一考察―対抗措置の有効性と主権免除

最後に、金融制裁といえば目下の対ロシア制裁に触れないわけには行きませんので、この話題に移りましょう。２０２２年2月以降のロシアのウクライナ侵攻に対抗し、日本を含む西側諸国の経済制裁（金融制裁を含む）が発動されました。これに伴い、様々な法的課題が生じています。そこで以下では、①今回の対ロシア経済制裁でロシアが予想外に有効な対抗措置を講じた点やその経済的背景を整理した後、②対ロシア経済制裁によって今後生じる典型的な法的課題の一つである「ロシア中央銀行の資産凍結と主権免除をめぐる問題」を取り上げ、米国の国際法学者の整理を簡単に紹介します。

(1) 対ロシア経済制裁とロシア側の対抗措置

◆当初予想では経済制裁の効果は高かった

制裁の開始時点では、①ロシアの貿易総額に占める制裁国の割合と②各国の貿易総額に占めるロシアの割合（2020年時点）は、EU（①33・8％∨②1・9％）、英国（①4・6％∨②2・7％）、米国（①4・2％∨②0・6％）、韓国（①3・5％∨②1・8％）、日本（①2・9％∨②1・3％）と、ロシアの制裁国に対する依存度が制裁国のロシアに対する依存度よりも高くなっています（なお、制裁に加わらない中国は①18・4％∨②2・3％）。この結果、ロシア経済の被る悪影響が制裁実施国の被る悪影響を上回ると考えられてきました。

◆かつてなく強力な制裁措置の数々

また、今回の対ロ制裁は当初、①SWIFTからの締め出しに加えてロシア中央銀行の資産凍結（後半で主権免除との関係を検討）も行い（暗号資産による抜け穴対策も実施し、日本では2022年5月に外為法を改正し、暗号資産交換業者に暗号資産の移転が経済制裁対象でないかを確認する義務を課し、3000万円相当額を超える暗号資産の売買・交換の媒介等を行う場合、20日以内に政府に報告する義務を課しています）、②広範な輸出規制、最恵国待遇の取消し・撤回、オリガルヒの資産凍結を実施するなど、かつてなく強力なものであり、この結果、ロシア通貨ルーブルは暴落するとみられていました。

◆抜け穴やロシアの対抗措置によりルーブルの通貨価値が安定

しかし、ＥＵの原油や天然ガスのロシア依存度の高さなど（他にも、制裁に加わらない中国・インド等との貿易等）が抜け穴となって制裁の実効性が削がれました。制裁当初はルーブルが一時的に暴落したものの、ロシアが中央銀行金利引上げに加えて様々な異例の対抗措置を発動した結果、巷の予想を覆して適正相場に持ち直しました。対抗措置の例としては、①制裁実施国（非友好国）の天然ガス代金支払をルーブルに限定（ロシア大統領令１７２号）し、②非友好国への債務返済にルーブル払を認め、ロシア国内のＣ（エス）口座（米国のＳＤＮリスト先の場合もある）を設定してこれに支払を義務付け（同95号）、③ルーブルの通貨価値を安定させる目的で、ロシア居住者が外国企業に商品・サービス提供して外貨収益を得た場合に当該外貨の80％（同年5月24日以降は50％）を売却させる規制（同79号）を２０２２年2月28日より課した（ルーブル相場の安定を受けて6月９日に同規制を廃止）ことが挙げられます。

◆ロシアの対抗措置には法的課題も残る

緊急避難的な措置と考えれば、ロシア居住者の外貨売却やルーブルでの代用給付も違法ではないとも解し得ますが、②の債務返済をロシア国内Ｃ口座への支払で行う点はいくらロシアが支払意思・能力はあったと主張しても、債権者はＣ口座から現実に支払を受けにくく、債権者に返済資金が届かないので、国際法やロシア以外の国内法に基づきロシア域外の裁判所で争えば当然違法になるでしょう。現に２０２２年6月27日、格付会社ムーディーズはロシア国債について、投資家が資金を受け取っていないことを理由に債務不履行（デフォルト）に当たるとの見解を示しました。ロシアのユーロ債の約款には発行残高の25％を占める保有者が「デフォルト事由」が発生したと認めれば債権者自身でデフォルト判定できるとありますが、ロシア蔵相は23日に、ロシアは主権免除特権を放棄しておらず、外国裁判所に司法管轄権がないためデフォルト認定を債権者が裁判で求めても意味がないと主張しています。ロシア国内での執行にはロシア裁判所の同意が必要ですが、それはあり得ないことを前提とした発言です。しかし、制裁国側のロシア依存領域を巧妙に突いたロシアの対抗措置は、短期的には有効ですが、貿易相手の対露リスク認識を高めロシア外しも招くため、長期的には多大なリスクを孕みます。

◆日本の状況

さて、日本の場合、ロシアからの輸入がロシアへの輸出の2倍近くあり、主な輸出品は自動車、自動車部品、ゴム製品等で、すでに広範な輸出制限がなされてきました。他方、主な輸入品はレアメタル（パラジウム、アルミ合金等）、海産物等ですが、輸入規制は総額の1・1％にとどまり、最恵国待遇撤回後もLNG（液化天然ガス）、パラジウム、石炭等は無税のまま変化なく、原油輸入は原則禁止の方針ですが詳細は未定です。日本は原油輸入の92％を中東（サウジアラビア39・7％、アラブ首長連34・7％）に依存しており、ロシアからは3・6％（東シベリアから57％、サハリンから43％）にとどまりますが、地経学的なリスク分散の観点から重要と目され、油田・ガス田の日露共同開発（サハリン1・2）を行ってきました。ロシアがサハリン2をロシア法人に無償譲渡し、日本権益の確保が模索されています。

◆欧州の安全保障上のネック

このように、EU等の経済安全保障上のネック（原油・天然ガス・レアメタル等のロシア依存）を突き、主権免除のような国家の特権をフルに活かし、米国を中心に形成されてきた市場秩序や経済制裁（特に金融制裁）に楔を打とうとするのが今回のロシアの特徴です。実際、中国も米ドルを使った金融制裁への対抗手段として、金などの資源や米ドル以外の外貨保有率を高めているようですし、従来の米ドル覇権体制が今後も続くか否かは、エコノミストの論争の的になっています（現時点では、今後も当面は米ドル優位が続くとする見方が多数です）。

(2) ロシア中央銀行の資産凍結と主権免除をめぐる問題

さて、今回の対ロシア金融制裁のうち、新たな手法として注目されたのがロシア中央銀行の在外資産凍結です。これに関して米国のウース教授は、凍結資産の債権者への支払局面はともかく、資産凍結自体に主権免除は問題にならないとしています。反対説も存在するようですが、こうした解釈が国際法上も受け入れられるならば、日本を含む制裁実施国からすれば朗報と考えられます。資産凍結自体が強力な金融制裁として機能するし、債権者への支払はロシアのウクライナ侵攻の戦後処理の中で扱うべきで、必ずしも中央銀行の凍結資産から直ちに弁済する必要はないからです。そこで以下、この問題の所在と米国ヴァンダービルド大学・**ウース**（Wuerth）教授の見解をご紹介します。

主権免除の原則
国家およびその財産は一般に外国の裁判権から免除されるという国際慣習法上の原則。ただし、すべてを免除するのではなく、国家の私法的・商業的な行為については裁判権からの免除を認めない考え方（制限免除主義）を

◆**問題の所在**

今回の対ロ制裁では、ロシア中央銀行の対外資産凍結という新しい手法を導入して注目されましたが、ロシア中央銀行は政府の一部ですので国家の主権免除特権の対象にもなります。すると、現在の資産凍結がすでに主権免除原則に違背する（一部学説はそう主張する）か、または将来予定される凍結資産による債権者（たとえば進行によるウクライナ被害者）への弁済がロシアの主権免除の対象になり違法になる可能性があるのではないでしょうか？　なお、主権免除に関しては、２００４年採択の**国連主権免除条約**（「国及びその財産の裁判権からの免除に関する国際連合条約」）が未発効（発効に30か国の批准を要するところ現在28で、日本は署名・批准しましたが、ロシア・中国・英国等は署名のみで批准せず、米国・ドイツ等は署名すらしていない状況です）な中、日本は「**外国等に対する我が国の民事裁判権に関する法律**」、米国は**Foreign Sovereign Immunity Act**を定めていますが、各国法の内容もまちまちです。たとえば、日本法は19条で外国中央銀行について定め、外国中央銀行財産の「保全処分及び民事執行の手続」の免責を広く認めています。

(3)　ウース教授の整理

こうした中、ウース教授の論文（Ingrid B. Wuerth, “Does Foreign Sovereign Immunity Apply to Sanctions on Central Banks?”, LAWFARE March 7, 2022）は、国連条約や米国法を念頭に以下のように問題を整理しています。

採用する国が増加し、日本もその考えに立つ。また、外国中央銀行も国家と同じく裁判権から免除する（外国等に対する我が国の民事裁判権に関する法律19条）。

◆今回の措置は条約や主権免除の対象外

国連条約（1条で「この条約は、国及びその財産の他の国の裁判所の裁判権からの免除について適用する」と規定）や米国法（外国を米国内裁判所の管轄権から免責し、米国内の外国財産を「差押え逮捕および執行」から保護する内容）は、外国の国家・国家機関を国内裁判所の管轄権や判決の執行から保護しています（日本法も同じです）。しかし、対ロシア金融制裁でOFAC（米国財務省外国資産管理局）が中央銀行の資産を凍結する際には裁判所を介しておらず、いかなる形式の判決の執行や強制執行にも関与していないので、主権免除が単純には適用されません。OFAC指令は「米国人がロシア連邦中央銀行との取引に関与すること」を禁止する事実上の**資産凍結**ですが、同指令の法的根拠である2021年4月15日の大統領令（E.O. 14024）に基づいて譲渡・支払等ができないようにブロック（block）されたものに過ぎず、中央銀行資産を差押えや強制執行の対象とするものではなく、免責の対象外となります。また国際法も前述条約1条のように裁判所の措置に限って免責を与えていますが、中央銀行資産の利用制限には適用がありません。

◆反対説とそれへの反論

もっとも、財産管理を妨げる措置には免責を適用すべきとする学説もあります。しかし、EUや米国が課す多くの制裁措置では、外国による財産処分を妨げるにもかかわらず、主権免除は問題視されてきませんでした。中央銀行制裁が免責に関する国際慣習法に違反すると抗議する国もあります。実際、2016年にイランは、EU・米国が科した対イラン制裁は主権免除の基本原則に違反すると国連事務総長に抗議しました。しかし、本件は資産凍結に抗議したのではなく、テロ事件の判決債権者に資産を支払うよう命じた２０１６年の米国最高裁判決（Bank Markazi v. Peterson, 578 U.S.（2016））で裁判所が中央銀行資金を判決の履行に充てるよう命じた点に抗議したもので、局面が異なります。一方、資産凍結ではなく、ロシア中央銀行の資産がロシアの債権者を満足させるために使われる場合、あるいは、それらの資産が民事没収などの司法手続に関連した措置にかけられる場合には、主権免除が適用され得ます。司法と行政の境界線が必ずしも明確でない場合もありますが、現在の資産凍結時点では主権免除の問題はありません。

◆今後の展開予測

ただし、今後資産凍結されたロシア中央銀行資産は、１９７９～１９８１年のイラン人質事件を終わらせたアルジェ協定のように、ロシアに対して回収できない米国債権者等への支払に充てられるかもしれません。その場合は主権免除の問題を引き起こす可能性があります。議会は、イラン中央銀行資産に関して過去に行ったように、法改正して国内法上の免責の問題を解決することもできますが、国内法を改正しても、こうした措置が国際法違反となる可能性は残るでしょう。もっとも、仮に主権免除の侵害となる場合でもウクライナにおけるロシアの国際法違反への対抗措置として国際法上免責される可能性はあるでしょう。

◆法学アプローチの重要性は続く

以上、ウース教授の問題整理を紹介しましたが、今後、事態が進むにつれて、益々多くの法律問題が生じてくることは理解していただけたかと思います。金融制裁の様々な手法の実効性もこれを取り巻く政治経済環境に応じて刻々と変化する中、法学アプローチもこれに遅れずについていき、的確な判断に貢献する必要がありますが、本書の『法律学者の貨幣論：デジタル通貨・ＣＢＤＣの未来』がその一助となることを願いつつ、筆を置きたいと思います。

リサーチ情報

英国議会上院は、金融経済（本書でも言及した「中央銀行の独立性」再考など）はもとよりデジタル情報通信、気候変動、憲法・条約、国際関係など、様々な調査委員会における専門家証言の傍聴を外国人を含む一般人に無料で認め、議会ＨＰ上で詳細な議事録をタイムリーに公開している。比較法研究の素材として有用なので活用されたい。

〜Pisciotti事件とBNPパリバ事件」国際商事法務 42（8）1242-1245頁、2014年8月
- 田中誠和・阿部博友・久保田隆「日本のFATF相互審査結果改善に向けた法的・実務的対応策の検討」国際商事法務 42（5）751-753頁、2014年5月
- 久保田隆「シンジケートローンのアレンジャーに信義則上の情報提供義務を認めた事例」ジュリスト平成25年度重要判例解説 1466号、120-121頁、2014年4月
- 久保田隆「マネーロンダリング対策（AML/CFT）法の『域外適用』とその対応」国際商取引学会年報（16）176-185頁、2014年4月
- 久保田隆「外国による域外的影響（Extraterritorial Impact）について」国際商事法務 42（1）100-102頁、2014年1月
- 久保田隆「国際AML法制の対象拡大と「域外適用」の問題点」国際商事法務 41（8）1180-1183頁、2013年8月
- 久保田隆「マネーロンダリング規制を巡る国際法的視座」Law & Practice（早稲田大学大学院法務研究科臨床法学研究会）（7）139-151頁、2013年4月
- 久保田隆「マネーロンダリングを巡る国際コンプライアンスの課題」国際商事法務 41（1）86-89頁、2013年1月
- 久保田隆「金融監督規制の国際調和と相互承認に関する一考察（2）：法的要因の分析とバーゼル合意Ⅰ・Ⅱ・Ⅲ」早稲田法学 87（3）67-89頁、2012年3月
- 久保田隆「アジア金融システム改革におけるABACの役割と課題」日本国際経済法学会年報（20）137-153頁、2011年10月

の紹介」国際商事法務 47（10）1274-1278頁、2019年10月
- 久保田隆「暗号資産の強制執行・信託・データ保護を巡る学際シンポジウムの概要」国際商事法務 47（9）1147-1150頁、2019年9月
- 久保田隆「暗号資産（仮想通貨）とCBDCおよび暗号学・法学の協働可能性について」国際商取引学会年報（21）161-172頁、2019年9月
- 久保田隆「仮想通貨交換業者マウントゴックスを巡る破産債権査定異議の訴えで、顧客の主張するビットコイン返還請求権等が認められなかった事例」判例時報（判例評論）（2412（判例評論727号））143-149頁、2019年9月
- 久保田隆・山口耕介「ブロックチェーンに関するマルタの新法について」国際商事法務 47（8）1014-1017頁、2019年8月
- 久保田隆「UNCITRALモデル法とブロックチェーン」国際商事法務 47（5）619-621頁、2019年5月
- 久保田隆「仮想通貨の強制執行を巡る法的課題に対する技術的解決の可能性」国際商事法務 47（3）349-351頁、2019年3月
- 久保田隆「暗号資産とCBDCを巡る一考察」国際商事法務 47（2）174-180頁、2019年2月
- 久保田隆「小口の中央銀行デジタル通貨の実現可能性と諸論点」金融財政事情2019年1月21日号、38-41頁、2019年1月
- 久保田隆「仮想通貨・ブロックチェーンを巡る国際ルールの形成」国際商事法務 47（1）75-78頁、2019年1月
- 久保田隆「仮想通貨規制を巡る一考察」国際商事法務 46（9）687-690頁、2018年9月
- 久保田隆「金融制裁の国家による履行と法的問題―米国の制裁関連法令を中心に、国際取引法の観点から」吉村祥子編『国連の金融制裁 法と実務』東信堂（2018）所収、123-142頁、2018年8月
- 久保田隆「最新の事例からみた『域外適用』論の再検証～経済制裁を中心に～」国際商取引学会年報（17）33-47頁、2015年5月
- Takashi KUBOTA, "Concern About Financial Stability Following the Recent US Legal Expansionism: International Law and East Asian Perspectives" in Frank Rövekamp, Moritz Bälz, Hanns Günther Hilpert, Eds., Central Banking and Financial Stability in East Asia, FMPS, volume 40, Springer, pp.169-184, 2015
- 久保田隆「FATF声明（2014年6月）に対する日本の対応と今後の課題」国際商事法務 43（4）548-551頁、2015年4月
- 久保田隆「「米ドル・コルレス口座」管轄の拡大とアメリカ金融政策上の懸念」国際商事法務 42（10）1560-1562頁、2014年10月
- 久保田隆「最新事例にみる米国経済法違反の域外的影響とその法的課題

Bridget J. Crawford, Blockchain Willsの書評」アメリカ法 2021（2）、302-304頁、2022年7月
- 久保田隆「再論：暗号資産・デジタル通貨の有体性と通貨主権」比較法学（早稲田大学）56（1）78-88頁、2022年6月
- 寶木和夫・久保田隆「デジタルマネーのセキュリティ＆プライバシー」国際商事法務 50（3）318-321頁、2022年3月
- 久保田隆「サイバー空間における日本法の域外適用の課題」国際商事法務 50（2）160-165頁、2022年2月
- 久保田隆「暗号資産交換業者に業務対象外のテザーを誤送信した場合の返還請求の可否」私法判例リマークス（63）26-29頁、2021年8月
- 久保田隆「暗号資産・CBDCの法的提言」国際商事法務 49（8）1022-1025頁、2021年8月
- 久保田隆「暗号資産・デジタル通貨の有体性と通貨主権」国際商事法務 49（6）742-747頁、2021年6月
- 久保田隆「私の研究紹介①：国際取引法学と決済学の構築」国際商事法務 49（4）518-521 頁、2021年4月
- 久保田隆「通貨主権を奪われず、競争に勝つためのCBDCの議論を進めよ」金融財政事情（2021年2月8日号）22-25頁、2021年2月
- Takashi KUBOTA, "Chapter 6. Implementation of Financial Sanctions by a State and its Legal Challenges: The Case of Sanctions-related Laws of the United States," in Sachiko Yoshimura Ed., United Nations Financial Sanctions, Routledge (2020), pp. 80-95, November 2020
- 久保田隆「デジタル化された通貨間の競争と通貨主権」国際商事法務 48（10）1390-1395頁、2020年10月
- 久保田隆・岡部真典「倒産時における暗号資産の顧客保護を巡る主要国の裁判例」国際商事法務 48（7）974-976頁、2020年7月
- 久保田隆・渡邊崇之「RegTechを巡る法規制・実務の現状と課題」国際商事法務 48（5）675-679頁、2020年5月
- 寶木和夫・久保田隆・ウォルゲムトスベン「暗号資産・ブロックチェーンの技術的課題と研究の方向性」国際取引法学会（学会誌）（5）40-56頁、2020年3月
- 久保田隆・ジョンテイラー・鴇田えみ「暗号資産・デジタル通貨の規制をめぐる国際シンポジウムの概要」国際商事法務 48（2）226-229頁、2020年2月
- 寶木和夫・ウォルゲムトスベン・久保田隆・三科雄介・梅澤克之・渡邊創「ブロックチェーンを用いた規制克服技術の考察」SCIS 2020、1-8頁、2020年1月
- 劉翹楚・久保田隆「仮想通貨（暗号資産）の法的性質を巡る中国裁判例

主要参考文献リスト

主な参考文献は本文中に明示しましたので、自己剽窃を防止するため、以下では本書作成に当たって参考にした拙著のうち主要なものを列挙しました。ご参考になれば幸いです。

1．本書と関連性の深い拙著書籍

- 国際商取引学会編『国際ビジネス用語事典』中央経済社、2021年
- 久保田隆『国際取引法講義　第３版』中央経済社、2021年
- 久保田隆編著『ブロックチェーンをめぐる実務・政策と法』中央経済社、2020年
- Takashi KUBOTA Ed., Cyberlaw for Global E-Business, Information Science Reference, p. 293, 2008
- 久保田隆『資金決済システムの法的課題』国際書院、2003年

2．本書と関連性の深い拙著論文

- Takashi KUBOTA, "Monetary Sovereignty and future global CBDC competition: A Japanese Perspective" in Dai Yokomizo, Yoshizumi Tojo, and Yoshiko Naiki Eds., Changing Orders in International Economic Law, Vol, 1 A Japanese Perspective, Routledge, 2023刊行予定.
- Kazuo TAKARAGI, Takashi KUBOTA, "A Proposal for Enhancing the Security and Privacy of Digital Currencies" in James R. Masterson, Sam Edwards, Eds, Government Responses to Disruptive Innovations, Information Science Reference, pp.183-211, 2023
- Takashi KUBOTA, "Japanese and International Law Developments of Crypto and Digital Currencies" in Christos Gortsos, Chiara.Zilioli Eds., International Monetary and Banking Law in the post COVID-19 World, pp.271-287, Oxford University Press（OUP), 2023
- 久保田隆「暗号資産に関する寄託契約の成立を否定し、利用規約上の免責規定に基づきハッキング時の過失を顧客企業に負わせた事例」判例時報（2533）131-135頁、2022年12月
- 久保田隆「対ロシア経済制裁を巡る一考察～対抗措置の有効性と主権免除～」国際商事法務 50（10）1339-1342頁、2022年10月
- 久保田隆「通貨と通貨主権の法的扱いを巡る一考察：法的貨幣論序説」早稲田大学法学会百周年記念論文集第２巻民事法編（成文堂）所収、359-382頁、2022年10月
- 久保田隆「米国における電子遺言の法制化とブロックチェーンの可能性：

ま行

や行

ら行

わ行

た行

な行

は行

さ行

か行

索　引

数字・英字

あ行

【著者紹介】

久保田　隆（くぼた・たかし）

早稲田大学大学院法務研究科教授。国際商取引学会会長と国際商事研究学会会長を歴任。「日本法令の国際発信の推進に向けた官民戦略会議」元メンバー。博士（国際公共政策，大阪大学），LL.M.（ハーバード大学），修士（法学，東京大学）。国際経済法学会理事，国際取引法学会理事，国際法協会通貨法委員会オブザーバー。

1966年東京生まれ。1990年に東京大学法学部卒業後，日本銀行に入行，派遣留学（東京大学大学院，ハーバード大学大学院）を経て，1998年より名古屋大学，2004年より早稲田大学法科大学院で教鞭をとり，現在に至る。

著書：『資金決済システムの法的課題』国際書院（2003年）

編著：『ブロックチェーンをめぐる実務・政策と法』中央経済社（2018年），『Cyberlaw for Global E-Business：Finance, Payment, and Dispute Resolution』Information Science Reference（2007年），『ウィーン売買条約の実務解説〈第２版〉』中央経済社（2011年：杉浦保友と共編著）など。

法律学者の貨幣論

■デジタル通貨・CBDCの未来

2023年９月20日　第１版第１刷発行

著　者　久保田　隆
発行者　山本　継
発行所　㈱中央経済社
発売元　㈱中央経済グループパブリッシング

〒101-0051　東京都千代田区神田神保町１‐35
電話　03（3293）3371（編集代表）
03（3293）3381（営業代表）
https://www.chuokeizai.co.jp

印刷／㈱堀内印刷所
製本／誠製本㈱

ISBN978-4-502-46651-9　C3032